大展好書　好書大展
品嘗好書　冠群可期

大展好書　好書大展
品嘗好書　冠群可期

武術特輯
99

太極解秘十三篇

祝大彤 著

大展出版社有限公司

序　一

　　我從體院畢業後離京赴保定工作，很難在雙親膝下盡孝道，七八十年代返京探親時常見大彤師弟在父親身邊習拳，有時協助家母做些家務，這使我減少了許多牽掛，更安心於工作。

　　家父住北池子，祝弟家住朝外二環路以東，在酒仙橋工作，很晚下班。他不能每天來習拳，但逢節假日準到家中服侍家父左右。家中之事如理髮、修腳、請醫……他總是不辭辛苦跑前跑後。師弟不但尊重家父，對家母也十分敬重。父仙逝後，我將家母接到保定頤養天年，他幾次專程來探望，令人感動！

　　家父對師弟也是情深義重，精心傳授太極拳拳理拳法。師弟深刻領悟，將尊師之情貫於學習中，潛心鑽研，將家父拳藝之精意，以神意不用力，腳下陰陽變轉，手上鬆柔輕扶「八方線」，空腰虛鬆於胸，大小關節，節節貫串，鬆肩、垂肘等做到「身上明白」，也就是「體悟」「身知」，達到心腦修練之功。

　　自 1996 年在報刊上有他的太極拳理論文章面世，字裏行間表述對太極拳拳理有正確的理解和較深的造詣。他發表在《中華武術》《武魂》《精武》上的文

章《話說太極腳》《渾身皆手的楊禹廷》《太極無手》《怎樣練好太極拳》等文在國內外受到太極拳界的關注。

祝師弟尊師敬業，潛心研習家父之拳藝，在家父誕辰110周年之際刻苦完成一部太極拳理論專著，爲弘揚民族文化，開展太極拳活動，提高太極拳運動整體水準作出貢獻，實爲難能可貴，書成之日謹以爲序。

賀大彤師弟《太極解秘十三篇》誕世。

楊家樑①　於河北大學

①楊家樑為京城太極拳大師楊禹廷之次子，河北大學教授。

序　二

　　大彤兄是我的學友、道兄。登堂入室成爲吾孫家遺後之弟子，賜號繼明。他的年齡大我許多，尊稱他爲大哥，他敬我爲師兄，我們之間情誼甚篤。道哉，問道之道，道也，術也，技也，問道是成眞之初也。它既是開始，也是巔峰。何況，談到「太極拳」三字，其道之道，遠不是字面上解釋的那麼簡單。太極拳的道，同少林術的禪，同佛學秘宗小乘的四加行，或曰四加持、阿彌陀佛，都會有淺層的廣義性與深奧博大的學術性。

　　太極之道是有玄機、玄關的。那麼想掌握它、利用它，用到自己益壽延年的快樂生活裏，先剖析它、瞭解它，是一個明智而正確的開始。大彤兄的《太極解秘十三篇》，就是努力由此善行的。他用自己修練多年的悟得，虔誠地多年尋師訪友，談眞誠的實感，這是難能可貴的，頗具學術性。

　　據我所知，太極拳這個講法，是元末明初才見於文字，行於武林人士的口中的。他的創行人物，是武當門的創基人之一張三豐。而張三豐是先在陝西寶雞龍門寺出家爲僧，後又以道士的身份顯名的。學佛悟道，是他思想成熟立派的基礎之一。但這並不應該成爲我們尋根溯源的障礙。因爲道學之道，早在春秋戰

國初年就已經成宗在道成派了。那是代表人物王詡、李耳及鬼谷子少陽先師聚眾講學的結晶。其術說：「離合於混沌之氣，與三光爲終始，觀天作識，升降斗星，隨日九變，與時消息。規矩三光，四象在旁，存想丹田，太一紫房。道成身化，蟬蛻渡世，自羲農以來，世爲聖者作師。」此一段學說，不僅是講道的基本修練心法，也講了道的另一始源。羲農，就是作伏羲八卦——易學的神農氏。而其又是《周易》之易的根。刨根問底，道學之道，淵源於中華傳統文化數千年，而太極拳，也在其中孕育了數千年，那是不言而喻的。說其博大精深，絕不是故弄玄虛吧？

　　精通中國玄學形成的人也還會知道，自漢代末年到北魏、隋唐年間，中國的道學家們陳玄奘等，不滿足於國學的達觀身心到宇宙的學說，訪天外之天、道外之道，以求眞諦，又不惜跋山涉水到西域求取眞經，經十數年之艱辛，學習佛學——小乘、大乘而成，立說譯經於長安。而佛學的優秀人物，也不滿足於釋學的菩提悟法之境，爲求眞學、眞身、眞義，不遠萬里迢迢闖走荒漠、雪山，來到西天，佛陀、達摩是他們的代表人物。佛道西東互漸，形成了新的文化景觀。何況，有史記載，佛陀駐錫白馬寺，奉命幫助譯經的中國文化官員、飽學之儒、醫學大家，前後不下五十餘眾。故後來飽學的清朝皇帝乾隆曾御賜少林寺一座法碑，即有名的三教合一法王碑，乃是老子、釋迦牟尼、孔子三像合一銘刻於石上。這應該是一種文化互融互易現象的佐證。植根於此的太極拳，是

拳，也是一種文化，否則，其就不能稱之爲道與術，更不是學了。那就是降格爲武夫渾蠻之事了。雖然太極拳的創法人還是要學其術之人，在冷兵器年代顯術於格鬥場或生死搏擊之戰中，但試想一下：練此拳之人，甭管是古今的何宗何派，近現代的孫、吳、楊、陳幾大家也罷，依人有天、地、人三才之象，其術還是仿宇宙之力的仿生學。也就是說，根基還應歸在醫文化這個總道上才是正宗。

　　古今的太極大家們教人學習其藝，都要求徒眾深通人的臟腑經絡穴位學問，以求其藝顯能在人的陰陽氣血功能上，是逆向學習，以造病造傷爲能也。雖是逆向學習，卻要求練其術的人本身要超常健康，並且具有抗其傷病的能力。這是一種多麼高的境界啊。收、發自如，是行話，能做到此，其人定是一個超級醫學養生大師啊。現代人習練太極諸術，當然已然易化爲主要在自維上，不再是渴求外向功利發展，專以技擊別人爲目標雄視天下了。這樣，拳師們更注重姿態的優雅，內氣的順暢，而不像古拳師那般注重醫道之根基了。這當然是一種善易，但也出現了新問題，因不注重醫功，似成盲練，自身氣血的因時易轉之學就被忽略、淡化，或成了絕學。有人盲目地認爲，只要堅持拳不離手，技不離身，照式走乾坤，就可以受益等等。結果許多大師、能手名聲顯赫，卻疾病纏身，或者短壽猝死。把太極拳也搞成了極限運動，使旁觀者難知根底，對之敬而遠之。長此以往，太極拳這個運動性文化藝術會不會也成爲現代人直呼「搶

救」的項目之一呢？很難說。特別是「文革」中，祭起了名曰反「封、資、修」的旗幟，將文化精萃當成了「垃圾」，中醫、易學遭了劫難，各種武術流派包括太極拳，都一時轉入隱藏隱蔽喘息狀態，沉默了十幾年後，使許多有真傳的大師級人物含恨終身，帶絕學入了靈樞，致使浩劫後復出的藝術也帶有了膚淺的成分，一方面陷入美好的回憶中，言昔時大師前輩們如何如何超凡入化；一方面自歎弗如，使其帶上了玄味神秘色彩。這樣下去，很容易誤入歧途。

　　大彤兄在此時刻毅然挺身立起，要恢復太極拳醫道養生之宗，去糟粕、留精粹，顯然是有真知灼見的，用心用意也是頗值得讚賞的。唯此，讀他的書，字裏行間，用心良苦，也堪稱嘔心瀝血。

　　當然，尋覓真諦，宣講真諦，解秘傳世，冰凍三尺，非一日之寒，這是個了不起的題目。他不可能做到極為詳盡，字字珠璣，但作為一個有意義的探索，他是當之無愧的。至少，也是一家之言。

　　故此，筆者極願向大家推薦，願讀者開卷受益，和他一起做一個有趣也值得的探索，使太極拳在當代成為具有養生健身要義及科學味道的好運動。

孫繼光[1]　（檀林）

作於北京西峰腳下小書齋

------

　　[1]孫繼光先生為中國鄭州系藥王孫思邈第三十六代傳人。

前　言

　　2008 年將在我國首都北京舉辦第 29 屆奧運會，而且也恰逢鄧小平同志「太極拳好」題詞發表 30 周年。

　　鄧小平題詞因果是這樣的：1978 年 11 月中旬，以日本眾議院副議長三宅正一爲團長的日本國會議員代表團訪華。11 月 15 日，鄧小平副總理舉行歡迎午宴，招待代表團一行。午宴上賓主暢談中國傳統文化的太極拳，三宅副議長說他喜愛打太極拳。鄧小平同志也談了很多太極拳的好處。經常打太極拳對人的健康長壽有益，使日本友人受益匪淺。爲了紀念這次會見，爲了在日本普及和發展太極拳運動，三宅副議長請求鄧小平副總理題詞，爲日本太極拳愛好者留作紀念。鄧小平副總理欣然接受了三宅正一先生的請求。幾天後，一幅雋美出色的「太極拳好」題詞，送到了正在杭州友好訪問的三宅正一團長手中。

　　三宅正一先生將題詞帶回日本，並在太極拳團體的刊物上刊登了出來。日本太極拳界將題詞奉爲寶物加以祝賀。其實，題詞何止爲日本朋友的寶物，也是中國以及世界太極拳愛好者的寶物。說起來無獨有偶，早在 20 世紀 50 年代，新中國一代偉人毛主席曾揮筆號召中國人民爲增強體質「打太極拳」。在四十多年間，當代兩位偉人爲中國一個拳種題詞，這在中

國武術發展史上是絕無僅有的。中國拳種很多，只有太極拳受到國家領導人如此厚愛，兩代領導人揮毫題詞，只有太極拳有此殊榮，從太極拳的歷史、功能、作用和理論淵源來看是不難理解的。

借此良機，我們應該進一步認識太極拳，學練太極拳。對一種事物不是一次認識可以完成的，要不斷地認識、反覆認識、認識再認識。筆者在一篇題爲《習拳明理方得道》的文章中，有一個學拳的公式，即「認識—理解—明白—懂」，單從認識這一概念講，要從三個方面初步去認識。

首先從直觀去認識，在公園看到人們打太極拳便認識了，多看幾次，練太極拳在鬆、柔、圓、緩、勻中進行，對拳有了全面的認識；再從他人講解中去認識，再去讀有關太極拳的書和文章，從而對拳理拳法從文字理論上有了進一步的認識。到此認識並沒有完成，還要不斷地認識再認識，如果你學拳並想深入研究，可能要用一世辛勞去認識。

認識是學習，學無止境，認識也沒有止境。過去我們對太極拳的認識，只限於「體用」結合。「體」就是練拳，以此健體強身，「用」是技擊自衛。練太極拳可以練出一身好的功夫，可以自衛防身，像電影、電視上的太極拳師功夫高強、擊敗眾多的對手。但是練拳三年五載出手不但打不過人家，反而被人家擊敗，中途折返者不計其數。以爲學練太極拳可以「無敵」，這種認識是片面的，結果挨了打。

太極拳拳理拳法高深，圈內人有一句話：「太極

十年不出門。」十年是否能出門還要看學子是否刻苦用功，悟性如何，否則 20 年也不一定功成。經過一段挫折，對博大精深的太極拳有所瞭解，於是認識上會有一個飛躍，認識到學練太極拳不是爲了打人、爲了逞強鬥勝，而是爲了養生，達到健體、強身、袪病、延壽之目的。

有了正確的認識，打太極拳的人多了，很多人從中獲得健康；康復中的患者，得益於太極拳的作用病體痊癒，身體強壯，體質增強。然而對太極拳的認識並沒有終極，學練者體悟到經常練太極拳不僅可以益智、修身、養性，還可以提高一個人的政治素質，使之看待事物較爲全面，處事做人更爲成熟，到此有了進一步更爲深刻的認識。

筆者認爲，對於武術中的一類拳種，幾十年來兩代偉人題詞，偉人對太極拳的看法一定高於常人，這是毋庸置疑的。

太極拳拳理源於老子的道，《周易》的變，博大精深。《拳經》曰：「太極者，無極而生，陰陽之母，動靜之機也。」由於拳理精深，不是一世可以完成終極修練的，所以要承師追求，習而不輟。太極陰陽變化萬千，修練者修練得當，可以增強智慧，開發潛能。大家都知道潛能是無限的。

太極拳對開發智慧的作用是任何其他功法都無法替代的。遵循太極陰陽之道，掌握陰陽變化，按照太極學說規範行動，日久您便會得到一種新的感覺，您的大腦會變得比以往更聰穎，身上產生一種健康的、

不知疲倦的、過去從來未有過的新的體驗。您將牢牢把握自己的生命運動！

　　如果今天習練太極拳仍停留在原有的「體用」認識上，似乎太「小學生」了。太極拳從誕生至今，不斷完善，拳理博大精深，公開出版的拳論、拳經、拳訣、拳歌等等，數以百計。「小學生」是難以駕馭如此繁而多的理論，更難以向高層次功法攀升的。博大精深的太極拳是我們民族的瑰寶，民族的也是世界的。太極拳沒有國界，全世界人民喜愛太極拳，接受太極拳，習練太極拳，學練的隊伍之龐大，用老子的一句名言形容十分恰當：「隨之不見其後。」

目　錄

第一篇 │ 爲什麼寫太極解秘篇

太極拳有秘嗎？有秘，也沒有秘！有秘解秘，無秘解什麼秘？

近一二百年來，公開發表或傳抄的太極拳拳經、拳譜、拳訣、拳歌⋯⋯成百上千首。特別是近五十年來，國家重視，印刷先進，出版的拳術經典著作，內容豐富，公之於眾，何秘之有？拳論經典，傳道不傳技。然而，同奉一種拳論，各家各派傳功的拳師對拳理認識不同，理解不同，也就有了秘傳。有秘就有追求者，頂禮膜拜入門求秘。

今天向公眾公開解修練之秘，誠懇告誡拳友好漢，若想在太極拳領域中探求個深淺，用常人的思維去想、用常人的眼光審視，想上幾十年，看上幾十載，什麼也想不深，什麼也看不透

一、太極拳有沒有秘傳

在談太極拳有沒有「秘」之前，先要探求人類文明史的發展。從出土文物計算，中華民族的文明史，也有六七千年以上。在研究太極武學文化的發展時，暫且從中華民族上下五千年的文明史說起。

武術隨著人類文明史的發展而誕世，隨著我們祖先的

發展和進步而發展進步，隨之鬆柔武術出現在群落中。隨著《易》和老子學說的傳播，在《易》之陰陽變化、老子道法自然及空無之道的影響下，鬆柔武術有了質的變化和飛躍，到後來的後來，也就有了太極拳。經先輩考證，從春秋時代武術有了理論。孔子曰：「有文事者，必有武備。」經太極拳理論家吳圖南大師考證，大約在西元 500 年程靈洗有太極拳說，後傳韓拱月，以後再傳程珌，改太極拳為十五式的「小九天」，其中有「攬雀尾」「單鞭」拳勢名稱。唐代許宣平恢復太極拳名稱，又稱長拳，以表示習練滔滔如流水也。其拳勢名稱與今太極拳大同小異。

許宣平傳三十七式拳勢名稱如下：

（一）雲手	（一六）雙鞭
（二）彎弓射雁	（一七）翻身搬攔
（三）揮琵琶	（一八）玉女穿梭
（四）進搬攔	（一九）高探馬
（五）簸箕式	（二十）單擺蓮
（六）鳳凰展翅	（二一）上跨虎
（七）雀起尾	（二二）攬雀尾
（八）單鞭	（二三）山通背
（九）上提手	（二四）海底珍珠
（十）倒攆猴	（二五）彈指
（一一）摟膝拗步	（二六）擺蓮轉身
（一二）肘下捶	（二七）指點捶
（一三）轉身蹬腳	（二八）金雞獨立
（一四）上步栽捶	（二九）泰山升氣
（一五）斜飛式	（三十）野馬分鬃

（三一）如封似閉　　　（三五）二起腳

（三二）左右分腳　　　（三六）抱虎推山

（三三）掛樹踢腳　　　（三七）十字擺蓮

（三四）推碾

以拳經傳授心法，有《八字歌》《心會論》《周身大用論》《關要論》《用功歌》等。

許宣平之後，有唐人李道子、胡鏡子。至宋，張三豐有太極拳十五勢。明代平倭將軍戚繼光在軍中傳播太極拳，著有《紀效新書》，在太極拳發展史中應濃墨重彩大書特書。明人王宗岳，著《太極拳論》。清代蔣發、陳長興、楊露禪等人，使太極拳運動代代相傳，興旺發達。上世紀 30 年代，吳鑒泉承父全佑奠基建業，將吳式太極拳從京城傳播到長江以南各省，漸及香港。從國內到國外，傳播至世界各個角落。吳圖南大師於 20 世紀 30 年代在他的名著《國術概論》中，針對武術太極拳走向世界一事寫道：「固有國術，占一重要地位，成為真善美之體育活動。推而廣之，漸及全世界，全人群，豈不偉歟！」

太極拳發展到清末，是鼎盛時期，北京聚集了太極拳眾多名師，學術研究的氣氛十分活躍，對太極拳拳理的探討很有成就。因為當時印刷有所進步，太極拳的拳譜、拳經、拳論以及手抄本廣為流傳。南、北派武術人相互交流活動頻繁。當時商業往來交通不便，全國和各省市通商靠鏢局派鏢師武裝押運。此舉，大大推動了武術活動在全國的傳播和交流，各種版本的拳理、拳論流向全國。

楊露禪在太極拳運動的發展史上佔據重要地位。他到河南學藝，從此太極拳從村野山溝傳播至京城，繼而又向

全國輻射。而他最大的貢獻是繼承發展了傳統拳藝，誕生了楊式太極拳，將太極拳體用結合內外雙修向前大大推動了一步。此舉，震驚了武壇，震驚了全國，使太極拳運動得以蓬勃發展。而楊式太極拳的誕生和發展，在武林界打破了幾千年傳統的封建思想對武術人頭腦的束縛。

在楊露禪時代，雖然世界列強已經有了熱武器，但冷兵器在中國仍然是主要的戰鬥武器。這時，封建王朝日漸走向沒落，工業、製鐵業不發達，是冷熱兵器交替的時代，此時，中華武術仍有用武之地。

太極拳運動在近代的發展史中，由於拳家文化背景不同，文化修養有差異，對太極拳的拳理拳法理解有差別，拳家的身高、體質不同，教學物件又不一般齊，在教學方法上也出現了差異。雖然拳理「理為一貫」，結果「變化萬端」，在太極拳發展史上，逐漸發展成為陳、楊、武、吳、孫等各式不同風格、不同練法的五家拳式法門。有差異便有了派別，這是事物發展中的正常現象。特別是近五十年來，國家昌盛，太極拳運動得到了蓬勃的發展。各門派教學方法不同，也就有了門派機密。武術行規、門風約定俗成，入門拜師方可得到秘傳。這種傳統入門學藝模式，在武林界各類拳種中頗為盛行，幾千年因襲而來，一時還難以打破。這一封建傳統不能像當代教育，全國統一教學、統一試卷。只能是自家發展自家門派之特長的封閉傳播，對找上門來學拳的外國人，也是這個模式。國家編的太極拳簡化二十四式，使全國統一教學，得以廣泛的推廣。這是新中國成立後對太極拳教學的改革，這一教學改革很見成效，是武術教學中的一次很成功的嘗試。

傳統太極拳的發展得到國家的重視，否則沒有今天的廣泛推廣。但由於門戶之見，門風行規也推而廣之，這也是喜憂參半的結局。還給太極拳教學改革增添了些困難。

那麼，到底有沒有祖傳、家傳、秘傳呢？祖傳、家傳是有的，如果沒有家傳，怎麼會有多少多少代傳人呢？關於秘傳，上文已經提到有「門派機密」，這種門派機密不過是拳法上或手法上傳些老師的心得體會而已，至於老師多年的教學經驗、幾十年的技擊臨場應變能力，是難以下傳的。在太極拳界，甚至在武林界，是很難將老師之功夫機密傳播下來的。如果有秘傳，為什麼楊家沒有再出現一位「楊無敵」呢？筆者相信，武林高手拳師對自己的兒孫一定會盡心傳播。兒孫後輩也想早日拿到父輩和祖宗的功夫，這是兩廂情願。但功夫不是存摺，也不是錢票、金銀首飾和房地契，父輩交給你，你放進保險櫃裏，就能被你繼承下來全部歸入腰包，一分錢也落不到口袋外邊。但傳藝不是這樣的，血統不是拳藝，著急也無濟於事。傳說某位太極拳先賢曾用大棒子趕著兒子學藝，兒子已經有了逆反心理，想去跳井。可見，老子在真傳，兒子年幼不懂深刻的拳理和學練的意義，等到自己有了兒孫悟出來道理，為時晚矣！我們左顧右盼看看健在的太極拳大師們，他們的子女哪一位能達到父輩的成就呢？道理淺顯，前輩先賢身經百戰的實戰經驗是無法下傳的。

有一位蜚聲中外的太極拳大師，是當代一流的太極高手、太極拳技擊家，打遍天下無敵手。他如今已80高齡，自18歲執掌教鞭，至今有62年的教學技擊經歷。這62年技擊經歷怎麼個傳？不要說秘傳，明傳也難以學會。如果

有秘傳，我們可以拭目以待，看看高手們的傳人今天和將來在拳場、在擂臺上的表現，可以得出結論來。

在這裏要探討一個在學術上很有價值的課題，是不是所有太極拳家一定是太極高手、技擊專家，天下無敵手？不一定！也不該要求他們一致。

同是一師之徒，千差萬別；一娘生九子，性格不一樣。同班學練太極拳，歷史背景不同，文化修養有差異，愛好各有所長，對太極拳的認識和理解層次不一，對技擊的認識和要求有差別。不一定所有學練者，都能成為技擊家。他們之中有偏重理論和實踐研究者；有的在拳架修練上成績顯著；有人是出色的組織者，在普及太極拳運動方面顯露組織才能。如果要求他們都是太極拳技擊家，就是抹去人的個性和差異，這是不可能的。

太極拳博大精深歷史久遠，太極拳理，源於《易》之變化和老子的道。千百年來代代相傳，是一代一代太極拳修練者共同的智慧結晶。這一古老深奧的拳術延續至今，是全體太極拳修練者共同努力才使之達到今天的規模和拳藝的高層次。如果不是共同努力，僅靠張姓、李姓的祖傳、家傳、秘傳，太極拳運動不會有今天的成就。從中華民族的文明史評估，也不屬於哪家哪戶，準確地說，太極拳學是我們全民族的珍貴文化遺產。

將科學太極拳學比作一片竹林，我們苦練幾十年，不過只摘取一片竹葉而已。對於太極拳學之博大，未知的東西太多太多。一個人一生的學練很難把握全面，還得代代人去努力，去完善和完美。個人修練，能保持自己的平衡持盈保泰，不去練人家，自己能修養達到人生的沖淡平

和，已經是很好的境界了，能得以養生長壽就很好啦。平時待人和善，「秀若處女，不可帶張狂氣，一片幽閒之神，儘是大雅風規」。

太極拳學和太極拳功夫，是傲之不得的。將全民族放在心裏，便不會爭個張家、李家，太極拳是中國的，太極拳是民族的，民族的也是世界的。

二、太極拳藝術

太極拳是什麼？太極拳是藝術。

太極拳被視為藝術，是因為其品位所決定的自身價值，也有人說「味道」。太極拳有一種動態藝術的美，是動中有靜、動靜相兼的藝術，是高品位的鬆柔動態運行藝術。

(一)太極拳藝術

太極拳是藝術，是形體美的鬆柔動態藝術。先輩拳師楊澄甫曾提到太極拳是藝術，太極拳乃柔中寓剛、棉裏藏針之藝術。先賢吳圖南大師在《國術概論》中說道：「武術（太極拳）是真善美之體育。」真善美是完美的藝術。楊禹廷大師說：「我們沒有學問，也說不出高深的大道理，『咱這太極拳是玩藝兒』。這是『藝術』的通俗解釋。」上海已故太極拳家傅鍾文先生提到，太極拳是一門高級藝術；太極推手是一門高級藝術。

我們在理論和實踐中發現，在盤練太極拳修練的過程中，軀幹腰腹空鬆得似乎不存在了，只有兩隻腳、兩隻手和一個頂。頭腦空白一片，無我無他，這是一種在排除雜

念後心神意念專注的修練，是在動靜、鬆柔、陰陽的變化中的動態運行過程中文化的、藝術的、審美的體驗，也是生命的體驗。

大師們演練太極拳，他們的神意氣與太極陰陽渾為一體，上下相隨，虛實分明，動態運行似行雲流水。每個動勢均為弧形線。大師空鬆雙手，輕輕扶著環形路線，有手似無手，手在空中飄浮，運行在環形套路路線中，飄來飄去似描畫著一個個圓形環。將觀摩者帶入鬆空的境界中去，這是最佳的動態運行藝術。

看藝術大師推手是極大的藝術享受。

大師的推手藝術，不是古代力士角鬥，也不是跤手技巧和力量的較量，更不是在公園看到的撕皮擄肉的所謂「推手」，而是在鬆、柔、空、圓的陰陽變化過程中的表演。

太極高手與人較技，拿放對手的一瞬間，是任何拳術、任何戲劇、舞蹈藝術也無法達到的境界。如果是兩位大師交流拳藝，他們之間沒有動作可看，只是在接觸點之間極為微小的陰陽變化，然後雙方抱拳握手哈哈一笑，甚為瀟灑，令觀摩者感歎！如果弟子輩與大師學習，可看的東西就太妙啦。對方攻來，只見大師視線所到之處，對方已失重，身體前傾，繼而向下蹲去，尚未蹲下被對方拿起一米多高，將落地又被拿起來，似老叟戲頑童，被拿起一米多高，放下，又拿起一米多高，放下……令人叫絕。這是高品位的拿放藝術，其他門類藝術，如戲劇、舞蹈是無法與之媲美的。

拳人在高品位的鬆柔動態運行藝術中，陶冶情操，在陰陽變化中淨化心靈，體能也得到鬆空的修練，軀體離虛

透空，從中深刻理解拳的文化品位與內涵。太極拳藝術，將大大提高習練者的層次，修練者再也不是「練拳的」了。拳友在一起切磋拳藝，將是太極拳修練界交流和探太極拳討功法藝術，是品位高雅的學術活動。

(二)太極拳美學

太極拳修練離不開太極圖。

太極圖是美的，一隻黑魚一隻白魚緊緊互抱，掛起來就是一幅美麗的圖騰，有一種迷人的魅力，給人一種忽隱忽現的美，神秘莫測之美。

太極拳雖然屬於武術，但它與戲劇、舞蹈一樣，有一種立體變化之美。太極拳有它自身的規律，太極拳套路動作由不同方向、不同大小的環行圈組成，它的運行路線為弧形。盤拳行功循太極拳的弧形線，以鬆、柔、圓、緩、勻的速度運行，似行雲流水，有一種流暢的藝術美，任何藝術都有如此圓活流暢之美嗎？太極拳具有難以言表的迷人魅力，一招一式極有吸引力，有動、靜相兼之節奏美；有圓活趣味之美；有鬆柔之美，鬆沉之美，鬆空之美，舒展之美；拳人盤拳，有瀟灑之美，又具陰柔虛無之美。

我們太極拳人不可低估太極拳的美學價值。《太極拳論》是以最富魅力的語言所組成，「一舉動，周身俱要輕靈」「極柔軟，然後極堅剛」「不偏不倚，忽隱忽現」「陰不離陽，陽不離陰，陰陽相濟」「隨曲就伸」等等，拳論是詩，是歌，是火，獨具魅力，有極具吸引力的語言節奏美、韻律美。

太極美學，是被人關注的美學領域內的一個值得研究

的課題。太極美學地位、美學價值，應引起關注。

三、還太極拳的本來面目

太極拳的本來面目是什麼模樣，誰也沒看見過，為什麼提出還太極拳本來面目這麼個古怪的問題呢？

在探討還太極拳本來面目的課題之前，先請練家到各個公園走一走，看一看傳統太極拳練家形形色色的練法。所謂傳統，是幾千幾百年來，從我們老祖宗層層傳遞、代代相傳繼承而來。

繼承傳統不能像吃涮羊肉。傳統涮羊肉是紫銅質鍋，空心，中間燒木炭，圓形鍋圍著炭火，便於將水燒開涮肉。涮羊肉鍋的製造十分科學，底座大，通風，氧氣充足，木炭便於燃燒，上端為煙筒，細尖助燃、拔煙。涮羊肉鍋造型優美，為食具最佳造型藝術。而今，這種火鍋日漸淘汰，現代化煤氣鍋、電鍋取而代之。食具外觀已經失去涮羊肉的傳統外觀美，調料也是眾人一口統一味道，不像傳統調料，佐餐調料集中在一張桌子上，自助調料，喜歡什麼口味自己調，而鍋底也減去口蘑，失之傳統口味。

如今，傳統太極拳也似現代涮羊肉，從外形到內涵變了味道。

有人練太極拳不聽師教，不讀拳論，不遵太極拳陰陽學說之規範，出手拙力，不知「一舉動，周身俱要輕靈」是怎麼回事。不是遵道而修，歪斜著身子練拳，將「中正安舒」丟得一乾二淨。或者少練拳多推手，憑著自己本力加招法，閃腰挪胯，橫衝直撞，推拉硬搡，全然沒有太極

拳拳理拳法的鬆柔、虛實、開合。失去以心行意，以意導體，以體導氣，以氣運身，用意不用力的「味道」。

何為太極拳的本來面目？從拳理講，除了上文舉例說明的「一舉動，周身俱要輕靈」外，拳理還要求「意氣君來骨肉臣」「陽不離陰，陰不離陽，陰陽相濟」「極柔軟，然後極堅剛」「一處有一處虛實，處處總此一虛實」「關節要鬆，皮毛要攻，節節貫串，虛靈在中」，以及「用意不用力」「無形無象，全身透空」。反映在練家盤拳修練的正體，並體現在一招一式之中。

太極拳理的要求不是拳師發明創造出來的，是根據太極陰陽學說及太極拳學傳遞下來幾代拳人臻於完善的鬆柔為魂、陰陽為母的拳法。筆者在《太極鬆功修練篇》中談到這一層道理，太極拳不是剛拳，太極拳是鬆柔之拳。太極文化是極為博大精深的，學練太極拳者，對太極機理要瞭解清楚，領會要領。學練，不可用剛勁，不可用拙力。你的身體以及一切動作，將成為太極拳的一個載體。作為學練者，作為載體，首要的是必須按照太極拳的拳理要求，規範你的動作，否則，就不是太極拳。

拳經要求習拳者先要學習領會太極拳學的特點和要達到的目的。太極拳機理要求太極拳習練者將體能訓練成為鬆柔之體，最終達到修練者無處不舒展、無處不輕靈、節節貫串，陰陽變化運用自如。這一切一切，都從習拳第一步始，從太極起勢到收勢，要習慣輕靈的舉動。唯有輕靈，方可達到無形無象全身透空的層次；唯有輕靈，方可消除習練者後天之拙力，使身體鬆柔靈活，隨意肌可隨意支配，不隨意肌亦應舒鬆下來，周身輕靈順遂；唯有輕

靈，方知「意氣君為骨肉臣」，用意不用力，捨己從人之奧之妙。

可是，有人練拳用力不知用意，入道不深的出手拙力，就是修練多年的練家，不相信用意不用力者也大有人在。為什麼？他們練拳習慣於用力，用意練著不習慣，從來都不按拳理拳法修練。從起步始，不去研習太極拳學、太極拳陰陽學說，身上脫不掉拙力。他們人云亦云，雲裏霧裏，不求甚解。每天盤拳從不研究一招一式的陰陽動靜機理，而是隨心所欲，以自己的歪理去解太極拳理。

還太極拳本來面目，是個大題目、大工程，是修大道。提倡太極拳人學習太極拳學和太極拳理，注意陰陽學說的學習和研究。有了正確的拳理指導，按太極拳理、拳法規範自己的動作。筆者將這一想法貫串全書十三篇始終，從多角度、多側面闡述太極拳的本來面目。使正體太極拳運動提高到新的層次。按太極拳學的規範動作練拳，盤拳注意陰陽、虛實，注意中正安舒，每勢安舒，每動中正，處處輕靈，關節要鬆，節節貫串，皮毛要攻，虛靈在中。按照太極拳的拳理拳法規範自己的思維和動作，太極拳的本來面目將展示在各個拳場和比賽場上。

四、博大精深

修練太極拳的朋友經常說一句話：「太極拳博大精深。」提到博大精深便怯步不前，又說：「太難。太極拳太難了，不練了。」是不是因為博大精深就不練了，不去深入研究了？如此實不可取。

(一)博大精深

用常人的目光去看「博大精深」，不得了，極博極大極精極深，難學難懂。一葉障目，看什麼也不會全面，請將目光穿透盲障，再去審視博大精深，定覺頭腦清醒，眼前一片明晰。

博是讓你博採眾長。練太極拳，不但學習拳論、拳經、拳譜、拳訣以前人和今人撰寫的拳理論，還要涉獵百家，讀些文學、地理、數學以及科普知識，中外名著、歷史、拳擊、格鬥以及博學武術各門類的一切知識。多讀書，知之越多，越有助於對太極拳拳理的理解和學習。

大，大是大自然，道法自然。練拳盤架越自然越符合太極拳的拳理拳法。練拳像穿衣服繫扣，像吃飯用竹筷，似婦女織毛衣時雙手輕鬆持毛衣針那麼自然、輕鬆、隨意。以自然的心態，自然的肢體練太極拳，還會有力嗎，還會僵緊嗎？

精是在自然狀態下盤拳，要循規蹈矩，行功分清陰陽、虛實、開合、一招一式，似鐘錶的表心，齒輪相合，一環套一環，絲絲相扣，細膩嚴謹。

深是深入研究太極拳之特性，循拳理拳法修練，不可瞞天過海，稀裏糊塗，得過且過，又不可拘謹僵持渾身肢體僵而不開。總之，應以自然的心態、自然的動作，投入太極拳的修練。

(二)習拳明理

國家昌盛，為習武者開闢了學拳練功的廣闊天地。太

極拳理論經典豐富多彩。當代太極拳人、太極拳修練者要讀書明理方可得道。

學習拳理明白拳之道理。我們的先賢比我們早明白近三四百年。清人陳鑫大師《學拳須知》明示後來學子：「學練太極拳先讀書，書理明白，學拳自然容易。」京城太極拳鬆空藝術大師楊禹廷說：「打拳打個理。」這是先輩拳人給我們後繼學子的至理名言，不可不悟。

太極拳拳理源於《老子》《易》學。不理解拳理，難以練好太極拳。一般健身無須過高苛求，如果深入修練則必須讀書，懂得拳理。筆者認為，習拳有一個公式，即認識—理解—明白—懂。認識，可以到各公園看人練拳，這是直觀認識；還可以問拳師，請教教練，這是聽中求認識；讀太極拳理論書、拳書，以及對名拳師專訪的紀實類文章，從中體會太極拳的拳理拳法，這是理性認識。經由看、聽、讀以後，對太極拳有了初步認識，就開始學練，從實踐中去理解。但是有些拳友往往不注重讀書，不注重學習拳理。有一位拳友練拳十幾年，沒有一冊拳理書，沒讀過全文的《太極拳論》，道聽塗說記住幾句拳訣，練拳常出病手，也不明身形之病。還有甚者，每天在公園與人較技「推手」，渾身是勁，兩臂拙力，不知拳論要求的「一舉動，周身俱要輕靈」。你介紹他讀理論書，他說：「那是虛的。」其實，他的「實」，通俗理解，就是本力加招法。說「虛」者不是淺薄，就是對太極拳的無知。

《拳論》云：天地為一大太極，人身為一小太極……此不用拙力，純以神行功效著矣！主張「實」的朋友不可不悟這幾句拳之精論。太極為陰陽，陰不離陽，陽不離

陰，陰陽相濟。太極拳理陰陽為母，講究虛實，沒有虛就沒有實，不少拳人十年二十載練不好拳，找不到感覺，原因之一，不是虛的多了，而是虛得不夠。鬆柔是太極拳的拳魂，鬆柔就是陰虛，沒有虛，就沒有太極拳，這是太極拳的特性所決定的。太極拳學的陰陽學說源於老子《道德經》。老子說，「弱之勝強，柔之勝剛」「無有入無間」。沒有虛就沒有實，太極功夫通俗解，是鬆柔、鬆空，是虛靈，是鬆無，是陰陽相濟。

拳人立志要深層修練太極功夫，不可無陰，不可無虛，離開虛，將空忙一場，空忙一生，最終也不知什麼是太極功夫、太極拳是什麼「滋味」。《太極拳論》《十三勢歌訣》《十三勢行功心解》《五字訣》《打手歌》《太極懂勁解》《太極圖》《虛實訣》《陰陽訣》等等數以百計的拳訣、拳論，都是虛的。沒有拳理的虛，也就沒有太極拳了。試問，哪位拳家能離開這些拳之經典，能練出一身功夫來？所以，學習太極虛學，是十分重要的。

老子說「虛其心，致虛極」，是很有道理的。

(三)外求學和內求學

太極拳學習是一輩子的事。因為太極拳博大精深，拳理深奧，拳藝難求，如果摸不到太極拳之規律是難以學好的。太極拳學極為深廣，靠一個人去學，如果不得要領，一世盲練。到各公園走走看看，習練二三十年未入門者並不鮮見。這裏說的「入門」不是拜名師，而是身上有太極內功。

太極拳難求，一個時代要靠眾多學子拳人共同努力去

完善和完美，一個人很難達到什麼高度。太極拳學學無止境；練一趟拳有一趟拳的體會，終身追求，常練常新。而太極拳學的層次性極分明，如初始學練，教練天天講，上課說，練拳不要用拙力，但初學者出手提足四肢便僵緊有力。即使初學者心裏想著不用力，但出手便用力，一時很難鬆下來，這似乎是規律。我在杭州講學，有這樣一件事：

拳友：「老師，用力不用意對不對？」

我答：「對！」

拳友：「教練說，用意不用力對嗎？」

我答：「對！」

這位拳友表現驚訝不知所措，用懷疑的目光望著我，他有很多疑問和質疑都表現在眼神中。

我進一步向他解釋，解除他的疑惑。我詳盡講述，太極拳學練雖然沒有像現代學校一樣，以年分班，有嚴格的分班升級制，但學練層次是很清楚的。我們將太極拳教學，除去托兒所和碩士、博士生不計算在內，以小學、國中、高中、大學分為四個級別。在小學級別的學練者認為，太極拳用力不用意；而大學生當然認為是用意不用力，這是層次所決定的。所以，我在回答提問時，太極拳行功，用力不用意和用意不用力都肯定是對的，因層次不同會得出相反的結論。所以，筆者講課或在拳場說拳常習慣以小學生、大學生、國中生的稱謂評論某種拳藝。像經典著作中的「妙手空空」「無形無象」「全體透空」，肯定是大學生的應知課程。

我以四個級別來形容，但並不等於小學六年、中學六

年、大學四年，學練十六年太極拳，便拿到畢業證書，達到全身透空的境界。圈內有一句「太極十年不出門」的術語。這個「十」，不一定是十年，也許是十年，也許是二三十年。因為學練傳統太極拳，沒有統一的教材，更沒有科學的學制。如果學子遇上一位明白拳理拳法的明師，本人有靈氣，悟性好，功成的時間會縮短。可以在短期內採用科學的方法，將身上空鬆下來，關節能鬆開，且節節貫串。不但能將拳理論說明白，還能從身上反映出來，這種境界已經達到太極拳學要求的「輕靈」「陰陽變化」「妙手空空」「無形無象」等太極拳高境界水準。

在短期內達到高境界，要有一個很科學的學練方法，也就是拳法。筆者認為最好的學練方法是「外求學」和「內求學」兩種，也就是學練太極拳兩個階段。

外求學為第一階段。從初入太極拳場學拳始計算，到國中為外求學。這時應該認認真真、老老實實、誠誠懇懇、扎扎實實、一絲不苟地向老師、向教練學練，要循規蹈矩，遵道而修，按規矩一招一式修練。到高中便是第二學練階段，也就是「內求學」階段。

外求學階段大約要十年左右。這時，如果外界的客觀條件對學練有益，自身條件夠了，要及時轉入「內求學」階段。如果自身條件具備內求學階段，自己還不轉，仍然不離開老師，自己錯過一個良機，再在老師門下學練下去，學拳將變成古板、僵滯，也不會超越前人，一生學拳不會有太大的突破，也不會有太大的出息。

內求學是自己學習，也是悟。這種學練方法不是筆者的奇想，先賢早有明示。拳論云「由著熟而漸悟懂勁」，

這個「悟」便是內求學。所謂內求學，是將你學練的一套拳，與太極拳學的規範相印證，如陰陽變化，一舉動，周身俱要輕靈，極柔軟然後極堅剛，鬆柔，中正安舒，用意不用力，關節要鬆，節節貫串等一系列太極拳拳理拳法規範的所有太極拳之特性，從身體結構變化中悟出拳理在身上的反映，將理性認識變成為感性認識。將那些抽象的、玄奧難以理解的，由修練，「身知」「體悟」，使之變成能看得見，摸得著，能表現出來，具有說服力的功法，進而可以學練、傳播的拳藝。

在內求學階段不是不再向外學習，我們太極拳修練者對待學習應該持學無止境、活到老學到老的老老實實學習的態度。對待自己是驗證所學的知識在身上的反映。「活學活用」也是學練太極拳的重要的學習方法。著名的國畫大師齊白石先生有一句名言，他說：「學我者死。」他反對生搬硬背，一語雙關，提倡活學活用。

我們太極拳修練為什麼要對我們還不熟悉的東西認定是絕對呢？先賢在拳論中告誡後來學子，「變化萬端，而理為一貫」「斯技旁門甚多」「差之毫釐，謬以千里」，我們應該詳辨。先賢的忠告，筆者有所領悟，在文中多處反覆論述，以求拳友共識。

周圍有些拳友多年修練未能領悟拳之真諦，這是一個學練拳法未解之結。歸根結底是對太極拳學和太極拳之特性認識、理解不夠，應該對所學練的最為珍愛的太極拳功法，認識再認識，反覆認識；理解再理解，反覆理解再理解，不久的將來會從內求學中悟出真諦，在功法上有所突破。

五、改革太極拳教學

自有太極拳以來，千百年間沒有一套完整的、科學化的教學方法。一個老師一種傳授，口傳心授。學藝圈裏有句俗話「師傅領進門，修行在個人」，這句話的意思，要求學拳者須勤奮、吃苦、靠自己的聰明和靈氣。

太極拳學博大精深難以理解，學成有相當難度。拳師告誡學子，「太極十年不出門」。這個「十年」不是時間概念，而泛指學拳之難。這門，是指什麼門？家門、村門、鄉門、縣門、市門和國門，每個門有每個門的標準。如果十年一個門，到國門，須學練五六十年，歸根結底，還是活到老學到老的拳藝界的老話題。君不見，在太極拳圈子裏，有學拳十幾年還不得要領者；學拳二十幾年，本力還去不掉，出手拙力，談不到輕靈；三十年，周身仍然鬆不下來，說玄一點，三十年還在雲裏霧裏。在一本書中看到，一位太極拳人練拳五十載，雲裏霧裏五十年，欲棄拳學習別的功法。這是拳人在學拳道路上的悲劇。

原因很多，說到底，仍然是老師的責任。世界在前進，我國的田徑、水上、球類等各項運動，已經在聘請合格的教練執掌帥印。體育科研部門經常、及時地向運動隊提供科學的研究成果和先進技術。以乒乓球為例，乒乓球拍、乒乓球的顏色也有改變，足球的改進頻率更為迅速。回過頭來看太極拳，怎能允許和容忍太極教學千古不變呢？太極教學改革應該提到議事日程上來了。

筆者為什麼將責任加在老師頭上呢？俗話說「名師出

高徒」，弟子不成，老師有責任，起碼要負一半的責任。「教不嚴，師之惰」嘛！老師糊塗學生永遠也明白不了，基於此，拳師是首要的，是培養太極拳人才的決定因素。老師的責任，就是授業、傳藝、解惑，學生學不好，乃教者失職。

(一)中國的武術教學

1. 武師在家設館。學生到武館習武每年交一次學費，師父師母三節兩壽要送禮。由武師上課，傳授武術基本功、套路、刀槍器械、雙人對練等等，但不傳「絕活」。

2. 向武師遞帖子。拜師帖子上寫明拜師入門學武，從師學藝，師徒如父子，任師打罵，打死由個人負責。收徒後，為入室弟子，是「自己人」，將來可以教授絕活。

以上兩種弟子在武館習武，老師教什麼弟子學什麼，沒有選擇的餘地。在學習中，各武館將弟子打斷胳膊、腿的事常有發生，不足為奇。學子隨師學武十年二十載，有的不滿足已學的功夫，另投師習武的例子也不少，以滿足自己的求知欲。此舉開明的老師可以接受，否則，背上跳槽的欺師滅祖之罪名。

(二)互相學習交流切磋

從古至今，在武術門中傳下來帶有封建色彩的不健康的治學歪理很多，其中之一是「門戶之見」。

「門戶之見」只允許本門人之間交流武藝，不能與外門人交流拳技。要交流只有打擂臺，一比高低。這種傳統傳至現代，就是各種武術比賽。太極拳分為五家門派：

陳、楊、武、吳、孫，流傳至今。在國家政策寬鬆之下，五家均建立了拳社。五家社長可以坐在一起開會，研討全民健身，發展武術事業。但是，不能相互學習，交流拳藝。如果在一起交流拳藝，也是各家拳師帶各家之弟子表演。中國武術門派很多，各門派之間絕對不在公開場合互相交流，深恐交手有所閃失，影響門派之名聲或結下恩怨。

不能交流，怎能提高？不相互學習，怎能取長補短？都說各家的拳法高超，如果各家都走出國門到國外傳播太極拳，結果只有各家各派的太極拳，沒有中國統一的太極拳法，也算是一樁怪事。

多年修練不及格，如何繼承，沒有繼承談何發展。我們的鄰國太極拳界曾揚言，十年超過中國。有一位資深的傳統太極拳大師，一生忙碌在教學場上，她說過一句氣話，令人深思，她說：「以後學太極拳要到日本去學。」看來不改革太極拳教學是沒有出路的，太極拳教學一定要改革。

六、我的教學計畫

已故太極拳藝術大師汪永泉先生，一生關心武術事業，對推動太極拳運動的發展作出了應有的貢獻。在耄耋之年挺身而出，提議選派十名青年學生由他教導，並且堅信只要採取他的教案和練法就可以在三年內培養出確有功夫的人才。汪老垂暮之年，首先想到的不是自己的健康和頤養，而是請戰，再披戰袍到前沿教學，這是何等的高貴品德，心靈之美令人敬慕。這就是太極修練到最高境界、有極高修養的美麗平和的人生境界！

偉人鄧小平題詞「太極拳好」，給太極拳運動注入青春活動。我們處在中國繁榮昌盛的時代，我們這一代拳人是幸福的。但是，我們也曾渡過動亂的年代，練拳熱情被抑制，被剝奪了修練時光。當前經過「冬眠」的太極拳運動又開展起來。經過苦練，得到太極拳大師的點撥，到懂勁之時，年已花甲。筆者雖明白太極拳的道理，但身體健壯的鼎盛期已過，僅僅是養生保健而已，發、拿、打、化的太極功夫只能是紙上談兵了。然而太極拳藝術大師傳授的功夫，不能據為己有，為中國太極拳事業的繼承和發展，筆者願步汪永泉大師後塵，完成他老人家的遺願，改革太極拳教學，發展太極拳運動，認真地、快速地培養接班人。

(一)目　的

培養太極文化的推廣者和傳播者。繼承和發展太極拳藝術，培養懂太極功夫相當於高手水準的接班人。

(二)封閉式教學

學制四年，入學者需大專學歷或同等學歷，粗知、稍知太極拳理論。

(三)理論課程

現代哲學、愛國主義課程、人體解剖學、養生保健課程、太極養生與性養生學。

(四)古典哲學課程

易經，老子道德經，孫子兵法，太極拳論（十三勢歌

訣、打手歌、十三勢行功心解、走架行功要言以及歌訣、俚語等），中國圍棋（棋經、實戰），中國武術課（中國武術史、武術種類、特點）。

(五)美 學

中外美學（繪畫、風景畫、油畫、雕塑），中國書法。

(六)要 求

1. 認識太極拳、讀懂太極拳。
2. 學拳的人是載體、空淨身體後太極功夫進入人身。

(七)動作課程

1. 武術（形意拳、八卦掌、少林拳、長拳、孫臏拳）；
2. 無極樁功；
3. 楊禹廷八十三式太極拳；
4. 太極鬆功；
5. 太極揉手功；
6. 技擊功。

七、太極拳師

太極拳師備受尊重，他們不但在中華大地教授拳藝，還走出國門，登上發達國家的議會講壇，受到極高的禮遇。但是，太極拳拳師就不像別門學科那麼按部就班，從

師範、師專、碩士、博士到登上講壇。有太極拳學歷者並不多。對太極拳師是否應該分出等級呢？筆者認為：應該！不然也會有以假亂真者或以次充好者，誤人子弟。

筆者認為太極拳師應分為：太極拳教練（普及）；太極拳師；功夫太極拳師；太極拳導師四類。

(一)太極拳教練（普及）

太極拳教練經過短期培訓，掌握了簡化太極拳套路的練法，發證上崗在公園「掛旗」授課。這類教練數量大、分佈廣，全國各地只要有公園、有人群的地方，就有他們教拳的身影。他們對全民健身，對啟蒙和推廣太極拳運動，增強人民體質，具有積極的作用。

(二)太極拳師

太極拳師，學拳教拳一二十年，他（她）們會練多種套路拳勢，有的拳師也會練多家的傳統太極拳，教學經驗豐富。但是，他們由於長時間在基層推廣、普及太極拳活動，很少時間進修，沒有進一步深層次研習太極功夫。各個關節以及周身鬆柔功夫不夠，只教套路不能教授技擊。

(三)功夫太極拳師

功夫太極拳師是指他們身上已經明白或者已經懂勁。所謂「身上明白」，是指從理論上理解太極陰陽、虛實後，身上能反映出來，瞭解對方，知道自己勁路的來路去向，身上處處有陰陽，周身鬆柔，身上大小關節，節節貫串，基本達到太極高手的水準。學生拜這類老師學藝，不

會走彎路，因為拜在明師門下。

　　話說回來，太極拳師很多，不知哪位是明師？這個問題很好解決。太極拳教學與兄弟拳種不同，弟子跟老師學幾年拳後，為了使弟子掌握太極拳陰陽學說這門功夫，時時讓弟子「聽勁」，就是講腰，讓弟子用手摸老師的腰，這叫聽勁，觸摸老師的腰是怎麼變動的，以便理解和提高太極功夫的品質。能不能請功夫太極拳師先讓學子聽老師的勁？先將各個部位的太極功夫的反映，或者暫叫「指標」公佈於眾，按公佈的標準，請學生聽老師的勁。符合的，就拜師學藝，不符合或是身上沒東西的，只好另尋明師。

　　筆者將功夫太極拳師應知應會以及身上的所謂指標，也就是無極狀態公佈於眾，以供參考。

　　太極功夫「其根在腳」，從腳到頂，各部位有各部位的反映和太極功夫的狀態，從上而下，從頂說起：

　　頂──虛靈，精神在頂上（百會）。將手放在頭頂上一寸至半尺間，感覺有一股熱勁往上沖。如果下按便失重，腳下虛空。

　　眼──站在師前兩米之內，師視線收回，有被拿起的感覺，往你處一看，身體自然向後有被打出去之感覺。

　　肩──手扶在師肩上，有往下沉到地下的感覺，用力扶，力反回到腳下，失重站立不穩，或被打出去。

　　胳膊──平伸著，師膊上的汗毛立起來，所謂的「皮毛要攻」，用手輕輕在汗毛上撫摸，汗毛有往上的衝力，如果用意力按即有被打紮之感。

　　肘──扶肘，感覺空一片而沒底，鬆沉，托不起來，

腳下已失重。

腕——掰腕，反關節，師腕是空腕或似鋼腕撼之不動。

手——輕輕捏住師指尖，腳下恍惚站不穩失重，胸憋悶，用力，被反作用力打回來。

如果將師的一隻手搬緊，力壓師肘的反關節，師關節是虛鬆著的，自身失重，有被打出去的危險。

胸——用手推在師胸上，有一種摸不著、追不上、極深遠的感覺，腳下失重。

腰——在腰上聽勁，腰是一個沒頭的深洞，什麼也摸不著，也打不進去。

胯——扶住師胯，有扶空的感覺；或推不動，像推一棵根深葉茂的大樹。

膝——扶住膝，扶空，有腳下失重感，有前摔之感，腳下旋轉。

腳——師腳下陰陽變化，這種變化是無形無象的，踩不上，有升起的感覺。

全身——全身鬆柔，節節貫串，以一個指頭觸摸師腰、背、胸及全身各部位，捅在哪裡，哪裡空鬆，在接觸點上用力，空點變成為一個堅剛點，堅剛點的周圍是柔軟的肌肉。在接觸點上，加多麼大的力就反回到腳下多少力，用指、用掌、用拳，多麼大面積的接觸點，便有多麼大面積的鬆空。用力接觸部位就變得堅剛。

當前，在太極拳教學前沿，具有身上如此鬆柔，身上「明白」的拳師並不多見；或者大有其人，散落在民間教學圈子裏少為人知。應該像劉備求賢那樣，深入山野三顧

茅廬。我國真正懂得太極拳的人不是多，而是太少太少了，宜將這些太極高手請出來參與科學研究和充實教學隊伍，以提高太極拳的整體素質和水準。

(四)太極拳導師

太極拳導師，是培養指導太極拳高手的導師。他們是太極拳理論家、太極拳教育家、太極神明高手，講出的拳理，身上都能反映出來。太極拳的基本原理陰陽、鬆柔、鬆沉、開合、虛實、極柔軟、極堅剛……他們身上、手上都能反映出來，並且可以講解。

八、太極呼喚學者

現在還有不少人認為，練武者武夫也，頭腦簡單，四肢發達。其實，太極拳博大精深之處，恰恰不是拳腳功夫，而是頭腦、心靈高境界的思維活動。太極拳不是練功練出來的嗎？這僅僅說對了一半。太極功夫是「悟」出來的，也就是頭腦、心靈悟出來的功夫。

從習練太極拳者的學歷評估，當前大學以上學歷的太極拳愛好者逐漸增加。過去知識界中，不少人不喜歡舞刀弄棒打拳踢腿的。天天趴辦公桌，鑽進科研室出不來，體質下降，很多著名科學家、文化藝術界人士英年早逝。中科院武協有個統計，學術界人士平均壽命低於五十歲，這個數字是驚人的。看來知識界人士參與體育活動是迫在眉睫的大事。經過多年體育健身的宣傳，很多知識界人士投入到各類體育鍛鍊中來。他們也積極參加太極拳運動，這

是一個好的徵兆。

過去家境貧寒的人練武的多，輩輩相似，練武的人沒有學識被人貶之為武夫。在太極拳領域內，京城最負盛名的要數號稱「楊無敵」的楊露禪大師。相傳楊大師隻身進京打敗各路英雄豪傑，與清廷武將比武獨佔鰲頭，八旗教練亦都敗在他手下，被清廷器重，官拜清廷八旗營總教練，可見他的太極功夫已達到出神入化、爐火純青的最高境界。可惜楊露禪沒有學識，身後沒有留下隻言片句的經驗總結、拳理拳法的文章，我們聽到的「楊無敵」的故事，不過是演義、傳說而已。

無獨有偶。20世紀京城太極拳鬆柔藝術大師楊禹廷，拳藝水準達到巔峰，他是太極功夫「用意不用力」的宣導者，「無形無象全身透空」高境界太極功夫世紀高手。可惜他學識水準不高，不能將自己學拳、教學、行功走架的精華以文字留示後人。只是在20世紀20年代寫過一個教拳講義初稿，40年代又修改過一次，增加了八方線和意念。50年代末經過修改，由他的弟子執筆完成《太極拳動作解說》一書，為學子提供學拳的材料，書中有三十條問答，詳盡解答了拳人學拳中遇到的難題。但不是老拳師親筆所寫，也嫌重點突出不夠。對老拳師八十三式拳的精華之處也著墨不多，為拳人留下遺憾。另一位太極拳大師汪永泉老前輩，身後留下一冊《楊式太極拳述真》。這冊書中講了太極拳修練中的真諦，可惜不是老師所著，不免一些遺漏，不能不說是件難以彌補的憾事。

一位美籍華人，他是太極拳熱心的傳播者，來京學習交流拳藝。在席間他介紹，在美國收學生，不是大學學歷

者不收。理由十分明白，太極拳是聰明人練的拳，是高學識人練的拳，否則對博大精深的太極拳拳理難以理解。看來中國太極拳亦應呼喚學者。我們曾在公園練拳者中調查過，有的練拳十幾年沒有讀過一冊有關太極拳的專著，不少拳人沒有讀過《太極拳論》或拳訣、俚語，只是人云亦云說幾句拳訣而已。這種狀況，拳藝水準怎麼可能提高呢？

太極拳人需要有一個「太極拳科學研究所」，所內集中國內最負盛名的真正懂得太極拳的理論家。研究和發展太極拳學、太極陰陽學說，規範一套中外太極拳人都能接受的中國太極拳套路，將陰陽、虛實、鬆柔、鬆沉、鬆圓、鬆舒、鬆空以及輕靈，極柔軟，關節鬆，節節貫串、皮毛鬆攻和揉手發放藝術，無形無象、全身透空等等技藝，及一系列陰陽學說都要規範到體用結合的要求中來。對學練者的體能也應規範。

沒有科學研究人員以科學的方法，準確的理論指導太極拳運動，提高太極拳技藝水準就是空談。太極拳，呼喚更多的學者參與高品位的鬆柔動態運行藝術的研究中來。提倡太極拳精神，探求鬆，求虛、求空，宣揚傳播鬆柔、陰陽，以還太極拳的本來面目。

我們太極拳修練者應在理論修養上有所作為，吸引更多的學者參加到太極拳運動中來，太極拳呼喚學者！

筆者在《改革太極拳教學》《我的教學計畫》《太極拳師》《太極呼喚學者》等篇中的論述，目的是還太極拳的本來面目，使後來學者不走彎路，培養知陰陽、明虛實、懂開合的、練拳中正安舒、技擊用意不用力的接班

人。

在當前的太極拳圈子裏調查一下便能瞭解到，練拳二三十年，渾身是力，不明陰陽、虛實，練拳身形歪斜者大有人在。一個人有幾個二三十年？在電腦、航太火箭的高資訊時代，沒有也不可能拿出二三十年，去練一套練來練去也練不明白的拳。要快出人才，多出人才，「太極十年不出門」，時間嫌多了。封閉式教學四年、業餘十年就應該達到懂勁的「大學生」水準。四年、十年這兩個年限，是合適的、科學的，也是培養太極拳人才的最好年限。

九、對技擊的認識

世人皆知，對真理的認識不是一次完成的，要認識再認識，反覆認識。對太極拳和太極技擊也是運用這個模式去認識的，我們在習練中認識到，太極技擊是修練太極拳多年的綜合功力，技擊是個大工程。

對太極技擊有個認識再認識、理解再理解的過程。在認識的過程中去學習、去練；在理解中去學習、去悟。運用這個公式，認識中學，認識中練，反覆認識；理解中學，理解中悟，對待技擊，理解再理解，反覆理解；在認識理解中認識到太極技擊是太極拳綜合功力的大工程。太極技擊有三條原則，第一，太極者，無極而生，陰陽之母，動靜之機也；第二，一舉動，周身俱要輕靈；第三，用意，不要用力，上下相隨，其根在腳，形於手指。離開了這個太極三原則，就不是具有太極拳特色的技擊。

拳論云：「外面之形，秀若處女，不可帶張狂氣；一

片幽閒之神，盡是大雅風規。」這是先賢在一二百年前，在實踐中、在實戰中體會出來的盤拳和修練的風采。這個外形與上面我說的技擊三原則是相吻合的。臨場實戰，用意不用力，方可秀若處女；動則陰陽變化，方可一片幽閒之神；周身輕靈，方顯現大雅風規。

(一)空

筆者有幸在習練太極拳的過程中，受到京城太極拳界三位大師吳圖南、楊禹廷、汪永泉的點撥。三位太極拳巨匠身上手上的共同點是空，透空。他們的身體狀態符合《太極拳論》說的「形於手指」，陳鑫論「妙手空空」，《授秘歌》「全體透空」。太極功夫的最高境界是身體練鬆練空「中空道通」，一羽不能加，極靜極空，空為無，什麼都沒有。

去拽大師的衣服時，將衣服拽起來，再也拽不動了，感覺衣服與人身一體，人與地是完整的一體。拽不動僅僅是拽的部位拽不動，而衣服鬆柔，如果身上有力，揪起衣服是直角，衣服也有力，那就是身上不鬆不空。

(二)勁

有的老師有幾十種勁，不知勁從何來？太極拳的最高境界是空，「妙手空空」「全體透空」，練勁身上永遠也不能練空，身上空無就什麼都沒有了，老子說：「有生於無。」

無即是有。學生、弟子向師撲來，勁沒發出來，勁路被堵，腳下浮起被發出。弟子便傳出，師拿勁好，堵勁

好，其實師站立著一動不動。欲求太極真諦在技擊場有所建樹，練勁不會有太大的突破，練勁是練棍，越練越僵，關節僵而緊。練家不可不悟，拳家不可不察。

說準確點，推手不是練的太極八法的八種勁，而是訓練身上、手上皮膚的觸覺神經的靈敏性。

(三)根

拳論云：「其根在腳。」太極拳真諦在腳，陰陽變化在腳，拳家沒有一雙太極腳莫談拳。先賢在《授秘歌》，請注意是「秘」歌中明示，「無形無象」者為師，身體沒有任何動作，手上沒有任何動作，你便被擊飛身而出，或腳下飄浮六神無主極想尋一根拐棍救駕，或頭暈氣截極有逃意但動之不得。所謂能達到無形無象，來自於空無，心腦有動意身上的空無也就不存在了。

腳開得大不是真根，兩腳一肩寬為好。京城楊式拳代表人物汪永泉大師，站立兩腳一肩寬。兩腳開大，腳下變動不靈活，易受人制。

技擊場上不是隨便就上去的，技擊是大工程，要潛心修練，經過苦修酷練，習拳明理，將自己從裏及表，練靜練鬆練空。百人練拳不一定百人可以技擊。由於性格、個人愛好、文化背景、道德修養不同，所以百人修練，不可能百人都是技擊高手。並非太極拳種不完善。

太極技擊是藝術，只談技論打絕非全面的技擊，因為沒有韻味，唯有鬆空可稱為藝術。「一片幽閒之神，儘是大雅風規」，這是迷人的藝術，醉人的藝術。

評估當前太極拳和太極技擊的總體水準，不是看哪一

家、哪一門派，或者哪一位專家、大師的作用。當代拳家對「楊無敵」望塵莫及，自歎不如。以京城太極拳家而論，吳圖南、楊禹廷、汪永泉、崔毅士等大師，我們只有仰望。

改革開放以後，國家昌盛，政治穩定，有了一個安定的練功環境。至今已有三十個年頭。當初的練武人已經五十歲左右。他們從少年到中年，以工資為生，始終沒有一天苦練十幾個小時的條件，基礎功不扎實。而已故大師們，年輕時每天練功習武十二個小時以上。楊禹廷頂著星星爬城牆到郊外練功，摟膝拗步進，倒攆猴退，以公里計算。崔毅士在桌子底下盤拳，功夫可見一斑，那時的崔老師已近不惑之年。

從教授學生靜功推手到動功技擊，要有一個相當層次的升越。突破靜功層次有相當的難度。拳家運用太極拳的鬆柔、開合、虛實、輕靈的特性，對弟子拿、化、打、發，運用自如，身上放鬆，手上也有分寸。一旦遇生人較技，便渾身僵緊，手上有力，剩下的只有著法和本力。當代擂臺上，對付武術高手、洋人搏擊家的擂主，只有辛勞公安、武警的散手隊，我們太極拳家是沒有份兒的，似乎是個遺憾。

太極拳家應該聚在一起研討、切磋、交流提高技擊水準和技擊品質。循太極拳的拳理拳法，以陰陽學說規範動作，以太極拳之特性完善和完美技擊工程，演出太極拳特有的鬆柔、陰陽的動態技擊藝術，打出當年「楊無敵」的威風。

十、民族魂

太極拳是什麼，筆者剖析了太極拳的本質和對太極拳的認識。太極拳是陰陽變化，拳魂為鬆、為空、為無。太極拳是藝術，是高品位的陰陽動態運行藝術等等。但仍難以概括太極拳之深邃、雄渾、博大。

太極拳陰陽、虛實、開合、動靜、鬆柔、輕靈，其大無外，其小無內，最能體現我們的民族精神。

太極拳是什麼？是民族魂？

中華民族文明史上下五千年，《易經》為五經之首，為我國傳統文化之排頭文化，太極文化源於《易經》。有生於無，無極生兩儀，兩儀生四象。人世間，大到宇宙大自然，小到人體細胞、原子、分子、中子，無不包容著陰陽變轉。太極文化是中華民族最為珍貴的文化遺產。

太極文化底蘊豐富，老子的道，孕育著博大精深的太極拳，影響著我們的民族，是我們民族的瑰寶。民族的也是世界的。太極拳沒有國界，全世界人民，從平民百姓到上層人士，都喜愛學練太極拳。太極拳已經融入全世界平民百姓的生活之中，學練的隊伍之龐大，用老子的話說，「隨之不見其後」。

太極拳以陰陽為母，鬆柔為拳魂。

剛可以凝聚巨大的力量，柔可以化解千鈞壓力；剛可以堅韌不拔，鬆柔可以化解艱難困苦。

太極拳的品格，代表著中華民族魂！

太極鬆功修練篇

練太極拳要求心神意念鬆、周身鬆、關節鬆、肢體鬆。太極拳與其他兄弟拳種不同，從學練第一步就要進入鬆柔功夫的習練。練拳和鬆柔功夫不能脫節，如果脫節，久而久之，動作僵滯，身上鬆不下來。回頭再練鬆功難度很大，短期內很難奏效。

什麼是太極拳的拳魂？鬆！

太極拳是內家拳，它具有與兄弟拳種不同的特性。它的特性要求凡練太極拳者，「一舉動，周身俱要輕靈」「用意，不是用力」。拳家應該具備周身鬆柔的品格，首先要以自然的心態修練太極拳，心神意念放鬆，周身大小關節鬆，周身全體鬆，肢體鬆。鬆是太極拳的靈魂，沒有鬆就不是太極拳。通俗講，鬆是「含金量」，一位拳家鬆功如何，也就是含金量的高低。鬆柔是太極拳的特性，這是拳理，不明理就是盲練。

一、什麼是太極鬆功

我們的先賢在幾千年的技擊保健養生的實踐中認識到，練太極拳不同於其他拳種，應該在鬆柔的狀態中行拳，代代相傳，不斷完善與完美。有文字記載的可以上溯

至唐代先師李道子之《授秘歌》，有「無形無象，全體透空」之句。後人注釋為「忘其自己，內外如一」，也就是我們今天所說的「心神意念鬆，周身肢體鬆淨空無」。

太極拳尊崇道家的學說，拳理源於《易經》和老子的《道德經》。《易經》之「易」是陰陽變化，陰為隱、為虛、為鬆、為無。老子論及鬆柔，有「致虛極，守靜篤」「骨弱筋柔」「天下莫柔弱於水」「柔弱處上」「柔之勝剛」「無有入無間」等等。《易經》《道德經》的理論，我們太極拳人必須尊道而修，鬆柔，自然成為太極拳的拳魂。沒有鬆柔就沒有太極拳，沒有鬆柔就不是太極拳。什麼是太極門鬆柔功夫？當代太極拳大師們有精妙之論，請聽他們對鬆柔之見解。

吳圖南大師在他的《鬆功論》中講道：

「凡練太極拳者，皆知鬆、沉為太極拳之主要條件。」

「鬆者，蓬鬆也。寬而不緊也。輕鬆也。放開也。輕鬆暢快也。不堅凝也。含有小孔以容其他物質之特性也。凡此種種，皆明示鬆之意義也。」

京城太極拳鬆柔藝術大師楊禹廷在《太極拳系列秘要》一書中云：

「全身自然舒鬆、節節貫串，頭腦安靜，神經不緊張」「身心鬆靜，自然舒展，柔、圓、緩，胸腹鬆淨，周身血液流動暢通，神經末梢活躍，體膚感覺靈敏。」

我們後來學子得知鬆之要義後，已經是經過了太極拳鬆柔功夫的洗禮，是明理的拳人，就應該循規蹈矩，在明師指導下，一招一式習練太極拳，按照太極陰陽學說和太極拳鬆柔之特性修練。

太極拳與兄弟拳種不同，學拳起步就要從周身放鬆開始，「一舉動，周身俱要輕靈」「用意，不要用力」，在練拳中要將身上手上的拙力、本力慢慢退掉。武術門中各家各派的兄弟拳種的訓練跟太極拳大有差異，外家拳的各類拳術，他們訓練學子從勇猛堅剛入手，講究踢、打、摔、拿、擊，較力、格鬥、搏擊、打出威風。但是，各類拳種到上乘功夫，也將是陰陽相濟、內外結合、用意不用力的境界，而最終歸於鬆柔。

內家拳和外家拳的心態不同，訓練的拳法、拳藝不同，太極拳人不可不察。

由此可知，鬆功不是我們太極拳獨家追求的功夫。各行各業，各門派藝術，以及體育項目等都是如此，就連在考場上師長也勸導學子放鬆。我們的民族先賢，談鬆論柔的玄妙之語，驚世警人：

大道以虛靜為本。　　　　　　《丹經》

恬淡虛無，真氣從上。　　　　《素問‧上古天真論》

心靜可通神明。　　　　　　　《養生名言》

虛極又虛，靜之又靜。　　　　《煉虛歌》

心虛而神一。　　　　　　　　《陰符經》

身心玄妙，此內清靜也。　　　《遵生八箋》

淡然無為，神氣自滿。　　　　《千金翼方》

心和則氣和，心正則氣正。　（宋‧張載）

打開中華民族的文化遺產寶庫，關於鬆柔的經典熠熠生輝，令子孫後輩目不暇給。這些鬆之宏論使我們茅塞頓開。可以說，鬆柔學說為我們子子孫孫，為開發人類智慧，增強人類體質，提高人類品德，抵制邪惡，增進人類

和平、平等,和平相處做出了很大貢獻。

雖然從事各行各業,都需有放鬆的心態,放鬆的肢體,放鬆可以操勝券解大難。但是,唯有太極拳人特別看重鬆柔,對鬆柔的認識和理解與眾不同。所以,在踏入拳場的第一天起,便認真地不厭其煩地隱於不被人注意的角落,沒有花環和掌聲,沒有門庭若市,而是甘於寂寞和枯燥單調,反反覆覆重複著同一動作,刻意去修練。

從訓練便可以看出,我們太極拳人對待鬆柔的心態更為神聖,更為堅定不移,將鬆柔作為拳魂,向「全體透空」的最高境界苦行修練。

相反,追求習練博大精深的太極拳,是一種審美體驗。在高品位的體驗中,常練常新是一種精神享受。將自身融入大自然,融入天地宇宙的陰陽變化之中,也就不會有寂寞、單調之感;而且是鬆在其中,虛在其中,玄在其中,空在其中。

可見,鬆柔功夫是太極拳人共同追求的,沒有終極的空無世界。掌握鬆柔功夫,您將會有一種新的感覺,您的大腦變得比以往更為聰穎,身上反映出一種健康的、不知疲倦的、過去從未有過的、人類用之不盡取之不竭潛在的能量,那時您將牢牢把握自己的生命運動。這是最獨具特徵的太極拳之特性,是印有太極拳獨特標記的太極拳之特性。在評價太極拳師的時候,鬆柔當為首要條件。

對太極拳鬆柔功夫高深者的評價,往往以鬆得好「摸不著東西」,加以肯定他身上含金量的純度高,給予口碑褒獎。這「東西」是什麼呢?是拳家身上的鬆柔、鬆沉,是化解,是以柔克剛,也是空鬆、空無的代名詞。凡立志

修練太極拳者，修練鬆柔功夫是主修課，別的什麼功都是彎路。

拳論警示後人「斯技旁門甚多」，我們在修練的道路上，不能遇門便入，需要觀察一二，以免入旁門。唯有鬆柔才是正確的修練方向，唯有鬆柔才能登堂入室進入最高境界的修練之門。如果鬆功不佳，將永遠不知道太極拳為何物，更不知太極拳的「味道」，拳藝水準也就停留在一般的狀態中。永遠打不開鬆柔奧妙之門，難以得知門裏面的世界，永遠不知太極拳陰陽變化的絕妙。

二、太極拳的含金量

鬆功，即太極拳的鬆柔功夫，長期困惑著眾多拳人。信奉鬆功者、太極拳執著的追求者，為了得到鬆柔功夫，有的苦苦追求一輩子，白了頭，最後帶著不明「何為鬆」的遺憾，踏上黃泉之路。有的拳師，雖收了弟子，被尊為大師，但過不了鬆柔關，仍然原地踏步。

更有的甚至曾著書立說，但即使是空洞地抄寫先輩拳論經典，也是唇嘴不對，說不清楚「鬆」，道不明白「柔」。全然沒有鬆柔在身上的感性論理，不能從自家拳式動作中，肢體、關節的鬆柔中身知體悟，不能從身上反映的鬆柔感覺中說理，這又有什麼意義呢？自己弄不明白的東西，寫給他人看，不過是雲裏霧裏而已。

沒過鬆柔關的朋友周身發緊，大小關節僵滯。如果將鬆柔功夫比若「含金量」，他們身上缺少的就是這些最為珍貴的東西。

在當今太極拳圈子裏，不少練拳多年者，不能與人比手較技，遇對手全身緊張肌骨僵硬，將太極拳的「輕靈」「鬆柔」，以及陰陽變化的上乘拳法丟得一乾二淨，剩下的只有本力加招法了。正如《老子》所言：「人之生也柔弱，其死也堅強。」活人變成僵骨死肉，能不敗下陣來嗎？這是什麼原因？因其身上不具備鬆柔功夫，周身大小關節沒能鬆開，拳家僅練一套太極拳的套路，或者說拳裏「含金量」低。

太極拳好學難修，其意易解。學套拳一年半載，悟性好的三五個月，拳勢大方，腳蹬得高，表演、比賽受好評，但「含金量」低。

太極拳屬於武術，但練法別於武術。太極拳有它自身的特性和規律。以陰陽學說規範動作，拳法套路由不同方向的環形路線組成，一招一式循環形路線走弧線，動則分為虛實、陰陽。故《太極拳論》開篇第一句：「太極者，無極而生，陰陽之母，動靜之機也。」拳論還要求「極柔輕」「周身輕靈」。不輕靈就違背了太極拳的理法，沒有陰陽也不能算是太極拳。

太極拳的根基在腳，故拳論云：「其根在腳，形於手指。」其意告訴習拳者，太極拳的手是形，形於手指，就是手指不著力。腳為根，腳下的陰陽變動，反映在手上，如果用樹形容練拳的人，腳是樹根，那麼腳神經則為根系。隨著年深日久功夫深厚，腳神經深深紮入地下，身子穩如樹幹，如果有人去推，相當穩固，像澆灌入地的水泥柱樁，撼之不動。

手呢？形於手指，手是不著力的樹葉，輕輕撫摸極為

柔軟。手上功夫不是孤立的，勁起於腳下，一動無有不動。周身關節不分大小都自然鬆開，且節節貫串。老輩拳家的關節之間有「氣」，手指的關節亦如此，此時周身處於渾圓鬆柔之無極狀態。

如何提高拳者的含金量呢？在給從學者講第一節「明理」課和學練第一個拳勢時，應該像教嬰兒學語、幼兒學步一樣，要準確、認真，從規矩入手。在明理課中講鬆柔為拳魂，拳勢動作要輕靈，用意不要用力。在今後的訓練中，拳師要牢牢把握「輕靈」「鬆柔」之關要，使學生從容走上修練太極拳鬆柔的道路。從而一克一克地提高自己身上的「含金量」。

三、爲什麼必須練鬆柔功夫

太極陰陽學說規範太極拳為陰不離陽、陽不離陰、陰陽相濟的拳種。學練太極拳，鬆柔功夫是必修課，開蒙第一課就應對弟子宣講練拳必須鬆柔，「一舉動，周身俱要輕靈」「用意，不要用力」。

太極拳的拳理拳法規範從學者必須修練鬆功。太極拳經典教科書的教旨，開篇便是鬆柔，「極柔軟」「關節要鬆，虛靈在中」，法理陰陽，陰陽是開合，虛實。

前文已經講過，陰為隱、為開、為虛、為鬆、為柔、為空、為無。身上不具備鬆柔功夫，難以把握陰陽變化。只陰不陽不可，只陽無陰也不成其為太極拳。世界萬物從無到有，一生二，二生三，獨陰不生，單陽不長。我們走路，也是左一腳，右一腳，陰陽互換。

當前在每個公園裏都可以見到太極拳愛好者練拳或兩人推手，全民健身重在參與，動便受益，練可強身，無可非議，只能鼓勵更多的人投入到全民健身的運動中去。但他們的動作遠遠不夠規範，如果向深層次修練，就不符合太極拳學的要求了。

過去有一句「兩軍對陣勇者勝」的話，大家都認為是真理，無人對它的真理性提出疑議。但是，絕對不能以常人的眼光去看待太極拳學。

太極拳學有太極拳學的語言和目光。兩位武者站在比武場上絕不是勇者勝，而是鬆者勝。兩位拳師放對，也絕不是本力加技巧取勝，仍然是周身肢體放鬆者執牛耳。兩個人掰腕子，拿住反關節也還是放鬆者占上風。這是太極拳人的語言和眼光，也是拳之理。

練太極拳，修練鬆功同一個道理，以常人的目光審視鬆功，以常人的思維去認識、理解太極拳的鬆功，是練不成鬆功的。認識在一般水準上難以把握鬆功的度，不能把握度，談何練呢？所謂「度」，就是在對鬆的認識、理解的理論基礎上，對周身鬆、局部鬆的感覺，也就是常聽人說的「找感覺」，如果找不著感覺怎麼練鬆功呢？

具體將這一問題說明白，涉及到太極拳的理論研究。從拳理論述，太極拳具有三大功能，概括為體、用、養生。

體，是練拳。透過拳術運動，得到心理的滿足，由拳術鍛鍊獲得健康，增強體質。

用，是技擊。也是防身術，遇有突發事件，挺身而出，以太極拳的技法和招數自衛、制敵。

養生，透過練拳得到身體健康，祛病、延壽。還要有

一個健康的心態，心平氣和，不貪榮華富貴，不為錢財奔命，平衡陰陽與世無爭，人生境界平和。不論做什麼事心靈和頭腦都是放鬆的，真正達到養生之目的，很自然的就能開發大腦智慧。

我們說了這些有益於身體健康的話，前提都不是以僵滯、緊張、強悍得來的。萬事歸復於自然，身心不放鬆什麼也得不到。鬆功於拳家是克敵制勝的重要條件，於普通人，健體、保健、祛病、養生，是絕妙的手段。唯有心靜體鬆，才能使經絡通活，大小血液管道暢通，活躍腦細胞，開通心腦微細血管循環系統，使消化系統通順正常。習練太極拳就是掌握自身的生命運動。

四、太極大師的鬆柔功夫

談到太極大師的鬆柔功夫，在京城太極拳發展史上有多位大師在京城設武館授拳，有很多膾炙人口的動人故事。我從師學吳式太極拳，只能介紹吳式拳大師們的功夫。

吳式太極拳開山鼻祖當屬全佑（1834—1902），滿族人，姓吳福氏。

全佑在清神機營當差，得太極神拳「楊無敵」楊露禪真傳，後又拜露禪之子班侯為師，得楊氏父子之傳授。有楊氏之功，加之自身所長，遂將太極拳小架在京傳播，名噪京城。後將功夫傳給其子鑒泉和得意門徒王茂齋。

吳鑒泉（1870—1942）為吳式太極拳開山奠基人。以太極拳小架在京傳播，從學者眾多，全身空無到絕妙之處。多麼強悍有勇之士，在鑒泉老面前難以出力，沒有用

「武」之地。1928 年赴滬建館教拳，將吳式太極拳傳播到江南和海外。1933 年鑒泉大師在滬創建「鑒泉太極拳社」，從此，吳式太極拳正式正名，在海內外定型傳播。鑒泉大師出類拔萃的弟子有十餘位，而其中最優者有滬人徐致一、蒙古族人吳圖南。

王茂齋（1862─1940），山東掖縣人。少時來京，在磚灰鋪學徒，後經營此業。他尊師重教，功底扎實，空鬆自如，深得全佑大師拳之真諦。與鑒泉師弟情義極深，在拳理認同上十分默契。深研太極拳藝，敢於突破前人，大膽改進教學，獨具鬆柔之奧妙，在創研發展吳式太極拳教學中，成為北方創業奠基的掌門人。吳鑒泉和楊澄甫南下在上海、江南各省發展，時有「南吳北王」之雅譽。

茂齋大師留京發展，名聲大振，在京宗於吳式太極拳者皆為其傳人。王老師為人忠厚老成，熱心助人，凡南來北往路經北京的名士，多去拜訪交流拳藝，互相切磋。有從學者，也毫無保留，如腰中缺少盤銀，盡可在大師家中吃住。也常有投學試功者。相傳有一人到鋪店來買筐，王茂齋正在櫃內支應，王給他拿幾個筐他都不上眼，一定要架頂上的，王遂蹬凳拿下來，往櫃檯一放，這位買家扶筐而入勁，王老師在瞬間鬆空後看他一眼，此人被飛身發放至門外跌於街上。此事在京城圈內傳為佳話。

王大師在京學生、弟子眾多，其子王子英、弟子楊禹廷為佼佼者。

王子英鬆柔功夫極佳，較技無形無象，以意、氣、神贏人。與人交手，對方有泰山壓頂之懼，絕對不知力點在何處，達全身透空之境界。

楊禹廷（1887—1982）九歲習武。先後拜周相臣、趙月山、田風雲、高克興等諸位名師學藝。他精於回漢兩門彈腿、少林拳、黑虎拳、形意拳、八卦掌及劍、刀、棍、戟、鐺等器械。自拜王茂齋為師入門學練太極拳以後，專心一意習練，用功勤苦，發憤圖強，技藝精湛。習練「摟膝拗步」和「倒攆猴」以公里計算，勇攀太極拳拳藝之巔峰，達到全身透空、無形無象、出神入化之境界。

楊老師在京城素有「鬆柔藝術大師」之美譽，可見禹廷大師已進入太極拳靜心、淨體之佳境。他坐在老式木質太師椅上，你不去碰他，他像一位普通的老人，沒有一點特殊的樣子。你用神去看他，他像一個人影兒，或是像一個衣服架，掛著一件衣服。如果想去推他或打他，腳底下便有十分奇妙的變化，感到無根發飄，眼前似有一個無底大深坑。

筆者有幸在禹廷大師門下學藝，得到老拳師的點撥，也幸運地能感受到老拳師身上鬆柔輕靈，全身透空的「味道」。老拳師在身上，從腳到腰，從腹到手，從背到頂，周身上下，聽勁遍全身。能摸觸的地方面積大，大空洞，面積小，小空洞，太神奇，太玄妙，太極拳鬆柔藝術真的使人歎為觀止。聽勁遍全身，摸到哪兒哪兒空，什麼也摸不著，也就是圈裏人常說的「摸不著東西」。

一隻手扶他的手，兩手相接，在他腳下左邊、中間、右邊便出現三個無底大深坑。使你有腳站坑沿欲跌入坑內之懼，不敢邁步，不敢越雷池半步，感覺到頭重腳輕失去重心，胸中憋悶，呼吸困難，他的胸是一個無盡頭的大深洞，他的腹也是一個無底的深洞；小腹並不是實而硬像扣

一口鍋，而是空空的；腰更為玄妙深奧難測，手（或掌或拳均可）放上去聽勁，一個窄洞，似磁石一樣，從手到腳吸你，手便難以動得，如果心裏想抽手逃去，小深洞變成極大，大而超過腰圍成為大深洞，從洞中出來一股難以抗拒的力量。

　　鬆功沾黏連隨，在楊老師身上反映得更為絕妙。他坐著不動，你去輕扶他的衣服，也僅僅是扶衣服，無法深入到肌內和筋骨，再通俗一些，也就是扶老拳師的皮膚和汗毛，身體已經失重，感覺被沾住，六神無主，胸中「鬧心」憋悶。他讓你扶上身體，扶肩沒底，兩肩突然鬆沉下去，嚇你一大跳。如果老拳師不鬆雙肩，他雙肩在鬆的狀態中，從肩到腳一米多的高度，似扶上一張薄薄的紙。

　　我們在他身上聽勁，試著找周身全體放鬆的體驗。掌扶，便有掌大的極鬆極空什麼也摸不著的空鬆片。用力或是想用力按，這塊掌大面積的空鬆片立即變成堅剛無比的堅硬片。用拳壓在任何部位，拳面的接觸面，從你而鬆柔，用力打則堅剛；用手指輕按和實按，同樣在接觸點的同等面積上有空鬆和堅剛之感。更值得我學習和研究的是，無論我們用力猛打還是輕輕進扶，老拳師的表情平和，在接觸點都有同樣的沾黏之感。

　　經由向老拳師學練和體驗鬆柔功夫在進攻者身上的反映，說到實質，是太極拳在瞬間的從裏及表，心神意氣以及肢體上的陰陽變化的反映。如果立志走進太極之門，意欲在博大精深的太極拳學中進行學習和研究的人，不得不在鬆功學上下一番苦工夫，這要有堅毅的恒心，要有百折不回的精神。而這種百折不撓的精神不是海底撈月，不是

在兩軍陣前衝殺，不是在世界大賽中搏鬥，而是循拳理拳法，遵道而修，心神安靜，在寂靜中一遍一遍練拳，在陰陽變化中漫遊，將血肉之軀練空、練鬆，練成無形無象的全身透空之體。

吳圖南（1884—1989），蒙古族人，姓拉汗，名烏拉布。吳圖南大師精於騎射、輕功、摔跤以及各種兵器，明醫理、通經絡學，研究太極拳拳理拳法，著述頗豐，有《太極拳之研究》《國術概論》等太極拳理論專著。老拳師健在時，尚有《鬆功論》未能出版面世，這是讀者之遺憾，也是中華民族武文化寶庫中的巨大損失。

吳圖南大師是多所大學的教授，是原北平故宮博物院的專門委員，在太極拳的研究上獨具慧心。因為他通醫學經絡學，在太極拳學領域裏造詣極深，精華著作《鬆功論》也便不足為奇了。筆者在「鬆功篇」中曾引用《鬆功論》之句，吳老說：「鬆功之要，首在提舉，提舉越高，下落越速。學者宜深切體會之，方自得也。」老拳師講的是鬆之根本，領悟它的精髓，會從中獲得教益，從此練拳，拳藝通暢，豁然貫通焉。

筆者從學吳老師是在上世紀 60 年代末，那時我對太極拳理知之甚淺，又不懂在拳中修養陰陽變化。只要老師高興，我便伸手往老師身上放力，不要說觸到他身上，出手碰到他手指，腳下便立即飄浮，只想抓根稻草逃跑。有一次掌按上他左胸，老爺子看看我，吃吃一笑，我已被發出四五米之外，一口氣平息，蹦跳著才停下來。

還有一位受寵愛的徒孫，兩手插入老拳師左右兩個腋下，他立刻感到兩隻腳踝發軟，根本就站立不住，幾乎癱

軟在地，吳老爺子輕捋美髯哈哈大笑。這不是正像老前輩說的向上鬆的下鬆功嗎？

「有上即有下」，正是拳經教旨。吳圖南老師功夫極佳，摸在哪個部位哪兒空，扶哪裡哪裡翻，一根羽毛之力也不讓你往他身上放，可謂全身透空也。

五、如何修練鬆功

如何修練鬆功是十分誘人的話題，從古至今太極拳人代代相傳。鬆是太極拳的拳魂，太極拳人要刻意去追求、去修練。

如何習練鬆功呢？

(一)練　拳

京城太極拳鬆柔藝術大師楊禹廷，積八十餘載的學拳練拳的教學經驗，他有一句至理名言：「太極拳功夫在拳裏。」這是老拳師一生教學生涯的極為寶貴的太極拳學實踐總結，筆者引申開，將抽象難解的拳論「上下相隨人難進」，通俗解為兩句拳訣：「太極拳功夫拳裏找，陰陽變化根在腳。」兩句話道出太極拳根本的修練法則，練拳練什麼部位，手腳最能說明天、地、人三才合一的大道，修太極大道，練拳是唯一的通往太極大道之門。除此，將精力投入到練單操手或站樁的功法上，是一條彎路，到達終點要花更為長的時間，且沒有螺旋弧形線。

太極拳是圓，套路路線要走弧線，單操手和站樁沒有圓也沒有弧線，儘量少練。但是，可以練單勢子，因為單

勢由陰陽動作組成，如一套拳僅有一個「金雞獨立」，以一套拳 45 分鐘為限，練拳 45 分鐘才做一個「金雞獨立」，難度大的拳勢很難出功夫。如果每天拿出 15 分鐘光練這個勢，在這個時間內可以反覆習練 25 個金雞獨立，相當於練 25 遍拳的單腿支撐的運動量，反覆練對這個拳勢，體會更為深刻，熟能生巧。

楊禹廷老師有一套十分科學的練法，他將拳勢按規律分為單、雙動。單動為陰，雙動為陽，這樣分出奇偶數便於陰陽變轉。一套太極拳由不同方向的環組成，這些或上正下斜或橫平豎直等的環組成一個個看不見摸不著又確實存在的架子，你只要練拳，你的四面八方就有一個立體的拳架子。練拳者行拳開始也就是盤架子的開始，盤拳的過程就是輕輕扶架的過程。以鬆、柔、圓、緩、勻，意形並重，一切動作，由腳下陰陽變動，一陰一陽反映在手上，大小關節貫串到手的梢節，再從手梢節，一節節回到腳下，周而復始，不急不躁。

這種盤架子的拳法，絕妙地體現著拳論要求的「由著熟而漸悟懂勁，由懂勁而階及神明」，天長日久便能體會到習拳修練也並不難的道理。只要按照陰陽學說規範自己的動作，就不存在太極拳好學難修的問題了。

拳勢的修練要遵道而修。道法自然用意不用力，這是鬆功的成功之路。

(二)身體狀態

太極拳人的身體狀態是決定能否練拳成功的十分重要之條件。那麼，應該具備什麼狀態進行修練呢？練拳須有

心理和肢體的準備。

(三)心理和肢體的準備

在練拳之前要安安靜靜站立幾分鐘，排除雜念，心神意氣都要安靜，所謂肢體鬆就是這個道理。也是清源潔流，源頭不潔淨，流出的水一定混濁，心理放鬆下來，肢體也隨之而鬆弛。

六、九　鬆

經過以上探討，都知道了鬆是太極拳的拳魂，太極拳學決定了鬆為拳之特性，所以，凡習練太極拳的人，一定要尊道而修練鬆功。

鬆是太極拳的含金量，「練拳不修鬆，到頭一場空」。練拳練鬆是不言而喻的，怎麼練鬆功，是我們將要探討的問題。

前文已經談到練太極拳和修練鬆功的辯證關係，不是先練拳後修練鬆功，也不是一面練單操，更不是練多年拳後，再去站樁。按照太極拳規範，循拳藝之道，練拳的同時即可掌握拳的鬆柔功夫。

我們不能不重視先賢為我們開闢的修練之路，先賢告訴我們後來學子，「太極拳功夫在拳裏」，這是十分明白、十分貼理、十分重要的拳理。

練拳和做其他事情一樣，首先要對太極拳有明確的認識和理解。做什麼事情都不可人云亦云，自己缺少主見，跟著別人盲練。練太極拳要充分認識拳理拳法。太極拳拳

理體現道家哲學，理解了「中空道通」，再去學練鬆柔功夫，便有理可依。思想、身體要有準備，為什麼？你要修練博大精深的太極拳，是不是應該有個認識博大精深的思想，身體各個部位、器官，也應適應太極拳學的要求。

再說得細一點，天地大宇宙，人體是小宇宙，你要有一個太極拳的身體可以接受太極拳，欲學太極拳之人，人的身體將是太極拳的載體。

所謂載體，如一張白紙，你可以在上邊灑上各顏料，便成為一張很美的畫，寫上字便是書法藝術，白紙便成為美麗圖畫和書法藝術的載體。練太極拳身體是載體，身體從表及裏應該也是一張白紙去接收太極拳。如果這張紙不是白色的，或者上邊畫著什麼，寫著什麼，如何能接受別的什麼呢？

再細說，你是一個空瓶子，可以裝進美酒佳釀，瓶中有水，要將水倒乾淨，否則，瓶中留下半瓶子水，裝進的酒純度不夠，進去的美酒也是一瓶子不滿，半瓶子亂晃蕩。練太極拳要以一個「空瓶子」之身作載體，這是東方文化之特點。你不遵循太極文化的軌跡，不按照太極陰陽學說的規律，不適應太極拳學的特點，是很難「裝進美酒佳釀」的。

所謂「空瓶子」，是心神意氣要鬆弛下來、安靜下來排除雜念，以安靜無為的心態，去學練太極拳。對身體的要求更為嚴格。太極拳學對頭、肩、肘、腕、手、腰、胯、膝、踝、腳、頸、胸、背、腹、臀等部位都要適應太極拳學的規範要求，綜合為「九鬆」，是從腳到手、踝、膝、胯、腰、肩、肘、腕鬆九大關節。

太極拳其根在腳，足為根。我們從腳而上一個部位一個部位講述它的狀態與功用。

(一)腳

腳為周身九大關節之根基。拳論曰「其根在腳……由腳而腿而腰，總須完整一氣」「勁起於腳跟」。可見腳為根基，太極拳習練者不可不重視腳的訓練，不可不重視腳為根之地位。習練太極拳必須有一雙「太極腳」（在「太極腳修練篇」中有詳述）。

(二)踝

踝與腳相接，也叫踝子骨、腳腕子。鬆腳不鬆踝，管道不通，影響周身放鬆，不能鬆貫到頂，不能節節貫串鬆到手指。鬆腳的同時，踝不著力，有熱脹感，證明踝部位得到放鬆。

如果踝關節僵硬不鬆，堵塞上行通道，勢必影響周身放鬆。我們常見周圍朋友走路不小心跌跤，主要原因就是沒有鬆踝關節，致使崴腳。踝關節鬆周身鬆的重要作用，拳家不得不察，平常應重視踝關節的放鬆訓練。在腳平鬆落地後，意領鬆踝即可，有熱脹感。習練推手，腳和腳踝不放鬆受制於人，踝不鬆周身僵。

(三)膝

膝是太極拳家多關注的重要關節。膝在拳術中的應用也十分關要，它是大腿與小腿之間承上啟下、陰陽變動之樞紐。各門各派拳家多有著述談論膝關節之練法。

膝在拳套路裏勢勢負重，各種步法缺膝難成，像坐步、弓步、馬步、歇步等等。還有的拳勢扭動雙膝，長此以往膝關節不堪重負要出毛病。吳式拳對膝的訓練是合理的，要求弓步和坐步屈膝不過足大趾的大敦穴（趾甲根部）。臀部尾閭「坐」在後腳跟。

這個姿勢很難做，關要是收腹股溝，形成腳、腹股溝、頂三點成一線，膝有上提之意，又不是刻意去提，以鬆腳自然提為準確，如此行功，膝不負重。

有的拳家，弓坐步膝部前突一拳或半拳，這是跪膝，靠膝支撐身體，截斷了腳鬆鬆全身的通路，也促使膝關節的病痛早日降臨。

(四)胯

鬆胯是拳家之常識，凡練拳人都要注意鬆胯，也應互相提醒鬆胯。胯不鬆，兩人較技，搭手便輸，這是最好的檢驗。

拳家不可不研究鬆胯之功法，往下鬆比較困難，找不到放鬆點。人體結構，大腿骨的股骨頂端股骨頭有突出的部位，即在髖臼穴部位，俗稱「胯尖」。鬆胯的方法是，兩邊胯尖意往兩側突出，然後意往下鬆褯開一線，這個動作看不到外形，是在意念支配下運動。鬆胯動作完成後，由別人輕扶聽勁，有扶空之感，用力推，推之不動，似鑄入地下之水泥柱椿。但是，鬆胯要與提膝、擴踝、鬆腳貫串在一起，同時放鬆才有效果，孤立去鬆胯效果不佳。

拳論告誡拳家「一舉動，周身俱要輕靈」「一處有一處虛實，處處總此一虛實，周身節節貫串，勿令絲毫間斷

耳」。

切忌技擊時閃腰移胯，隨意扭動雙胯。左右旋轉貌似靈活，若不能放鬆雙胯，扭動也是僵滯，易受人制。

(五)腰

先賢的經典著作中關於腰的論述，為我們後來學子在學習太極拳的道路上提供了依據，使我們一目了然，知道腰在太極拳中的地位和作用。

關於腰，先賢的經典論述有：

「心為令，氣為旗，腰為纛。」

「活似車輪。」

「命意源頭在腰隙。」

「刻刻留心在腰間。」

腰為太極拳體用結合之主宰，是體內「九曲珠」中間那顆大珠子，位居中央，是承上啟下溝通上身下肢聯繫的樞紐。拳家無不將其奉為主宰刻意修練，但多摸不到要領，從而苦惱著不少拳家。

腰是拳之主宰，也是人類日常生活勞動、行動坐臥走之主宰。不練拳習武，有一個板腰，缺少靈活性，遇意外之事往往受制。練武之人刻意重視腰部的訓練是有道理的。

如何進行腰部的訓練，是拳家練好太極拳之關要。經過多年實踐，從身知功夫中悟到一點腰在拳術中的變化和應用。拳論中談論腰的論述是經典要言，絕無差異，我們練不好是我們理解有誤。

在行功練拳時，一味在腰上用功，舉手提足以腰坐之帶之，拳難以練好，周身也很難鬆下來。我們進行雙人對

練推手時，聰明的拳家都知道「搶中」「藏中」。

所謂「搶中」，有「腳踏中門襠裏鑽」之功法，就是雙方接手，聰明的拳家搶站對方中央部位，「吃」住對方，給對方以威脅。所謂「藏中」，是兩人較技，將自己中央部位的腰藏起來或者移開，移到離開對方進攻腰部的勁頭。如果此時你還教條地搬用「主宰於腰」，等於送給對手一個實實在在的身體軀幹，也會實實在在被打翻在地。由此可知拳家不應該有腰。準確地說，空腰，也就是沒有腰。

拳論說的「腰隙」「腰間」，腰隙前加上十分重要的形容語「命意源頭」，讓後來練家「刻刻留心」，留心什麼「腰間」？隙者，空也；間者，沒有也，空間、時間、房間，都是空的，練家不可不察，拳家不可不悟。空腰是命意源頭，源頭乃是發源地。

寫到此使我想起京城太極拳鬆柔藝術大師楊禹廷老師，他的腰是一個沒頭大深洞、無邊的大深坑。高明的拳家不應該有腰，你也永遠摸不到他的腰。拳家的腰是隙是間，是空無。按照太極陰陽學說，拳家行拳只有五個點，即頂、雙手和雙腳。軀幹呢，按照拳理拳法要求，沒有軀幹，準確地形容，肩以下膝以上，胸腹部位空，拳者感覺沒有軀幹，對方觸摸也確實摸不著東西。

拳友接受空腰的理論以後，要解決如何將腰練空的拳法拳藝。首先，練拳時不想腰，不要腰。在遇有上下、左右、轉身的動作時，不要以腰帶手腳，以坐腰轉身，而是以鬆腳鬆腰解之。轉身時不轉腰轉不過去，請不要轉，以鬆腳轉身，轉不過去不轉，在重心上找問題。拳論有一句

要言：「有不得機得勢處，其病必於腰腿求之。」怎麼求，鬆腰轉胯周身就活了。健身轉腰、腰帶可隨意，如要敲開鬆柔功夫太極之門，不以鬆腰鬆腿求之，難以進入太極之門。其次，腰應有隙，下以溜臀上脊椎節節往上升鬆，是空腰修練的必經之路。每日盤拳練功時，還要注意每個拳勢動作，動之先開合，如果做不到，每動之前先鬆腰也是修練鬆腰的拳法。

(六)肩

在太極拳套路中沒有肩的單獨拳勢，在技擊訓練中，有肩靠一技，外三合之首肩與胯合。拳論中談肩之論難以尋覓，但不能說不重要。

在太極拳套路中，無肩難以成為拳，每勢每動也離不開肩，肩之重要顯現在拳套路之中。拳家在盤拳實踐中深深體會到肩寒全身僵，肩緊全身滯。肩也是呼吸的總「氣門」，寒肩氣上浮，腰緊受制。太極拳不像外家拳對肩訓練在技擊運用，拳法有靠、壓、倒、纏、聳以及七寸靠、八面肩。太極八法中有靠，但太極拳法裏多提倡鬆肩。

訓練鬆肩不是短時間可奏效的，要天天注意鬆肩，盤拳勢勢鬆肩，在陰陽變轉時鬆腰的同時也應鬆肩，一招一式肩鬆沉不著力。在預備勢時，雙肩從夾脊左右意鬆至肩，然後雙肩下鬆。經常注意動則鬆肩，是可以達到鬆肩之目的的。

(七)肘

太極拳沒有單挑出來講肘，肘在套路中無所不在。肘

圖1　接待美國內家武學研究會代表團，演示鬆腕。
中立者程平眞會長

在肩腕中間，肘滯上肢僵，在技擊上吃虧，練拳肘僵也難
以將拳練好。

　　太極拳要求鬆肩、垂肘，肘自然下垂，不可著力，在
拳套路「彎弓射虎」勢中有掩肘出拳之用，除此在套路和
技擊中，垂肘，就是肘不著力。外家拳用肘之技法頗多，
像靠身肘、撐肘、盤肘等百種肘法。

　　太極拳修練中以垂肘為佳，練拳垂肘，日久，肘自然
下垂，有「一肘鬆到腳，巨力難進身」之說。像「十字
掌」「金雞獨立」等勢，手高舉過頭，肘形上提，但仍有
下垂之意，不可著力。

（八）腕

　　太極拳的腕骨均應鬆開，腕應靈活，還要虛鬆，不能
著力。如與人掰腕亦不可用力，以鬆腕取勝，腕有力全身

受制。

腕不能孤立鬆柔，要配合鬆肩、垂肘，展指鬆腕。指不展腕不好鬆，垂肘先展指，手鬆開，腕自然舒鬆。

(九)手

以太極手修練太極拳。按拳理拳法的要求，拳人的手應為「形於手指」「妙手空空」。

在武術中手的運用變化多端，分為拳、掌、勾、爪、指等五類，五類手法中，演變出百餘種用法。太極拳手法有四：掌、拳、勾、指。

七、十　要

「九鬆」「十要」是指練太極拳之前放鬆周身，以進入修練狀態。九鬆，是鬆身體的九大關節，身上其他部位當然要放鬆。十要，是要求下收臀或溜臀、裹襠、收腹、吸收腹股溝、空胸、圓背、內吸肩胸窩、弛頸。

太極拳對身形十分講究，一定要規範到太極拳的拳理拳法所要求的鬆柔身形。身上的九大關節鬆開後，身體的各個部位亦應配合，相適應放鬆。如鬆腰與溜臀、裹襠、收腹、圓背密切相聯繫，孤立地去鬆腰是困難的。在講述放鬆臀部等十要部位時，還是從下往上，一個部位一個部位論述。

(一)臀

臀部在太極拳的身形中主中正的部位，拳論有「尾閭

圖2　在香港心一堂講授太極鬆功──溜臀，學員聽勁

中正神貫頂」的教旨。尾閭是脊椎的根部尾骨部位，位於長強穴。

　　身不正而尾閭歪斜，影響身形中正，擺尾必定搖頭，破壞身形的整體中正。太極拳要求身形中正，臀部下收，或稱溜臀，方可保持身體正直。臀部下收，呼吸自然深沉，會陰部位自然上提，身體易於放鬆，直接影響鬆腰、圓背、拔脊、裹襠等部位的修練。翻臀，翹臀破壞全身的鬆柔關係。

　　滑臀動作並不難，是摸得著看得見的部位，動則臀下溜，手扶有下溜感。

　　溜臀有陰溜陽溜。陽溜直下，陰溜臀部有一個向前彎曲的小小前曲。在操作中，各部位沒有動作配合，要保持鬆空狀態。在體用雙修中，臀不溜內功不上身。學習溜臀可試二人較技，雙方搭手，一方溜臀，一方便會失重，腳

下輕飄，此法要在周身放鬆九大關節，手腳四梢空的狀態下，方可有些效果。由於溜臀處在體用中的關要地位，故稱為「後中心」。

(二)襠

襠是任督兩脈的交會處。練家襠的功夫以掩襠、襠開一線為佳。襠在會陰穴兩側，會陰與百會穴上下呼應相對，自然疏通任督二脈，有「虛領頂勁」「尾閭中正神貫頂，滿身輕利頂頭懸」之先賢拳經。可見襠在全身中之重要地位，練家在身形拳法中應刻意修練，技擊較技常被對方「腳踏中門襠裏鑽」得勢使自己失敗。

在拳勢中坐步與弓步的虛實變轉，襠圓胯鬆步法自然變轉，稍一用力即受人制。練家要警惕，襠不可著力，以虛為要。鬆襠的關要是裹襠，似裹嬰兒以三角巾從臀部兩胯自下而上，從左右而中包住，而完成溜臀、裹襠動作。

(三)收　腹

《十三勢歌訣》云：「胸腹鬆淨氣騰然。」體內輕鬆不瘀不阻，呼吸順暢深沉，都來自鬆腹。

溜臀、裹襠、收腹是緊密相聯的三個中部部位。臀、襠鬆活，腰空，背圓靈活不滯，使全身鬆開，虛實變轉，開合自然，這是收腹之功效。腹鬆靜與氣沉丹田是否協調？太極拳家一般不提氣沉丹田。久練，氣沉丹田小腹似扣著一口鍋，看著圓鼓鼓，摸著硬梆梆，影響練家在技擊場上操勝券。聰明的拳家在修練身形的過程中，循拳理拳法遵道而修，使小腹鬆靜靈活周身。練氣不存氣，練意不

圖3　香港心一堂授課，收左右胸窩。左立者林躍東先生

存意，練勁不存勁，使腹式呼吸順暢，兼有養生作用。

　　先賢太極拳家有「氣卸到足底」之說，近代拳家有「勁起於腳」「其根在腳」「上下相隨人難進」之說，都論及到氣到腳。京城太極拳鬆柔藝術大師楊禹廷有「用腳呼吸」的教旨，他的腹部是一個大深洞，小腹也是一個深不可測的洞。老拳師也從來不說「氣沉丹田」，可見，氣沉丹田，不一定是上乘功法，拳家不可不察。

(四) 腹股溝

　　小腹左右兩側部位各有一條向下走向的溝，此溝名叫腹股溝。行功練拳宜收吸左右腹股溝。

　　腹股溝對吳式太極拳的身形、重心的變轉十分重要。吳式太極拳的特點之一是重心，經常以一隻腳支撐重心，兩腳雙重僅僅是瞬間的過渡。弓步和坐步，單腿是實腳，不著力的為虛腳，功法規範不容虛實不清。

拳法要求，弓坐步「三尖相對」，即弓膝無過不及，不得超過大趾甲根部，鼻尖與腳尖上下遙相相對。腳尖、膝尖、鼻尖成三尖相對之勢，尾閭「坐」於弓、坐步後腳跟部位。這個動作難度很大，只有收吸腹股溝方可準確完成這一動作。

(五)胸（左右胸肩窩）

胸部放鬆有關周身鬆之大局，拳論有「胸腹鬆淨氣騰然」之要求。鬆胸的操作難度很大，如何習練鬆胸是極為重要的拳法。含胸可以嗎，不是不成，前人有「含胸」之說，但我們對前人的身法理解不透。練含胸者，又都鬆不下來，從外形可以觀察到兩肩前傾或兩肩前合，胸部仍鬆不下去，一觸即滯。

胸部放鬆與鬆肩關聯，在胸部放鬆時，含胸動作把握不準確，影響背部的放鬆，胸背不鬆，影響周身鬆淨。經由實踐，筆者認為空胸為佳，空胸與鬆肩、垂肘同時進行。如此操作胸部仍然不淨，這時應輕吸胸肩之間胸肩窩的部位，胸部自然展鬆，聽勁有追不上的感覺，似有一個深洞。

楊禹廷大師胸部是一個摸不著的無底大深洞。一開一合，以空胸對初學者更能接受。注意空胸一定要與鬆肩相配合，肩與胸之間要有輕靈之感。

(六)背

背與空胸相關聯。空胸，背部自然圓活；空腰，脊椎自然節節上拔，注意，不是力拔，是用意不用力節節上

引，是督脈從會陰向百會的自然走向。空腰，脊椎自然節節上鬆至頂，有「氣遍周身」「滿身輕利」之感覺。技擊運用有「力從脊發」克敵制勝的威脅力。

空胸、圓背的過程中，空腰、脊椎骨節節上鬆的同時，若脊椎有脹熱的感覺，脊椎有粗大的感覺，你的背部功夫就已顯現出來。請注意，圓背是練拳過程中，周身九鬆十要而得，不是單找此功，單找單練難以如願。

(七)頸

虛鬆胸、腰、背之後，最後是「十要」的上端，要鬆頸部，鬆頸部也稱為弛頸。

弛頸以靈活頭部，有「猴頭弛頸」之說。不要刻意「豎腰立頂」如此意大力過，影響空腰、圓背，不利周身放鬆。頸部以自然虛鬆為好，為了找到弛頸的感覺，以收下頜、兩眼平視為準。

八、虛靈神頂

「精神能提得起」「虛領頂勁」「頂頭懸」等有關頂的拳法使初學者難掌握。

腰、背、頸部緊張僵滯，不利中樞神經系統對全身各個系統和器官的調節。頭部僵緊不利腦平衡，心腦僵緊影響全身放鬆。對初學者來講拳法簡單易於習練，頂上以虛靈精神為佳。使頂上有虛靈的感覺，將精神意念虛靈地想像在頂上已經夠了，不要再去「提」「領」「懸」。對於修練多年的練家，能做到頂上虛靈，自有一種新的感覺和

「味道」。

九、中正安舒

凡是練家沒有不明「中正安舒」之拳理的，多有練家不夠重視修練，以為站直雙目平視便做到中正安舒了。

站直是對的，是否中正安舒，待研究。中正是外形，安舒是心神意氣，中正和安舒是相關聯的內外雙修的拳法。尾閭中正，還不是中正安舒，中正安舒應以心神意氣的安靜，精神放鬆，影響外形的體淨。體淨表現在練拳盤架子的行功中的中正安舒。靜中的中正不一定在動中做到安舒。在太極拳的訓練中對身法的要求是極嚴格的。

太極起勢的無極狀態中，要求練家站立中正，從腳到頂九鬆十要一虛靈，不可有前俯後仰貓腰等病。身上的隨意肌和不隨意肌群都一一鬆開，這要花一定的時間去自我調整、師長糾正去完成。

拳論要求「立身須中正安舒，支撐八面」，靜立比較容易，動中就比較困難。隨盤拳行功，在拳勢的陰陽變化中，重心變轉不到位，往往出現身形左右歪斜、前俯、後仰、凸凹、斷續、缺陷之病。這是因為心神意念僵緊之過，要調整心態，順暢呼吸，恢復心神的安靜。練拳是周身放鬆重要的訓練拳法，練家一定要重視練拳。練一套拳一段拳或練習單勢都可以，注意勢與勢之間的陰陽變轉，重心腳與頂上下成為一條線，有人擔心做「栽捶」「白鶴亮翅」等身軀前傾的勢子而丟頂。如果隨勢不低頭貓腰，頭和脊椎保持中正，就不存在丟頂的缺陷。正可以按照

「九鬆」「十要」之要求站無極樁。站樁，心神意念易於放鬆。站樁、練拳、雙人對練推手，頂上虛靈有神，絕不能忘，絕不能丟。

外形的中正是心神意氣安舒的反映，中正和安舒是互相依存的，要隨時調整心態，安舒心神，在靜中、動中均保持中正安舒，才能練好太極拳。

十、周身鬆柔的檢查

首先，對太極門鬆功要有深刻的認識和理解，認識正確在修練中就不會出偏。在修練中，隨時檢查軀幹四肢是否放鬆，心態是否安靜，心思用多了，拿著勁也難以放鬆。

在鬆功的修練中不要瞞天過海對自己放鬆要求，堅持「九鬆」「十要」「一虛靈」，要甘於寂寞，甘於枯燥、單調，堅持每日重複拳勢。要有執著的追求，常練常新，悉心體味，練拳行功兩腳有騰虛的感覺，兩手不管虛實手，均有扶物感，盤拳時手腳上下相隨，隨拳勢進展，意識不再支配手腳，周身有空鬆感。

對方摸你，在接觸前，對方面前空間有阻力感，呼吸略有憋悶，接觸後，腳下站立不穩。這是從初級到中級，到高級階段自我和對方的感覺。

十一、太極拳的最高境界

修練到最高境界是什麼狀態呢？這個問題見仁見智，

功夫如何，功法如何，各有各的說法。

以筆者多年修練的體會，在京城拜訪過吳圖南、汪永泉等多位拳家。太極拳修練到最高境界，拳家的思想品德極為高尚，智慧過人，性格堅毅，令人產生敬意。

太極拳家拳藝功成到高境界為心神意氣安靜，軀幹四肢鬆淨。最高境界是：

靜，極靜。

淨，極淨。

附　楊禹廷：太極峰巔──壽翁

京城著名太極拳鬆柔藝術大師楊禹廷，字瑞霖。祖居北京，生於 1887 年，歷經長達 80 年的教學生涯，於 1982 年 96 歲無疾而終。

楊禹廷 9 歲習武，先後拜周相臣、趙月山、田鳳雲、高子明等名師學練回漢兩門彈腿、少林拳、黑虎拳、形意拳、八卦掌及劍、刀、槍、棍、鉤、戟、鐺等兵器，以及各門派各種器械。他精通太極劍、刀、杆，其雙人粘杆最為精妙，你的杆與他的杆相接，即被粘住，甭想跑，如你稍一用力欲擺脫，立時你就會被凌空粘起來並被發放出去。不僅十分精彩，也令人歎為觀止。

民國初，他又拜太極拳北方掌門人王茂齋為師。王師為人忠厚老成，功夫渾厚無比。由於當時吳鑒泉南下上海、江蘇一帶發展，京城武術界遂有「南吳北王」之稱譽。青年楊禹廷自學吳式太極拳後，心無旁騖，專心研習太極拳拳理、拳法。

楊禹廷師民國初年就以教授武術為生。那個時代是傳統教拳，以口傳心授，從沒有文字記錄。為了改變落後的教學方法，在上世紀 20 年代他就著有《太極拳講義》一書，並請王師審閱。王茂齋師閱後，首肯弟子在教學上的改進，並說：「寫得很好，以後照這樣教，易教，也易學，亦可使學的人有了準繩。」楊師於 40 年代又對講義進行修改。至 50 年代又進行第三次修改並完善，從而在 60 年代初出版了《太極拳動作解說》一書，當時的建工部部長陳雲濤為此書題寫了書名。

40 年代初，王茂齋、吳鑒泉兩位吳式太極拳巨人先後逝世。繼承和發展吳式太極拳的重任，責無旁貸地落在了楊禹廷的肩上。從此，楊禹廷以大智大勇擔當起北方教授吳式太極拳的重任。

歷史上，北京高手如雲，楊禹廷從青年到中年能在北京的市中心太廟（天安門東側）內設拳場，如果沒有真實的功夫是難以立足的。

當時，青年楊禹廷刻苦用功，清晨，天不亮爬城牆到郊外練功。他練摟膝拗步和倒攆猴，一去一回以公里計，可見其執著的追求。他盤拳不尋捷徑，而是自己難為自己，一招一式，一絲不苟，將拳盤得輕靈圓活，在京城有「鬆柔藝術大師」之美稱。楊師對太極拳有很深的認識和理解，造詣高深，在武術界有口皆碑，投其門下學拳者甚多。他在京城是教齡（武術）最長者，學子之多有萬餘眾。其中不但有中國人，也有國際友人、留學生及各國使節（如大使等外交人員）。

有記載的知名人士向楊師習拳者就有傅作義、劉秀

峰、陳雲濤、趙君邁、李星峰、周學鰲、楚溪春等；文化
藝術界亦有葉淺予、戴愛蓮、程硯秋、李萬春、張雲溪等
大藝術家；還有體育界的曾維琪等人。

　　楊禹廷師不但拳藝精湛，而且在教學中不斷改革，遂
使太極拳教學趨於科學化，更為簡捷，並使學者有章可
循。再也不是「十年數載亦糊塗」「十個藝人九不知」。
只要學子把握練拳的基本法則，便會練有收穫，學有成
果。掌握了楊師傳授的方法，可以自己去修練，日久年
深，功法會大進，也會得到太極拳之奧妙。從而養生長
壽，祛病延年。

　　楊禹廷師不僅在教學中改革太極拳理、拳法、拳藝，
而且他的個人修養、武德、高尚人格也為人稱道。僅記載
如下：

　　愛國，有民族自尊心。他寧當窮拳師，也不取無義之
財，更不攀附權貴而謀官。最能顯示其高風亮節的是，日
寇侵華時期，日軍頭目岡村寧次請他教拳，被他斷然拒
絕。

　　武德高尚，尊師重教。在他的武術生涯中，拜過多位
武師，無不聽從教導，循規蹈矩，踏實練功，不多說少
道，注意師徒和師兄弟間的關係，虛心禮讓，認真學練。
他告誡弟子，「德為技本，德高技榮」，武德是「練人」
的本分。

　　藝精於勤。提倡習武四勤：勤練、勤看、勤問、勤琢
磨。勤練，按規矩練，練拳是委屈自己，難為自己。練成
套的拳，練單式，一式拳循環練。看師長、看師兄弟練
拳，讀拳譜、拳理書。問即請教，問老師，問比自己高明

的師兄弟、拳友，虛心求教，謙則受益。琢磨是悟，功夫是悟出來的。拳論說：「由著熟漸悟懂勁。」楊師宣導：「拳打千遍，其理自現。」

其根在腳。拳之根為腳，首先在太極拳根基上改革。在教學中，不取「足背要弓」「五趾抓地」的傳統腳法。而按照太極拳陰陽學說，腳下陰陽變化之根本，以達到周身放鬆應起於腳五趾之鬆弛舒展。要求腳底平鬆於地面，變化靈活。

把握八方線。楊師為繼承傳統「八門五步十三勢」的教學法，使學者便於把握太極拳的方向、方位，而將八門的東、南、西、北、東北、東南、西南、西北等四正方位和四隅方位的一個「米」字，以幾何原理外接圓，使八門的八個方位成為圓形圖，稱為八方線圖。人站在中心點上盤拳，方向、方位明白清楚（實腳為中心點，左右腳同）。

盤拳不忘輕扶八方線。太極拳的法則用意不用力，腳為根，形於手指。盤拳手上不著力，隨著年深日久，手從有力到無力，從輕到空有一個長期過程。盤拳時，以輕鬆的手輕扶拳套路線行拳，就是輕扶八方線，便於走出弧線，有圈活之趣。

重心變化，先減後加。楊禹廷傳八十三式太極拳的最大特點是十分強調重心變化，認為把握腳下重心的陰陽變化，可免雙重之病。實腳為根為支撐腳，虛腳必須鬆淨。變換虛實，不是兩腳互換，互換之病則為僵。楊師以先鬆實腳為減法，後實虛腳為加法。具體操作，實腳虛到頂，從頂再下，漸實到腳，只是頂與腳之變轉關係，不牽扯

腰，從而保持腰的空鬆和主宰地位。

虛實開合，陰陽變轉。拳論云：「變轉虛實須留意。」太極拳的體用虛實變化起著支配作用。沒有開合，就會僵緊，截氣憋悶，日久受內傷。沒有虛實開合，也甭談技擊。楊師在實踐中極為重視變轉虛實的教學，他以科學的理論、簡明的操作，解決了難以掌握的深層次拳法，虛變即時，再虛一虛；實變虛時，再實一實，科學的叫法為「虛中虛，實中實」。

動作分解，陰陽分明。將八十三式太極拳以陰陽分為326動，即163個陽動，163個陰動，以「奇偶數」組成拳套動作。如太極起勢分1、2、3、4動。也就是單數為陰，雙數為陽，盤拳練功有章可循。單動變雙動，雙動變單動，虛實開合明白清楚，易懂好練。

上下相隨，手腳結合。拳論云：「其根在腳……形於手指。」「上下相隨人難進……引進落空合即出。」要解決博大精深的太極拳道，首先要解決手腳結合之要。先賢要求後來學子外三合，其中有腳與手合，在實際操作中很難掌握。楊師以科學的練法，解決了難以理解、難以操作的拳法。他以樸素的語言和練法告訴我們，練拳似「開電樞紐」，陰動，腳引手，也就是電門開關在腳，燈泡即手，開電門（腳動）燈泡亮（手動）。陽動，手引腳，電樞紐在手上。照此修練，日久上下相隨，其妙無窮，威力無窮。

腰鬆腹空，身通出功。在解決修練高境界的過程中，楊師給我們指出了一條通往太極拳「無形無象，全體透空」上乘境界的大道。盤拳鬆腰，腰與周身各部位和每一

個動作不「說話」，處於空鬆狀態，保持腰的主宰地位。楊師的腰，是一個摸不到邊際的大空洞，胸、小腹也是空鬆得空空如也。腰腹不鬆，周身不通，中空道通。

中正安舒，支撐八面。立身須中正安舒，拳家不可不悟。立身正直，並非中正安舒，外形中正安舒，心神意氣不能安靜也難以達到這種境界。中正安舒是辯證關係，中正必須安舒，安舒方可做到中正，拳家不可不察，不可不悟。中正安舒的修練不是短時間就可奏效的功夫，拳家須認識再認識，反覆體會中正安舒的妙用，進而掌握中正安舒。

以心行意，用腳「呼吸」。習練太極拳最大的竅要是呼吸。對於如何呼吸，各家各派說法不一，練法不同，也無定論。有人說意大憋氣；也有拳師認為寒肩氣起；還有人說，緊張無呼吸，這些說法其實也是武學大忌。有人體會練拳應該以深長腹式呼吸行功。有的人練拳在開合、虛實的運動中，體會出陽呼陰吸的規律，種種對呼吸的說法，對與不對，只是體會不同。

拳論對呼吸的要求「以心行氣……行氣如九曲珠……氣貼背……氣若車輪……氣宜鼓蕩」等等。太極拳談氣的地方很多，不一而足。從字面上似乎不難理解，操作起來卻難度很大，使習者無從入門。

楊師對呼吸有獨到見解。他的呼吸理論是「以心行意、以意導體、以體導氣、以氣運身」。練功時，不要去注意呼吸，注意了反而不會呼吸，要求學者先不要去管如何呼吸，呼吸往來於口，自然呼吸為好，他提倡自然呼吸。練拳循規蹈矩，日久，便可呼吸順暢、自然。隨著動

作陰陽變化，形成腳下呼吸，即呼吸在腳。隨動作由腳而上達於指梢，氣遍周身經絡氣道暢通無阻，也就是腳呼吸。如何去練，方法簡單，按規矩練拳，自然呼吸，即可走向成功之路。楊師有一句名言：「拳打千遍，其理自現。」

楊師對於太極拳有著極其執著和深刻的認識。他在長達 80 年的研習中，自成一家，形成了獨特的風格和流派，必將對本世紀的太極拳運動產生深遠的影響，他對於太極拳的貢獻，一定會推動太極拳運動向更廣更高的境界發展。

（載《精武》2000 年第 2 期）

第三篇

太極腳修練篇

練太極拳多年，經明師指點，大師教旨，練到二十多年，歷經「三明三昧」，在明白的時候，心腦開竅，豁然貫通，原來這太極拳光練上肢的拳，很難功成。儘管努力，太極功夫也不上身，原來練了半截拳，沒練下肢的腳。不練太極腳，焉得太極拳；不練太極腳，哪裡有太極功；腳下沒功夫，周身怎麼鬆？

一、話說太極腳

傳統太極拳，有六十幾勢、八十幾勢，還有一百零幾勢的。名為太極拳一套拳，僅有十幾個拳勢，兩種勾型，掌型不到十種。幾代拳人，多在掌與掌中間下工夫，在拳與拳中間變換、漫遊。初練拳的人，用現代語講，一時找不到太極拳的感覺，就是練拳多年的人，也難以找到太極拳的奇妙之處。為什麼？皆因沒練「太極腳」。

「太極腳」說並不陌生，拳論上早有定論。太極拳的功夫從淺到深，「由著熟而漸悟懂勁，由懂勁而階及神明」，但腳下的功夫是築基功，不能忽視。練過多年拳的人，不能與人家較技，被對方手一扶，就力不從心，兩腳僵硬，腰背死板。為什麼？沒有練「太極腳」，可見練拳

左實（從後腳跟向前舒展）　　右虛（漸右後下虛鬆）

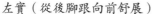

圖4

先練腳的重要。《十三勢行功心解》中云「其根在腳」，只練拳、練掌不練腳，是僅僅練了半截拳。拳論要求您「形於手指」，您一味在拳、掌上動作，出手拙笨，永遠也練不好太極拳。

把練太極拳的人比做一棵大樹是十分形象的。人的雙腿和兩腳是深深紮在地下的根，軀體是大樹之幹，上肢是枝杈，手是樹葉。你練拳之時，是往地下慢慢紮根的過程，功夫越大根基越深。手呢？只是不著力的樹葉——「形於手指」。如果你跟樹葉較勁，用力去推它，你一定會撲空摔跌出去。悟到這一層淺顯而深奧的拳理後，你絕不會去傻練半截拳。拳論云：「由腳而腿而腰，總須完整一氣」「上下相隨人難進」。在高明的拳師面前，你絕對站立不穩，失去重心，因為你這半截拳，在「完整一氣」面前當然要失敗。

楊禹廷大師早在20世紀20年代教拳時，寫過一個講義，經王茂齋老師首肯，以此為教材進行教學活動。1961年在「講義」的基礎上又進行修改，出版了《太極拳動作

解說》一書，供學生學習之用。開篇第一章講的就是太極拳11種步型。為了便於學拳者更好地掌握太極拳技藝，後來又補充了幾種步型，有正步、前進步、後退步、隅步、自然步、單行步、坐步、弓步、側弓步、點步、虛丁步、一字步、歇步、八字步、外八字步、拗步、仆步、順步等十多種步型。還有單腳著地的左右分腳，提膝轉身蹬腳，打虎勢的腳，金雞獨立的提腿和向後退步落腳，以及擺蓮腳步等等，也就是「太極腳」。

為了使學生按規矩練拳，將步法按照東、西、南、北、東南、西南、東北、西北四正四隅方位設計一個準確的「八方線」，使學者有章可循。

楊禹廷大師為什麼在教學講義中把腳講得如此詳細呢？因為腳是根。在經典拳論中，對於腳的論述並不多，像「其根在腳」，「上下相隨人難進」的「下」，「由腳而腿而腰」「勁起於腳跟」「蹬之於足」等等。關於腳的經典言之不多，但就我們所舉之例是擲地有聲的金玉之言，說的都是太極拳之根本。其實在太極拳經典拳論中，每一句都與腳，也就是與根有關，如果無關緊要也不會提到其根在「腳」。還有的拳論寫到腳，像《太極刀訣》中「披身斜掛鴛鴦腳」，《太極槍法》裏有「下刺腳面」之句，足以說明根之重要。

(一)方向和方位

太極拳腳之運用離不開方向和方位，為什麼太極大師楊禹廷如此關注對腳的訓練呢？因為腳是根，太極拳離開根就什麼也不是。我們在社會上看練家在打太極拳，有時

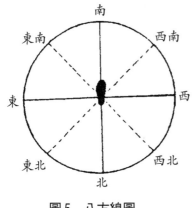

圖5　八方線圖

看著不舒服，有不協調的感覺又說不清楚，練家本人有時也會感覺到，動作彆扭，心裏小有不暢感，不細細檢查又難以發現。這是什麼原因，就因為腳的方向和方位的問題。

拳論云：「有不得機得勢處，身便散亂，其病必於腰腿求之。」「其根在腳，發力於腿。」這病還是在腳上。楊禹廷八十三式太極拳，要求練家雙腳虛實分清楚，實腳在「八方線」的中心點上（詳見《太極八方線修練篇》），也就是在八門五步十三勢的中心位置上。

左右腳，哪個腳是實腳，腳下便是八方線中心點，方向方位清楚，虛腳的位置也明白。腳下方向方位明白準確，從中心點盤架子，教者、學者腳下才有了準確的方位。人處於中央位置，才有可能利用空間，隨拳勢發展而發展，隨拳動作變化而變化，佈局周密，照顧到四面八方。對於練好太極拳，把握中正安舒、拳盤的輕靈圓活，腳下的方向方位是十分重要的。這便是符合太極拳拳理拳法要求的太極腳。

有一位國際朋友，在北京學練一套太極拳，方向方位不準確，專程飛北京找老師問腳下的方位，待問明白，他又飛回去了。一個方位，來去兩萬公里航程，如果學練「八方線」，就不會也不該出現這類問題。

(二)腳下的尺寸

腳下的尺寸關係著身形的中正安舒。社會上有人練拳，腳下沒有準確的方向，也沒有按照太極拳拳理規範的位置用腳。這次練拳腳尖朝向西南，明天腳尖又向著正南，方向不清，方位不明，嚴重影響手的位置，談何中正安舒？身形不正又怎麼能做到輕靈圓活？

腳下的尺寸是十分嚴格的。坐步的實腳在中心點，尾閭坐在原腳跟的位置，膝不過大趾趾甲根，鼻尖下對膝尖，是中正安舒的「三尖相對」，也就是足尖、膝尖、鼻尖的三尖相對。「抱七星」實手的拇指遙對鼻尖，虛手在實臂臂彎處，虛腳出在實腳的一側 1/8 處。虛腳在實腳 1/8 一側恰是 30°，隔式出步 45°，整套拳盤下來，腳的步幅不變，保證了腳與頂的中軸線，這是科學的立柱式重心，即所謂的「上下一條線」。

這樣的腳重心位置在變化中有嚴格的尺寸要求，絕對地保證身形的中正安舒，這是楊禹廷八十三式拳的特點。

二、腳下的虛實變化

筆者習拳的拳訣「上下一條線，腳下陰陽變」，腳下陰陽變化是練好太極拳的關要拳法。腳下陰陽變化是看得見摸得著的動作，用心去體驗，是可以掌握的。

(一)虛實漸變

太極拳腳下虛實變化是漸變，絕對不是突變。出步或

併步，也分解成若干小動作。側出腳從側到正，如「起勢」，先是大腳趾著地，過渡到二趾、中趾、四趾、小趾逐漸著地，再過渡到前腳掌，後腳跟，全腳平鬆落在地上，這才算完成腳與腳之間的變化，也就是重心的變轉。從此練法不難看出太極拳的腳下功夫有多重要。

練功的過程，就是大樹往地下深深紮根的過程，日久天長，太極腳的功夫自然上身，捷徑是沒有的。可惜有的拳友怕麻煩，不能承師所指，循規蹈矩，久而久之，丟了太極功夫，等到明白了，再回頭去練，難啊！

其實，太極拳就是一陰一陽的腳下功夫，陰陽變化一通百通。道理極為簡單，「其根在腳」，是太極拳的根本。太極腳是太極拳最為樸素的學問，是學問就要認真、刻苦去練，「非用功之久，不能豁然貫通焉」。

在虛實變化過程中，是減加法，先減後加。如坐步變弓步，不是左右橫向以腰胯變重心，這種動作影響腳、踝、膝、胯，從下往上關節的放鬆，難以按照拳法從腳到胯的節節貫串。

實腳變虛腳，先減後加。如實腳為 10，虛腳為 0，實腳逐漸從 10 減為 0，次序是 9、8、7、6、5、4、3、2、1，虛腳為 0、1、2、3、4、5、6、7、8、9、10，最後虛腳變實為 10，實腳變虛為 0。實腳變虛腳只能減，這是陰陽變化的規範，不能以腰胯橫移以實橫向送虛，這種悖於陰陽變化的動作，腳下不易出功夫。

漸變式的虛實變化，貫徹整套拳的始終。日久，太極腳的功夫，積蓄到上乘，一想即是。

(二)陰陽變動

拳論要求練家要注意陰陽變化，拳論云：「變轉虛實須留意。」前文有一訣，「上下一條線，腳下陰陽變」，說到底練拳、技擊中的陰陽變化是在腳下。也許有人提出質疑，練拳時腳下來得及進行陰陽變化，而技擊中雙方變化多端，恐沒有時間再去用腳變化。

這種疑問可以理解，但敬請放心，在任何瞬息萬變之中太極拳的陰陽變化仍然在腳下，不可能在任何別的部位。因為你每天練拳早已習慣腳下陰陽變動，已經習慣成為自然，無須再去想用腳去變化陰陽。先賢說得好，「太極拳功夫在拳裏」。每天習練太極拳，在鬆柔、開合、虛實、陰陽中訓練自己的感覺，日久即可達到在任何非常狀態下腳的陰陽變化運用自如。

如果認為腳下變動時間不夠，提此問題的人恐怕還不知道太極拳用意不用力的特性，請問動作快，快得過意念嗎，一想即是。萬里之遙的海南島，一想即到，從腳想到手僅用百分之一秒，速度不快嗎？

有的練家投師啟蒙學拳，老師沒有講腳下變動陰陽的課程，很難體會這一層道理，這也不能強求用腳去變化陰陽。習練太極拳，老師雖然不講陰陽變化，而太極拳拳理拳法講的就是陰陽變化。拳論開宗明義：「太極者，無極而生，陰陽之母，動靜之機也。」太極拳講究陰陽，沒有陰陽就不是太極拳，沒有任何探討的餘地。

因為太極拳的拳理源於老莊哲學，源於易經之陰陽變化，離開陰陽就不是太極拳。試想，無母之拳還談什麼拳

呢？太極陰陽是拳之核，是拳之魂，是拳之母，試問，你練的拳無母無魂還叫太極拳嗎？太極拳之特性是「陰不離陽，陽不離陰，陰陽相濟」，離開陰陽便不是太極拳，話糙理不糙，這是真理。

太極拳家，身上、手上以及周身各個部位都有陰陽變化。但腳是根，所以，我們從根基談陰陽變動。提倡陰陽變化，根起於腳，練家應該深入研究這一拳法之關要。

三、太極功夫在腳下

太極拳講究四法四功。四法，即手、眼、身、步。四功，即心、神、意、氣。四法看得見，摸得著，四功看不見摸不著，但能感覺到。四法四功相輔相成為太極拳周身大用功夫，綜合一體，不是孤立存在，但太極功夫的根基是腳功四法的「步」，太極功夫在腳下，還要細說太極腳。

(一)雙腳平鬆落地

有的練家講究腳背要弓，五趾抓地。一個老師一種傳授，「足背弓，五趾抓地」有傳功人的道理，這種功法也是承師而傳，筆者不明此中拳理，不敢妄加評論。若從太極拳拳理論證，太極拳之特性，「一舉動，周身俱要輕靈」，拳法規範、拳法的上乘功夫，盤拳應做到輕靈圓活。作為太極拳根基的腳，如果腳背弓，趾抓地，有悖於太極拳的輕靈，也動搖「其根在腳」、腳為太極拳之根的地位。

太極拳的特性是鬆柔，要求周身九大關節和肢體上的小關節也要鬆開。修練到上乘功夫，全身要鬆柔透空，處於根基地位的腳首先要空鬆舒展。如果腳趾用力抓地，足背弓起來，腳難以放鬆，只能是腳緊全身僵，腳弓而周身滯。

吳式太極拳行功，頭腦安靜，神經不緊張，周身鬆淨，輕靈圓活，周身上下無處不虛靈，盤拳鬆、柔、圓、緩、勻，身心雙修，腳下功夫扎實，腳不弓，腳趾不抓地。腳平鬆落地，腳與大地融為一體。「融為一體」不是以力踩地，以腳蹬地，因為腳用力必然有反作用力，失去根基，人的肢體便失去穩固。腳平鬆落地，方可與大地融為一體，隨著時間的推移，根基穩而越顯牢固，功夫日漸增長，身體遂像一個鑄入地下的水泥柱，撼之不動。

在拳套路中，有用前腳掌、後腳跟、腳趾行功的拳勢，行功奧妙變化無窮，拳家不可不注意腳下的陰陽變化。

(二)鬆　趾

腳趾有若干小關節也應一一鬆開，趾關節的放鬆牽扯到周身的鬆柔。腳趾維持全身的穩固和平衡，腳趾鬆開在技擊中是克敵制勝之關要。拳家不可忽視趾關節的放鬆，拳家不可不研究腳趾之鬆功，拳家不可不研究腳趾在較技、技擊中的重要作用。

操作舒鬆腳趾並不難，雙腳平鬆落地，腳趾自然舒鬆，無須刻意去放鬆十個腳趾。

腳跟同樣有維持身體穩固與平衡之作用。全腳平鬆落

地，腳跟亦應放鬆不可著力，在分腳、蹬腳動作中腳跟起著穩固重心，以腳制敵之作用。還有的拳家以腳跟勾、掛、耙、潑克敵，拳家不可忽視，不可不求。掌握鬆腳的拳藝之後，可試練一下，兩人互試，對方推你胯，你不要顧及推你之接觸部位，兩腳平鬆，心裏也不要想推你之部位，空鬆軀體，空腳，將化險為夷，但心神意氣要安靜。

（三）腳　掌

我們的腳由腳掌、腳後跟、腳趾組成。腳平鬆落地，掌、跟、趾亦應同時放鬆，從腳心到前腳掌尤為關要。如果站立腳鬆有難度，可坐或躺著試驗。鬆腳的過程中周身感覺極為舒服，腳鬆得似乎沒有了，這種感覺就對了。

鬆腳必鬆腳趾、腳掌、腳跟，三者不可缺一，所謂「牽一發動全身」。腳趾僵緊怎麼可能周身放鬆呢？明此淺顯道理之後，拳家對鬆全身先鬆根的追求將是首要的。拳家真正在腳下用功，一點力不掛，腳便有雙輕之感，也就是我們苦苦追求的離虛，這是腳下根基放鬆之功成。如果仍然鬆不下來，可借一些鬆軟的場地去找腳鬆的感覺。到草地上站，到五星級賓館站在加厚地毯上。筆者有一訣：「站上厚毯找腳鬆，腳下離虛入仙境。」

從太極拳綜合功夫周身大用講，鬆腳就是放鬆全身。拳論多處重複「其根在腳」之拳理，能鬆腳，周身便能靈活。是不是腳鬆，而踝、膝、胯、腰、肩、肘、腕、手等八大關節可以自然鬆柔了？不能這樣講，拳論說得明明白白，《十三勢行功心解》云：「虛實宜分清楚，一處有一處虛實，處處總此一虛實，周身節節貫串，勿令絲毫間斷

耳。」

　　天地為一大太極，人身為一小太極，人身為太極之
體。太極功夫的綜合功夫似一個圓環體，不可凸凹，不可
斷續。凸凹和斷續使太極圓球體有了缺陷，破壞了陰陽平
衡。腳鬆其他關節不鬆就是斷續，就是缺陷，破壞自身的
球體。從此理展開評述太極拳的功夫在拳裏，站樁和單操
手都不是從拳理出來的功夫，不是太極拳弧形線的功夫，
沒有圓活之感。

　　說到底，太極拳人對太極拳的習練和研究要從認識和
理解太極拳的拳理拳法、拳的結構入手。要反覆認識再認
識，反覆理解再理解。太極拳常練常新，對太極拳的認識
和理解也是沒有終極的。筆者信奉：學無止境。

四、太極腳下論毫釐

　　什麼是太極腳，怎樣修練太極腳？

　　太極功夫的根基是太極腳。有了太極腳理論方可提高
認識和理解的層次。

　　太極腳功是綜合功力，練拳先練腳是首先訓練的課
目。是不是修練太極腳之後，太極功夫可以一通百通呢？
不全是這樣。練拳、技擊，其根在腳，但腳與踝以上各大
關節、軀幹，都要協調一致緊密配合。腳下鬆通，在技擊
中固然佔優勢，但身手妄動，也不會收到陰陽變動之效
果，這也需要練家用心去體悟。

　　練家的功夫已經達到把握太極腳的陰陽變化，餘下的
時間就是修練，以「內求學」的學習方法，可以身知、體

悟到前所未有的理解，把握太極拳學。

　　還有一個修練中要十分關注的腳下容易出現的、一般人不知、知道了又難以改正的謬誤。早在明代，王宗岳大師就警示晚生後輩，他在《太極拳論》中寫道：「差之毫釐，謬以千里。」可惜幾百年來未被我們後來練家注意。今天筆者提出來已經晚了，如果練家警覺起來，注意起來，在練拳實踐中，時時糾正，也許可以補救。

　　「差之毫釐」，差在什麼地方，在腳下。

　　腳下的謬誤早在 20 世紀 20 年代青年太極拳家楊禹廷就察覺了，因此，他非常注意研究解決在太極拳根基訓練中如何防止腳下出現「病變」而影響整體拳藝的拳法。於是他改革太極拳教學，創造了「八方線」教學法，以八方線培養學子正確地修練太極拳學，有效地把握腳下的方向、方位，控制住腳下謬誤的產生，培養了一批太極拳家和教練。這是劃時代的貢獻，它是解決了在太極拳訓練中腳下出偏，練拳中易出現方向性、方位性偏差的高層次教學法。

　　練拳腳下一定要正。常說「學拳容易，改拳難」，「千里」之謬，要「萬里」去糾正。因此，太極腳基礎功一定要牢固，毫釐也差之不得。

　　欲在太極拳學領域裏有所成就，請學練八方線，輕扶八方線，手腳不離八方線，頭腦中有八方線。如此腳下不謬誤，身上有功夫。

太極手修練篇

在太極拳經典拳論中，有關手的論述不多，像「形於手指」「妙手空空」「布於兩臂施於手指」「運之於掌，通之於指」等。只有清人陳鑫大師對手之訓練有專論，他在《撾（ㄎㄚ）手十六目》中，將「較、接、沾……」等十六個字的用法一一論述，可惜十六種手法未能被全部推廣運用。他在三十六病手中，將「推」列為第十八病手，意為「以手推過一旁」。在太極拳體用修練中最忌推。但百多年來「推」字未被抑制，反而推而廣之。

當今有專述手訓練之必要，筆者結合體用實踐的太極手、病手明示、手之要求、練成空手、太極無手、渾身皆手諸論，與拳友練家研究共勉。

一、太極手

傳統太極拳多為七八十個拳勢、一百多勢。太極拳名曰拳，其實拳勢極少、掌勢頗多，稱拳只是名稱術語。以楊禹廷八十三式太極拳為例，只有十一勢拳，勾型也不多，而掌型有幾十勢之多。不言而喻，練家都明白，手在太極拳的體用中是十分重要的。故提倡太極手的修練，會受到練家的重視。

在經典著作中,先賢並沒有以太多的語言論述太極手。拳論經典中關於手的論述,有「妙手空空」「形於手指」「曲中求直,蓄而後發,方能隨手奏效」等等。但像「形於手指」和「妙手空空」,確是太極拳練家修練之精要。

先賢還特別提出,手上「頂、偏、丟、抗」四大病,以防止練家走彎路,過不了關。事實如此,有練拳十年二十載的朋友,在與人試手較力時,很難將鬆柔功夫運轉在陰陽變化之中,結果身手僵滯,難操勝券。因為出手拙力,說到底手上訓練不符合太極陰陽學說,病手連出,令人難解。

二、病手明示

先賢在經典拳論中有關手的論述並不多,卻均為精絕之論,但為預防出偏早有言在先,告誡後來學子詳辨真偽,不要見門就入,說功便學。要看一看,以太極拳拳理拳法檢驗所學。如果遇手不能運化,是自身的雙重之病未除,陰陽運化未悟,還須在腿腰上找原因。警示我們「斯技旁門甚多」,定要認準明師正門,免得進入誤區,三年五載、十年二十年也難以退出來。

為了不使後來人犯先賢們的錯誤,除了手上「頂、偏、丟、抗」四種病,陳鑫大師還列出36種病手,明示後人免犯重複之錯,少走彎路。

三、軀幹周身之病

太極拳在幾千年的發展中,代代相傳,先賢從中積累

了很多值得我們繼承的經驗。在當時交通不便、資訊不通、印刷條件落後，且讀書識字之人尚少的情況下，能有傳抄本流傳下來，已難能可貴了。這些抄本中的經典，是我們中華民族文化遺產中最為珍貴的武文化遺產和哲學著作。在武文化寶庫中，楊式清代傳抄本《太極輕重浮沉解》，每句都是擲地有聲的金玉良言，欲想深研太極拳者，應該精讀細研，先賢留下的浮沉解對我們有何用？

「雙重為病，失於填實，與沉不同也。雙沉不為病，自爾騰虛，與重不同也。雙浮為病，病在漂渺，與輕不例也。雙輕不為病，天然輕靈，與浮不等也。半輕半重不為病，半者，半有著落，所以不為病。偏輕偏重為病。偏者，偏無著落也，所以為病。因無著落，必失方圓。半有著落，豈出方圓。半浮半沉為病，失於不及也。偏浮偏沉為病，失於太過也。半重偏重為病，滯而不正也。半輕偏輕為病，滑(靈)而不圓也。半沉偏沉為病，虛而不正也。半浮偏浮為病，茫而不圓也。夫雙輕不近於浮，則為輕靈；雙沉不近於重，則為離虛，故曰上手。輕重，半有著落，則為平手。除此三者之外，皆為病手。蓋內之虛靈不昧，自然致於外，則清明在躬，流行於肢體矣。若不窮研輕重浮沉之手，徒勞掘井不及泉之歎耳。然(有)方圓四正之手，能表裏精微無不到，已及大成。又何慮四隅出方圓矣。所謂『方而圓』、『圓而方』，超乎象外，得其寰中之上手也。」

四、太極拳對手之要求

太極拳屬於武術，但對手的要求不同於其他拳種。有

些拳種，手上要有威力，立掌開石，穿通木板，對手的運用變化多端，分為拳、掌、勾、爪、指五類，五類手法中，演變出百餘種用法。太極拳手法有四類：掌、拳、勾、指。

太極拳的手法與外家拳的手法截然不同。外家拳的掌拳伸出去剛猛有力，而太極拳的手法，要求手掌舒鬆，關節鬆開，且節節貫串。太極拳經典著作對手有超出常人難以想像的要求。請記住先賢對手的教旨：「能從人，手上便有分寸。」《二曰身靈》：「運之於掌，通之於指。」《十六關要》裏還有我們前面提到的「妙手空空」「形於手指」。說通俗了，太極拳修練到上乘功夫就是空手。太極拳的手型變化，只有掌、拳、勾三種，這三種手型之共同點是都不著力，是空掌、空拳、空鬆之勾。

清末陳鑫大師在《搤手十六目》中有「較、接、沾、黏、因、依、連、隨、引、進、落、空、得、打、疾、斷」。這是太極手上的功夫，社會上很少有人提到，錄下來供拳友習練參考。

(一)掌

太極拳名為拳，以八十三式拳為例，一套拳只有十一勢用拳，實多用掌；技擊較技，也很少用拳，多用掌。行拳、技擊體用，要求掌型多種變化，基本掌型有立掌、平掌。立掌，五指分開，虎口向上圓張，也可以說虎口撐圓但不要用力。平掌，五指微分開，掌指舒展不可強直，掌心向上。俯掌，掌心向下，舒展不著力。

在運用掌的過程中，習練者不要忘記，太極拳是在陰

陽變化中的鬆柔動態運行藝術。手不可強直，也不可鬆散，伸出去要適中、好看，要有一點藝術性，也要有一點觀賞性，雖然不像梅蘭芳的手，但也不是拙力手。

掌由手指和手掌組成，進行掌的訓練也不能忽視手指的訓練。

拇指調氣。在左右「抱七星」勢中，拇指對鼻尖，氣順。

食指輕扶。意念在食指梢的式子比較多，食指對於中正安舒起中正作用。

中指調正。立掌、仰平掌、俯掌，以中指調正中心，底盤穩固。

無名指、小指。經常放鬆小指，有益九大關節的放鬆，請拳友體味。

(二)勾

實勾。小指引，無名指、中指、食指、拇指逐一向上攏實，五指成梅花瓣形。變掌拇指、食指、中指、無名指、小指逐一舒展。

虛勾。小指引，拇指與食指、中指鬆攏，無名指、小指鬆垂。勾變掌，以拇指引，食指、中指、無名指逐漸舒展開。

(三)拳

拳。在八十三式太極拳套路中，僅有十一勢用拳。掌變拳以小指引，無名指、中指、食指、拇指依次鬆攏。空拳心、拳面平、拳眼亦為平面。拳變掌以拇指引，食指、

中指、無名指、小指依次虛鬆舒展。虛攏虛展，不用力。

五、練成空手

太極拳是拳也是手。太極拳練家自然首先要研究手的修練和運用。在這方面，我們的先輩拳師對此道比我們認識、理解深刻得多。諸如「展指舒腕」「能從人，手上便有分寸」「運之於掌，通之於指」「虛離，故曰上手」「得其寰中，上手也」「布於兩臂，施於手指」。清末陳鑫大師的《攜手十六目》說了十六種太極手的修練和運用，武禹襄在《十三勢說略》中對手的一擲千金之妙論是「形於手指」。

幾代先賢拳家日夜苦修酷練的實踐經驗提示後來者，練太極拳對於手的修練是非常重要的，可惜，修練太極手的道理未能引起後來練家的重視。有人練拳十年二十載，並沒有刻意在手上下工夫，出拳伸手依然拙力不清，本力不退，如何能練好拳，練出功夫來？

不言而喻，你練太極拳，伸出的手不是你工作、生活、勞動中的手，而應該是符合陰陽學說，按照太極拳拳理拳法規範的手，也就是「太極手」。比如京劇大師梅蘭芳，舞臺上的手可寫一冊梅派手藝術的書，但他生活中的手，就絕不會與舞臺上等同。

武術也一樣，形意拳是形意手，查拳是查拳手⋯⋯道理就是這麼淺顯。人是一個載體，你練太極拳就是太極拳的載體，靜身、淨手之後，方可注入太極功夫。像一個瓶子，空瓶子可以裝美酒，如果你的瓶子裏原來有水，不倒

出去，什麼美酒也裝不進去。

不能將平時生活、工作、勞動的手帶入拳場。有拳友怨稱：「不想練了，太難！」「不想練了」實不可取，「太難」則是實話。

太極拳拳理源於《易經》《道德經》，精深難懂，但不是不好求。有位較有影響的拳師說：「太極拳博大精深，不好練，一代就出一兩位。」豎看歷史，陳長興以前不提，從 18 世紀至今二百年，楊露禪往後，人所共知的不過十幾位，所以一代人出二三位大師並非駭人聽聞。但是並不是太極拳學深不可測，令人難以理解，難以學練，難以深研。說明白了，太極拳就是返璞歸真。

你用常人的想法對待太極拳，學練起來難以突破。如果改變視角，也就柳暗花明。太極拳界人才乏出，究其原因是練拳不明理。練拳要讀書明理，「書理明白，學拳自然容易」。

筆者有一個學拳公式：「認識——理解——明白——懂。」對學練的拳沒有認識，不理解其特性和價值，不明白拳理拳法，最終也弄不懂什麼是太極拳。

在太極拳圈子裏可以歸成四種手，第一種是重力手或拙力手，也就是本力手。手上的力沒有退掉，將勞動、生活中的手帶到拳場，用力手去練拳、「推手」，出手「頂、偏、丟、抗」四大病。手上的力不但退不掉，反而增加，再會幾種招法，更視自己的手為貴，其實與太極拳拳理相悖。在陳鑫論三十六種病手中很容易找到他們的手。

第二種手是輕力手。經過一段習拳明理後，手上退掉

一些本力，手上功夫有所長進，但出手仍然有力。練習技擊「推手」，常常用力手支著對方的手和身體，與對方的手攪在一起，解脫不出來，犯了兩人握手病。兩人握手，雙方用力握在一起為友誼深厚或尊重對方。太極拳不要握手，要求接手分清你手我手，互相不握手形似握但不著力，彼此不混合。奉勸這些朋友，練拳三年五載，不要去與人較技「推手」，因為還沒什麼功夫，越推手，手上本力越退不掉，反而增添了許多毛病。手上四大病和身上凸凹、斷續、缺陷三大病都是這樣產生的。

練太極拳就要研究什麼是太極手，什麼手不是太極拳的手。陳鑫大師將不合拳理拳法規範的手歸結為三十六病手。百多年前的老輩拳師已經徹悟到太極拳修練中手的重要，告訴我們在練拳過程中會出現病手，我們後來者為什麼還要重犯病手之過呢？

輕力手比重力手有功夫了，但瓶子裏的水，仍然沒有倒乾淨，還留下半瓶，這是太極拳功夫處在半瓶子亂晃蕩階段，但還是很有希望的。

第三種手是輕手，或者稱為淨手。達到這種水準，是在修練過程中，經過反覆實踐，反覆認識，到了懂勁階段。淨手，是將瓶子裏的水都倒出去了，裝進來的是美酒佳釀。淨手是說拳家伸出的手，已經不是生活中的手，而是太極手。怎麼檢驗呢？

你用兩隻手輕輕地將淨手合上，你會感到像合上一張薄紙，腳下晃悠；用輕力去握，像握住一團棉花，心裏鬧騰難受，腳下失重有離地欲起之感；用重力去握，根本使不出力，人早已站立不穩，有跌出之懼。

第四種手是空手。拳論云「由懂勁而階及神明」，空手即神明手。神明手是太極拳修練的高境界。有空手水準的太極拳大師，遇上對手似老叟戲頑童，拿放發人，運用自如。京城太極拳鬆柔藝術大師楊禹廷老人「妙手空空」，扶上他的手，即被「沾住」，腳空身飄，胸部憋悶，六神無主，只想脫逃，但又跑不了。其太極手的功夫已達到爐火純青的高境界。

太極手不是單獨存在的，是修練多年太極功夫在身上的反映，是從腳到頂，從表及裏，從內到外，心神意念、手眼身步的綜合功夫，不可不悟。

九大關節的鬆功修練到此，但並沒有說盡。太極拳博大精深，其大無外，是沒有盡頭的學問，是無邊科學。太極拳學、太極陰陽學說，也不是一代人可融會貫通，須代代拳人不斷研究加以完善和完美。其基礎是認識再認識，理解再理解，按照太極拳學的規律去研究，遵道而修，才有可能對太極拳的拳理拳法有所建樹。離開了鬆之要義，很難踏入太極之門。習練太極拳的過程是淨化心靈的過程，修練太極拳是修養道德品質的過程，拳藝的研究是「引進落空」「捨己從人」的過程。總之，太極拳修練是修自身練自體之毅力品德。如果練太極拳想去打人、整人、「練」人家，恐怕自身永遠也得不到太極拳的真諦，永遠也不知道太極拳是什麼「味道」。

六、太極無手

鍛鍊身體打一套太極拳，有手無手都是活動筋骨，如

果向上乘功夫修練，則需要研究太極「無手」的精妙拳理。

太極「無手」說，不是某位拳師的習拳心得，而是幾代太極拳神明高手、大師在拳藝實踐上的經驗之談。當代上乘功夫的太極拳師指導學生練拳，時常提醒我們注意手不要「妄動」，拳訣唱道：「太極不用手，手到不再走。」拳論云：「形於手指。」還有一句頗費思考的話：「太極無手，渾身上下都是手。」可見，「太極無手」是太極拳上乘功夫，也是立志踏入太極之門的拳家必須向深層功夫修練的目標。

筆者曾在多篇太極拳功法的文中講過太極拳的特性。太極拳的特性是什麼呢？

太極拳理源於《老子》和《易經》的陰陽學說，太極的根本就是陰陽變化。講究「柔弱於水」「陰不離陽，陽不離陰，陰陽相濟」「一舉動，周身俱要輕靈」「虛實宜分清楚」「神舒體靜」等等。

太極修練，一定要循規蹈矩，按照太極拳的拳理拳法規範自己的動作，這是道理，是修練成功的唯一途徑。

怎樣修練太極「無手」呢？盤拳一定要「輕扶八方線」，是深入淺出，極為通俗、科學的，是聽就明白、練可入門的學問。

吳式太極拳套路是由大小不同、方向不同的圓圈組成，也是以東、南、西、北、東北、東南、西南、西北八個方位循環往返的。修練者盤拳時，兩手食指梢不要有力，而是輕輕扶著套路的圓形圈鬆、柔、緩、勻地運行。長此下去，便會體味到圓活趣味，以及盤拳的極大樂趣，

體味到太極「無手」的精妙之處。

關於「輕扶」的理論，不接觸到楊禹廷八十三式太極拳似乎沒聽說過。沒聽說過的東西，不是不存在，而是要學習、學練、研究。要認識輕扶理論，引申去認識無手，研究無手理論。本書在序言中已經闡明，練家不要以常人的思維去認識、理解太極拳學，也不要以常人的眼睛審視太極拳拳理。如果以常人的思路去想、去看太極拳，那將永遠停留在小學的層次上原地踏步，最終在太極拳領域內也不會有什麼大出息。

太極無手的理論和實踐，一般不會被具有常人想法的人所接受，因為他們沒有見過這樣高水準的名師，以常人的思維怎麼也想像不出無手是什麼功法。

請做一個無手試驗，試驗的人將雙手放在桌子上，全身及肩、肘、腕統統真的放鬆，然後再鬆到指梢，使手真正到空無的境界。找到這種手上空無的感覺後，以此種感覺空無的手去輕輕扶上對方的胸或身上其他部位，你只要真以空無、空無乾淨的手去輕扶對方，對方便腳下晃悠站立不穩，雙方都會興奮地發現空手的玄妙。這說明認真練空手不難掌握。

所謂太極拳博大精深，就是將後天之力退去，將後天用力的習慣恢復到先天不用力的返璞歸真之中。心神意氣在任何紛亂的環境中修練到安靜，極為安靜的境界之中。

七、渾身皆手

太極無手、太極空手，以及渾身皆手是不是矛盾？不

是矛盾。一位太極拳拳藝水準上乘、拳法造詣高深的太極拳家，他應該具備空手、無手、渾身皆手的神明功夫。

我們先看看楊禹廷鬆柔藝術大師的功夫。

在上世紀 60 年代末 70 年代初，聽說老拳師每天到故宮東牆下遛彎兒，在楊老拳師的周圍雲集了不少追隨者，我聞風而動，也混在其中聽他說拳。膽子大了，也伸手「聽勁」。

有一次老拳師伸開雙臂，左邊三人摟左臂，右邊三人緊緊攬住右臂，兩個人推住後背，我則用拳緊緊頂住他的後腰。當時並未感覺老拳師有什麼動作，可不知怎麼回事，左右六個人摔出去了，背後的兩個人也飛身而出。我更慘，因為我用的是實實在在的力，背後又是宮牆，我胸口一憋悶就撞上了宮牆，疼痛好幾天。

老爺子每次外出，手持無拐直杖，行走時雙手垂直橫握放於身後。有一次，我跟隨其後，到他家門口時，冷不防從左邊用右手猛奪他的手杖，說時遲那時快，我糊裏糊塗撞上了他家三四米遠的東牆，坐在地上半天才站起來。進屋後，我問老人怎麼一摸手杖，我就摔出去了，老人家笑而不答，他說：「你自己去悟吧。」

1978 年元旦，在老拳師家中。跟隨老人數年，深知不要錯過學拳聽勁的機會。我扶他身上哪個部位，腳下就發飄，老人一看我，我便飛身而出，這些都沒有動作，是在無形無象中進行的。玩了半個多小時，老人興致極高，讓我踩他的腳。開始我不敢踩，為了聽勁，我便虛虛地踩在他的腳面上。當時我感覺胸口十分難受，呼吸困難，身子飄浮，想撤腳不踩卻已經晚了，像是有一種強大的打擊

力，從腳到頂欲破牆而出，嚇得靈魂出了竅。老拳師拽住我的手，笑著說：「這是玩藝兒。」

從 1974 年到 1982 年老拳師仙逝為止，到老人家中習拳九年。九年來，老人對我的恩情難以忘懷。他就太極拳對我講了三句明白易懂的話：「太極拳就是一陰一陽兩個動作，腳下陰陽變動，手上不著力，明白了這個理兒就一通百通。」九年來老拳師將晚年的神明功夫傳授給我，可惜筆者愚鈍，學習差悟性不夠，悟到的僅僅是九牛一毛而已。

九年來老拳師說拳，讓我從頂到腳，從胸到腰，聽勁遍全身。老拳師全身透空，摸在哪裡哪兒空鬆，什麼也摸不著。他坐在太師椅上像一個人影，或者說，像衣架上懸掛著一件衣服。站在他面前，腳底下無根發飄，眼前似有個無底大深坑。

他左手放在老式八仙桌上，讓我去按。我剛按上，他沒有任何動作，我便飛身直起一米多高，這便是老拳師神奇的太極功夫。按他的肩，似什麼也沒按上，卻有栽入地下的感覺。用一個指頭隨便按在他前後左右任何一個部位，都是一個空虛點，或是堅硬點，像出來一隻手，把你打出去。這就是「太極無手，渾身上下都是手」吧。

從以上所述領略了太極拳家渾身皆手的神明功夫，凡練拳多年具有上乘鬆柔功夫的拳家都能夠做到渾身皆手之絕技。渾身皆手聽起來神，接觸後也倍覺神奇，但不是難以追求。如能深入認識，理解太極拳，潛心習練，循規蹈矩，每天盤拳在陰陽變化之中尋求拳之真諦，在輕扶八方線中就會有所得。

渾身皆手是太極空手、太極無手功夫的綜合，三者是
太極功夫的三種術語。具備全身透空的神明功夫者渾身皆
手，扶他身體的任何部位，都有吸拿發放之功力。

　　神明高手從不用手去打人，手上總是綿軟虛靈，只要
你用力進攻，手上即刻發出難以阻擋之巨力，但手上又少
有動作。說到底這是由於太極拳大師們已達到無形無象、
全身透空的神明境界。

太極解秘十三篇

太極揉手藝術修練篇

有一位太極名家說，太極拳是高級藝術，太極推手是高級藝術。我同意兩種藝術說。誰又能說太極拳不是藝術呢？太極拳修練界宜切磋、研究太極拳功法和太極推手功法藝術，將推手藝術升高到新的層次。

推手也稱揉手。先賢將推手的「推」字列為病手，以避免用力推搓之誤。「揉手」體現太極陰陽學說，是高品位的鬆柔動態運行藝術，內涵豐富。修練者在揉手過程中是審美的、文化的、藝術的體驗，同時也體現太極拳揉手獨有的品格。

一、推手的幾種稱謂

太極推手的叫法有幾種，除推手外，有「打四手」「搋手」「揉手」等等。

推手本不是太極拳的打法，或者說，推手只是太極拳打法的一種。太極拳是武術，應該有也應具備武術的攻防能力，這是武術各家拳種的共性。而太極拳有其特性，以推手訓練拳人。太極八法，即掤、捋、擠、按、採、挒、肘、靠，這八法是太極拳習練者的基礎功夫。由訓練，練習手之觸覺，這是太極拳的特性。在《太極拳譜》中有

「搋手十六目」為較、接、沾、黏、因、依、連、隨、引、進、落、空、得、打、疾、斷十六種打法。當前老師都不單教這十六目，而教八門五步十三勢，十六字打法貫串其中。

「打四手」乃兩人手接手「打輪」，從方向方位論，即四正掤、捋、擠、按，以訓練習練者立身中正。以上幾種訓練方法旨在訓練太極拳練家的沾、黏、連、隨功夫，初步訓練觸覺。

「推手」運動流行很廣，兩個人在一起推來推去，冬天渾身發熱，出一身汗很舒服；又像互相按摩，所以受到

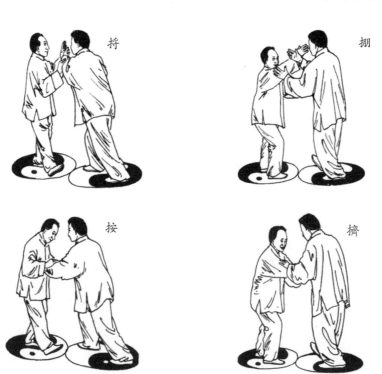

捋　　　掤

按　　　擠

圖6

學練者的喜愛。國家體委訂出規則，將推手列為競賽項目。此舉更受到太極拳愛好者的歡迎，不練太極拳的人也去練推手，此項活動開展的比較廣泛。

關於推手的叫法，從前輩拳師繼承下來沿襲至今，經過研究，筆者認為推手的「推」字不符合太極拳「用意不用力」的原則，容易從「推」字誤導學練者用力去推。從推手比賽的賽場也可以見到，在推手比賽時，看不到「用意不用力」，而是力大者把力小者推出場外取勝，在這裏是「用力」，也見不到訓練場上習練者之間的「陰陽」「虛實」和「輕靈」。

已故太極拳大師汪永泉的《楊式太極拳述真》一書中，在推手訓練一節裏是這樣說的：「揉手又名推手，為避免因『推手』而產生猛推硬揉之誤解，故在此引用前人『揉手』之稱謂。」

筆者贊成「揉手」的名稱。故名思義，從字面上很容易理解，揉手不用力，符合「用意不用力」「一舉動，周身俱要輕靈」的原則。

二、推手就是推力

太極推手，影響太極拳按《太極拳論》要求的正確訓練，前邊我們已經敘述過，自從推手被列入競賽項目以後，引起武術愛好者的極大興趣，不管這個項目規則制訂得多麼嚴格，也無法制止參賽者用力，而用力者不會被罰下場。

有一位太極拳教練訓練弟子，讓每人背幾十公斤沙袋

練習腰，在一次競賽中大獲全勝。筆者未得親眼看到也未去調查。但這種訓練法似乎不合乎太極拳拳理拳法，也不符合太極拳「用意不用力」的要求，他們推手就是推力。不能怪人家推力，因為你沒有對推力者進行制約。

推手活動在社會上大受歡迎，其中有兩個引人入勝的原因。其一，取勝性。清晨在公園活動比較枯燥，幾個人湊在一起推手，很有趣味性，推上幾輪，力大者、腰胯靈活者可取勝，令勝者精神愉悅。其二，兩人一來一往摟抱推拉，容易出汗，出汗後身上舒服爽快，像是二人互相按摩，有極大的保健性和趣味性。

太極拳愛好者聚在一起推手，你手長，我腰長，你腰能伸展，我胯靈活，二人推來推去，越推越使勁，自然成了猛推硬揉雙方用力，也成了兩人在推力。很難以拳理拳法、陰陽學說規範制約習練者互相推力，他們周身更多的是「凸凹、斷續、缺陷」，手上更多的是「頂、偏、丟、抗」之病。他們難以克服「雙重、雙浮、偏輕、偏重、半浮半沉、半浮偏重、半輕偏輕」等病。這樣練下去若全民健身無可挑剔，如果按太極拳拳法規矩要求則相差甚遠。

「推手」是根據太極拳的特性，訓練太極拳人太極八法功夫的拳法，為了避免誤導誤傳，今後將「推手」改稱「揉手」更合乎太極拳的拳理。

三、揉　手

揉手的「揉」字，限制了習練者用力。習練揉手不可用拙力，而是「用意不用力」。

太極拳練家在盤拳的基礎上練習揉手，要在明師指導下進行訓練。在揉手訓練時，要按要求和盤拳時的身形、手勢一樣，關節要鬆，腳要鬆，踝、膝、胯、腰、背、肩、肘、腕、手的大小關節都要鬆開，身形一定做到尾閭中正、輕靈、精神在頂。

揉手有以下幾種：單掌揉手（左右練習）、活步變換重心單掌揉手（正輪、平輪兩種）、定步四正揉手（掤、捋、擠、按）、定步四隅揉手（採、挒、肘、靠）、活步大捋揉手等。

揉手的目的是，由揉手訓練，培養習練者觸覺的敏感性，從而提高審敵、聽勁、化勁等太極拳技藝。

(一)單掌揉手

甲乙兩人面對面站立，伸右手或左手，雙方兩腕背相接，注意是雙腕輕輕相接，不可用力擠壓對方，雙方接觸點似接非接。坐、弓步，腳下虛實分清，甲為進攻方，由坐步過渡到弓步。

書中將太極拳稱謂為藝術，是高品位的陰陽變化動態運行藝術。雙方訓練揉手，一定要堅持把握住其高品位，把握鬆柔，否則便沒有了品位，也不是鬆柔也沒有了藝術。雙方必須堅守三條原則：一不要有動意，二不能主動，三不要妄動。雙方只能輕輕扶著，循運行路線而行動。攻方進，防方被動而隨。

攻防雙方互換為雙方，攻方主動進手，防方被動接手，做到彼不動己不動，隨著攻方進手退後，退中含化。

攻方將進攻實手由腕背接觸點變換為掌心向前運行向

防方胸部攻擊。防方接攻方來手，在雙方接觸點上意為似接非接，不可出勁，不可用力抵住對方。防方化來手時，意向外走外弧。

攻方、防方一進一退變換陰陽，攻者陽，防者陰，雙方一定要如此訓練。攻防雙方不可用力。

攻防雙方身形始終保持尾閭中正，頂上保持虛靈，周身保持虛空輕靈。行功運用的力量，只有將單手伸向對方，不可再加一兩的力。

怎樣檢查身形是否中正安舒？

1.雙方接觸手是否用力。如果感覺腰酸痛、周身彆扭、肩臂酸痛，這個信號告訴你，你們雙方已經用力了，迅速調整到「用意不用力」的狀態。

2.經常訓練單掌揉手，雙腿變換重心靈活，冬季周身發熱，渾身舒服，像泡了熱水澡，肩、肘、手、腰、胯、膝、腳沒有酸痛感覺，雙腳也無踩地的壓力，這就證明你的功力提高，拳法已大大進步。

(二)四正揉手

單掌揉手一段時間後，將進入四正揉手，四正為掤、捋、擠、按，訓練拳人審敵、聽勁，如化、拿、打、發，向懂勁的功夫去努力。

技法：兩人面對面站立。為了學習者很好地把握陰陽，攻為弓步，防為坐步，雙腿一實一虛，為立柱式單腿重心。其根在腳，這是築基功。

雙臂動作，攻防雙方均右手前掤，腕背相接。雙方左手（虛手）立掌接對方肘部。

動作說明：攻方進攻前進上掤、為陽，雙腿變換重心，左腿實變虛，右腿虛變實，從坐步過渡為弓步。

防方遇攻方上掤，實腿由右弓步變換為左坐步。走捋勢，沾黏攻方之實手，右手食指尖向右上後方捋攻方之實手。

攻方上掤手被防方化解，掤勢落空，右實手變換為虛手，不回撤；左虛手變為實手向防方胸部打擠勢，右腳實為陽勢。

防方遇擠手下按，請注意要虛按，仍為陰勢。坐步，雙手下按，手上要輕靈空虛不著一絲一毫多餘之力，收胸窩虛按，如果實按即被攻方擠出。

攻方的掤、捋、擠、按四正手到此已完成，向東北上方隅位逃手，由攻方變為防方。

防方接攻手後，由原防方變成攻方，左虛手變換為實手向防方上掤，同時，左實腿逐漸由實變虛，右虛腿由虛變換為實腿，坐步變弓步。

攻、防雙方互換，以訓練習練者陰陽變化，審敵聽勁的能力。

(三)四隅揉手

攻方上掤手被防方化解，掤勢落空，右實手變換為虛手，左虛手變實手，掌心向外變立掌，在右腕內側向防方胸部打擠。

防方由弓步變轉為左腿坐步，左掌下按時，以食指向左前下方按（注意要虛按，實按敗勢）。

攻方右實手鬆虛，左掌沾黏防方右腕向左方下捯，右

腿變實弓步，踏防方中門，右肩斜靠防方胸部。

雙人揉手是藝術，一來一往是審美的、文化的、藝術的體驗，但最忌用力，最忌主動，用力加主動什麼體驗也沒有了。雙人揉手，都要記住太極拳的特性和要求，還要記住揉手是藝術，只想揉手還是揉力。從腳到手要輕靈，關節放鬆且節節貫串。每個人將自己安排好以後，雙方右腕背部相接，相接時並不是實接，而是虛接，似有似無。這正是拳論講的虛離，不偏不倚，忽隱忽現。

我們前面說的幾種揉手，攻防雙方都有自己的路線。循路線規律曲伸進退，食指輕扶，攻方循進攻路線，防方循化解規律，雙方沾連黏隨不丟不頂，美在其中，兩人都有極大的愉悅。

四、太極拳功夫在拳裏

六七十年代我向太極拳藝術大師楊禹廷老拳師學拳，他老人家高興時，我們爺倆常「打四手」。我感受身前似乎不是一個實實在在的人，而是人影跟我「打輪」，引導我掤、捋、擠、按，每一手都失重，有透空之感。

我向楊老拳師請求教我推手。

楊老拳師說：「練拳為體，推手為用，體用結合。盤好架子，太極功夫都在拳裏邊。」

老拳師一席話，我琢磨了十幾年，前輩拳師都是從盤架子開始。楊老拳師的定型拳八十三式，326動，每動有8個小動作，乘起來就是2608動，每天練6遍拳，再乘起來便是15608個動作，每天1.5萬多次陰陽變化，揉手功夫

全出來了。當然,前文講過揉手也是拳人的必修課。因為每位習拳人不可能都得到高境界太極大師的點撥。練習揉手是不可缺的課程,用以提高拳人審敵、聽勁,拿、發、打、化是拳架的補充。如果練家將「雲手」「摟膝拗步」「斜飛勢」「海底針」「扇通背」「玉女穿梭」「二起腳」等幾個勢練熟,從上下左右來什麼手都可以對付。

太極高手較技,出手一兩招即分勝負,也就是出手見高低,無須採、挒、肘、靠。如果用靠,這位拳師還遠遠沒有具備化解對方的功力,仍須進一步修練。

五、揉手的自我練習

揉手訓練以兩人配對對練為佳,如沒有訓練的伴友,可以自家「打四手」。

揉手的自我訓練同樣是陶冶情操,是審美的文化的藝術的體驗。其根在腳,腳下動作,應循規範陰陽變換。每動注意頂上虛靈,從腳到頂九大關節鬆開,身體離虛,心裏有一種透空的樂趣和愉快。

在打掤、捋、擠、按四手時,想像眼前有一個人跟你一起訓練,這是太極修練的特性之一,「有人似無人,無人似有人」。

一個人行動,對身形手勢要求同樣嚴格,不可用力。行動從陰位始,右手上掤,身形由左坐步實腿變換為右實腿弓步。第二勢,右掤手變虛,左虛手由虛變實,立掌掌心對右手脈門打擠。第三勢右虛手變實手,向右隅斜掤,然後變左坐步,左腿變實,左手由虛變實向左後上方斜

捋，接著重心腿不變，雙手下按左虛右手實。如此往返訓練，很有圓活趣味。

個人揉手訓練，在掤、捋、擠、按行功中，體驗陰陽變化藝術，雙手一實一虛，循運行路線，輕輕扶著弧形線被動而行。因為我們周圍有一個不同方向不同大小的環形圈，當你的手走到極限它自然變化返回。當然這需要有一個重要的條件，周身一定要鬆下來。在走四手時，同練拳盤架子一樣，立身中正安舒，把握陰陽。前後左右四個動作，坐步、弓步兩次變換重心，動作簡單，但應該將動作做準確，絲絲入扣，不可斷續凸凹。

有人不和你揉手，出手便打，怎麼辦？以最小的點接觸對方，以小化解大，還是揉手藝術。太極本無定法，動就是法，太極拳法的高明之處就在於，你功夫有幾乘你的法就有幾乘，甚為奇妙。

功夫練到懂勁，就進一步悟到「捨己從人」。太極高手與人較技，看到他與我們一樣，同樣有兩隻手，但搭手或接觸到他們的手，感覺不到他們有手，只要身體被這神奇的手扶上，腳下就沒有根基了，搖搖晃晃六神無主，吸呼困難，胸部有憋氣之感。可以想像，任何凌厲的攻勢在太極高手面前都是無能為力的。這是以空無對待整體，令人神往的揉手藝術。

六、鬆柔訓練

練習揉手的要求像盤架練拳一樣，身形、手腳、腰胯都應按照拳論上的要求，不可用拙力。

(一)一舉動，周身俱要輕靈

盤拳、揉手同是太極修練，每盤一遍拳便積累了太極功夫。如果不按拳理拳法要求去做，談不到修練，更談不到功夫的積累。拳理告誡練家，盤拳和揉手，別無選擇的是「一舉動，周身俱要輕靈」。不輕靈，出手有力，拙力大，周身僵滯，這就不是太極拳。

前輩拳師說，太極無手，用手都不是太極拳，用拙力，這絕對不是太極拳，軟弱也不是太極拳。

(二)步幅要適中

什麼是正確的修練呢？身形應中正安舒，周身輕靈，頂上虛靈，且有精神。有人揉手，腿開得很大，認為兩腿開大底盤穩固，其實不然。如兩腿距離遠了，就不靈活；左右開大，前後不穩固；前後開大，左右不穩固，這是由你的站位決定的。

從力學上講，你的重垂線大於你的底盤，將受人制，站都站不穩談何輕靈？不輕靈就要僵滯，僵滯了，有個小孩也可以將你推趴下。

(三)重心的變換

揉手要注意的地方很多，陰陽、虛實最為重要。二人較技，誰重心變轉靈活誰就有取勝的優勢。初學拳的人，身形常犯「凸凹、斷續、缺陷」三大病，手上有「頂、偏、丟、抗」四種病。對方來手，有時真來，有時假來，真來是陽，接手一定要陰化解；假來的手，是虛來，此手

是「偵察兵」，來探路的，是審敵、聽勁、摸清對方虛實的。這時不要過早接應對方來手，要以虛對虛，不給對方一點機會，使對方「偵察無效」，乘勢引動對方出勁，如果對方周身鬆不下來，勁出來，便會失敗。

太極拳練家還有一個難以克服、經常受制於人的雙重。拳論云：「每見數年純功不能運化者，雙重之病未悟耳。」初學者常犯雙重之病，就是修練多年也難免此病。雙重，有雙臂、雙腳，但雙腳居多。有經驗的拳人欲避此病時，常注意腳下變換虛實、腳下重心的變換。但因訓練不得法，腳下也常以左右倒換。這種前倒後，左倒右的正腿變換重心，不合乎太極拳拳理拳法。準確的重心變轉，應該是減加法，先減後加。實腿是 10，漸減，9、8、7、6、5（雙重）、4、3、2、1、0 虛淨；虛腿加法 10，由虛變實，重心變換完成。開始不習慣，久之，自然習慣。

有了功夫，雙方接手，手上沒有動作，在對方不知不覺之中，重心變換，對方就失去平衡而失敗。

陰陽、虛實弄清楚了，變換虛實也解決了，拳理拳法對頭，這樣練下去，用功修練，如果練過幾年太極拳，再有一二年可以達到「由著熟而漸悟懂勁」的懂勁功夫。

七、觸覺訓練

關於神經觸覺訓練，多被拳師、教練忽略，有些拳友也不注重皮膚觸覺的修練，而前人提供資料也不多，因為古代醫學不發達，還沒有解剖學。

解剖學告訴我們，皮膚上密佈著難以計數的神經細

胞，這些觸覺神經像一個大公司的對外聯絡部，它們主管著外界的冷熱風寒、疼痛刺癢及意外的碰撞等等的感覺。身體與外界凡所接觸到的，神經細胞所能觸覺到的反應都快速向腦部傳遞，由腦部將收集到的資訊整理、儲存然後向外發佈指令。如落雨，指令穿雨衣或打雨傘，寒風襲來有涼意要加一件外衣。

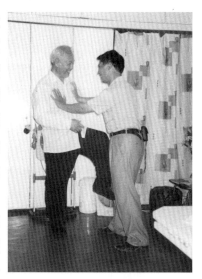

圖7　學生聽勁

神經從外界得到的資訊，在我們練太極拳者身上又有多於常人的功能。從解剖學得知，人的皮膚每平方公分大約有 7000 個末梢神經。手上的末梢神經極為敏感，手指觸到對方的手或肢體上，這便是「聽勁」，聽勁功能遍及周身。身上任何部位都可以「聽勁」，將觸到的一切急速輸入大腦，而

圖8　空。
空對方重心，對方腳軟蹲下

腦部經過排列組合，發出指令，手部迅速鬆弛化解對方來力……

「聽勁」是太極修練者獨有的特性，也就是太極拳練

家經常在鬆柔動態中運行肢體，所特有的「靈敏的觸覺」，也可解釋為太極拳人的特殊感覺，這就是「聽勁」。聽勁是觸覺修練，然而如何修練觸覺呢？

訓練方法是太極拳別於其他拳種的「用意不用力」「一舉動，周身俱要輕靈」的獨特拳法。觸覺訓練中如果不注意輕靈、鬆柔，以心行意，用意不用力，訓練不會有成果，手上有力就難以在觸覺功能上有任何突破。

筆者在本篇中從始至終講的是揉手藝術，而要達到的目的是訓練觸覺功能的敏感。如果想在太極拳王國獲得自由，一定要遵道而修，循拳理拳法陰陽學說，動則陰陽變化，否則就不是太極拳，會導致一生瞎練，一世盲求。練功要尊老子之道，「道法自然」。用拙力，就不自然，不自然什麼品位也沒有了。

太極揉手是藝術，是高品位的鬆柔動態運行藝術。在鬆柔動態運行中，兩人不倚不離，忽隱忽現，似接非接，在離虛的揉手過程中，皮膚和手指的觸覺功能就會得到很好的訓練。

但如果沒有共練武伴怎麼練習觸覺呢？一個人可以去揉鬆軟富有彈性的細小樹枝，也可以揉窗簾，或將衣服掛起來推揉衣服，都能收到修練觸覺的良好效果。

八、推手還是推腳

早在晚清時代，太極拳先賢在修練實踐中遇到推手的課題，看到練拳者在推手中互相用力有礙太極功法的修練，用力推有悖拳理的陰陽變化、輕靈、鬆柔等，遂在三

十六病手中，將「推」列為病手之一。可惜一二百年來，在太極拳圈子裏，未被引起注意，用力推手者日漸增多，推廣太極拳的拳理拳法受到阻礙。

筆者多次撰文，先後在武術刊物上發表了《不要去推手》《太極拳的幾種手》《太極無手》《渾身皆手》《練成空手》等文章，企望拳友不可在手上用力。

嚴格地說，「推手」對初學拳的人是一種誤導。因為他們對太極拳的歷史演變和各流派認識瞭解得不多，對太極拳的特點知之甚少，而對太極拳的博大精深也沒有足夠的研究。這時，如果引路人是明師，初學者所走的彎路不會太大；如果教授你的拳師不明拳理指導有誤，從第一天起，用力去推手，只能憑本力去撕皮擄肉，久之，推來推去都在推「手」。

前輩拳師有一句名言：「太極無手，渾身都是手。」如果仍在手上用功，不符合太極「形於手指」的根本，也背離了太極拳「用意不用力」的宗旨。

縱觀當前的太極拳推手，五花八門，用力較技的、輕輕找勁的、撕皮擄肉的、餵手發放的、手腳齊上搬跤的等等，多種多樣。其實，歸納起來也就是兩種手法：一種是本力加著法；一種是運用不熟練的虛實手。這兩種手法都犯了同樣的毛病，即身形上的缺陷、凹凸、斷續，手上的頂、偏、丟、抗，腳下的雙重等。

為什麼呢？因為有以上毛病者，未曾推手精神不能放鬆，一是怕被對方推出去，二是想把對方推出去。持這種心態去推手，心理上不能安靜，手上淨不下來，也難「神貫頂」。對方來手，迎上去用力手支住對方，身上凹回

去，精神和手雙雙頂住對方，來力和本身力都壓在自己身上，也就是砸在腳下，這種狀態無虛實可講，沒有鬆柔可求，只有「有力打無力，手慢讓手快」這條出路。

拳論云：「每見數年純功，不能運化者，率皆自為人制，雙重之病未悟耳。欲避此病，須知陰陽。」拳論還告誡拳人，你不知陰陽，周身不輕靈，只有被動挨打。要提高推手技藝，不要去推「手」，而是去推腳。拳論云：「其根在腳，形於手指。」道理清楚，無須贅言。

凡練拳多年的人，對學習拳論、悟解拳論，都是很下工夫地反反覆覆琢磨，悟太極的深奧拳理。太極高手有很多傳奇故事，聽來令人目瞪口呆。太極打法沒有固定模式，「出手見輸贏」，在高手面前，雙方一接手，弱手自覺渾身不得勁，即被擊出，沒有化解和思考的時間。這方面的原因很簡單，高手知陰陽明虛實，高手極柔軟又極虛空。感覺不到高手手上有力，是因為其根在腳下，腳變動反映在手上，「上下相隨人難進」，就是這個理。

從字面上看，揉手比推手更為鬆柔。從現象看，揉手錶現在二人一來一往習練，而變化在腳。這是揉手藝術，手上用力什麼藝術也沒有了。歸根到底循拳理，推手還是推腳？推腳！揉手還是揉腳？揉腳！揉手是腳下陰陽變化的藝術。

太極技擊修練篇

如果太極拳沒有技擊，便沒有生命力，也不會延續至今天。太極拳技擊不像其他兄弟拳種的技擊，要打上幾個回合，戰場上殺得昏天暗地不分勝負而鳴金收兵。

太極拳打人從零到一不用第二招，即出手見輸贏。

太極拳打法神奇而精妙，大約有四種打法，即以心行意，以意導體，以體導氣，用意不用力；以靜制動，以虛待實，後發先制；以柔克剛，陰陽相濟，化中有打；以小打大，以弱勝強，捨己從人，引進落空，引動四兩撥千斤。

一、太極拳技擊功能探究

提到太極技擊，令人興奮，也讓人激動。有很多人都想一睹太極技擊之精奧。清代楊露禪隻身進京，以太極之鬆柔，牽動四兩撥千斤，技高一籌，擊敗各路英雄好漢，人稱「楊無敵」。

從晚清、民國到新中國成立，半個多世紀，太極拳界出現過不少英雄豪傑。20世紀80年代相繼仙逝的京城三位太極拳巨人——壽星太極拳學者吳圖南大師、太極拳鬆柔藝術大師楊禹廷、楊式太極拳大師汪永泉，這三位拳家

的太極拳功夫都達到爐火純青的最高境界，但是，他們打人的故事極少極少。

三豐祖師遺論：「欲天下豪傑延年益壽，不徒作技藝之末也。」祖師爺是不提倡打人的。

太極拳能不能打人，有沒有「實踐」意義？成為圈內人議論的話題。太極拳當然能打人。特別是近年來黨和政府提倡太極拳養生，治療慢性病，很多慢性病患者、康復者誤認為太極拳是保健養生練的拳，這是對太極拳片面的看法。其實，太極拳不僅能打人，而且有更高層的技擊功能。太極拳打人，非不能而不為也。

太極拳是武術，經過多年的演變、發展、提高，從盛唐到晚清，已經達到完美的階段。太極拳理論寶庫中，有十分豐富的太極拳理論著作，如拳論、拳經、拳訣、拳解、拳法、拳要、要言等等，其中《太極拳論》曾指導了幾代人修練。如果太極拳不能打人，不具備技擊功能，也不會流傳到今天。

世界自發明瞭熱武器之後，冷兵器時代的歷史畫卷從此就翻了過去，武術對抗由當代搏擊、散打所替代，太極拳成為一種健體、強身、祛病、益壽、養生最佳的武術項目，受到世界人民的歡迎和喜愛。我們民族的太極文化被世界人民所接受、所吸納，為人類的健康做出貢獻，因此，人們漸漸淡忘了太極拳的技擊作用。

二、從技擊視角看太極拳

從技擊視角看太極拳，我們周圍有些朋友，看法有些

偏頗，總在能不能打人的圈圈裏轉來轉去。太極拳能夠走出國門，受到世界各國朋友的喜愛和關心的原因不是太極拳能不能打人，而是太極文化的迷人魅力。它那豐富、深厚的文化內涵，廣博精深的拳理，令人陶醉的弧線形練法，以鬆柔動態運行似行雲流水的韻律，顯現了它的美學價值。西方對太極拳運動的喜愛是因太極拳健體強身益壽的功能。

太極拳沒有國界，他們在習練中領略到東方太極文化博大精深之內涵，修練中得到健康，以及對潛能的開發。而且太極拳還登上發達國家的議會和總統府的大雅之堂，其原因都不是太極拳「能打人」。如果論打人，西方人還是去看每年的拳王爭霸、拳擊更富有刺激性和男性的雄健美。

當然，太極拳也確實是能打人的，因為它屬於武術，有絕妙的武功。我們的祖先為了生存，為了防範野獸的襲擊，防範的動作就是武術的原始動作。隨著人類不斷進步，社會前進了。各個朝代，連年爭戰，窮兵黷武，中國有了武術。武術向前發展，技擊水準不斷提高，進而有了太極拳。

經過長時間的改進和提高，尤其自明朝以來，經過幾代拳人的努力和完善，太極拳逐漸向廣博精深上發展，拳法日臻完善和精湛，太極拳理論日漸完備。

明代抗倭名將戚繼光教士兵演練太極拳，並用在抗倭戰鬥中，取得了輝煌的戰果。

以技擊的視角看太極拳，太極拳不但能打人，而且有神奇的巨力。婦孺皆知，家喻戶曉之名句「牽動四兩撥千斤」，就是太極拳的打法。此拳法橫掃武林英雄豪傑，使

「楊無敵」威震武壇。

太極拳技擊不是單一的，還有以心行意，用意不用力；以靜制動，後發先制；以柔克剛，化中有打等打法，使對手聞風喪膽。太極拳如果沒有技擊，就沒有生命力，也不會流傳下來。太極拳在武林中能有一席之地，並擁有眾多的習練者，太極功夫由此可見一斑。

三、什麼是太極拳的技擊

太極拳技擊，是多年太極修練功成的綜合工程，是陰陽變化、虛實、開合、動靜、鬆柔、輕靈，以及臨場應用的完整統一的整體反映；是體能訓練的「一舉動，周身俱要輕靈」的輕靈；是「陰不離陽，陽不離陰，陰陽相濟」的陰陽變化；是「極柔軟，然後極堅剛」的柔軟體能的狀態；是鬆柔，柔軟，遇外力攻擊，柔軟之後方可出現堅剛的太極技擊藝術。

太極拳技擊是「一處有一處虛實，處處總此一虛實」的虛實。是「一動無有不動，一靜無有不靜」「動之則分，靜之則合」的周身上下內外相合的動和靜，分與合。是「引進落空合即出」的合。這個「合」十分微妙，是檢驗練家是否從拳理、拳法，從盤拳修練中認識理解、明白了陰陽為母，鬆柔為魂的太極拳之真諦的標準。這個「合」十分難求。

我們探討的「合」是開合的合，是陰陽相濟的合，是「上下相隨人難進」的合，是「牽動四兩撥千斤」的撥即合。筆者在開篇，將太極拳層次分為小學、國中、高中、

大學四種，如果以層次區分，「合」是大學生或是「教授」的合。

　　請練家到公園體育場走走看看，看社會上練家們的技擊，多為實打實的力與力的較量，招式與靈活的較技，但除去手上的頂、偏、丟、抗和身上的凹凸、斷續、缺陷之外，看不到拳理拳法的陰陽、虛實、動靜、開合、用意不用力在技擊中的自然反映。

　　我們進一步深層次探討太極拳技擊，無論多麼高深的技藝功夫，都不會走出先賢在經典著作中圈定的名言：

　　「人剛我柔謂之走。」

　　「不偏不倚，忽隱忽現。人不知我，我獨知人。」

　　「由腳而腿而腰，總須完整一氣。」

　　「引進落空。捨己從人。從人不從己，從人則活。能從人手上便有分寸。」

　　「隨人所動，隨曲就伸，不丟不頂。用意，不是用勁。」

　　「秀若處女見人，肆若猛虎下山。」

　　「秀若處女，不可帶張狂氣，一片幽閒之神，儘是大雅風規。」

　　引經據典將先輩拳師對技擊的體驗摘錄給拳友練家參考。也許有人說太理論化、太空了。社會科學本該如此，老子傳道不傳藝，拳之經典亦是傳道不傳技。修練太極拳必須遵道而修，循太極陰陽學說，以拳理拳法規範動作，這是先賢的體驗，他們以「身知」「體悟」從真知中說理，以指點真諦。

　　老子在兩千多年前就指出我們的毛病，曰：「千里之

行，始於足下。」道理淺顯，好解易懂，而拳場上又有幾人練拳如學寫字先描紅模子，然後楷書。相信很多都是沒描幾天紅模子便懷素狂草起來。老子又說：「大道甚夷，而人好徑。」此話說的是同一道理，然而很多人一上路仍然大道不走揀小徑而行，走了很多彎路，可惜轉了幾道彎子並沒有轉出來。

有一位拳友練拳多年，鬢髮有霜，攤著雙手問我：「什麼是陰陽呢？」仍然在小徑轉悠，轉暈了頭，還是找不著北，也就是找不到太極拳的感覺。拳友們可以去探討，先賢的拳論雖然一看就明白，然而練就糊塗，上不了身。從先賢的名言中摘出一句能練到身上，你便是「大學生」了，可惜難以上身，應該反思吧？！連前人開闢的道理我們都走不好，談何繼承，更談不到發展。

如，「由腳而腿而腰，總須完整一氣」，這是開合之「合」。具體操作，全身放鬆，做到關節鬆，全身大小關節每節都鬆開，從腳到腰貫串一氣，再從腰到手貫串一氣，然後從腳到手完整一氣，從腳到頂貫串一氣，神、意、氣內外相合，全身內外成為一個完整的統一體，也就是我們所說的修練所追求的「合」，即渾圓一體。

說了很多，其實就是一瞬間即成為完整一氣、渾圓一體，你周身做對了，任人巨力來打你，你則巍然不動，他便站不住了，打人者便跌出。做到這一步，心態要極為平靜，極為平和，不想站牢站穩，不想抵抗對方，對抗對方，更不想打擊對方，自己站住，已經很好了。

但說起來容易，做到完整一氣、渾圓一體太難了！為什麼？因為平日並沒有遵道而修。站不住，站不穩，談何

太極解秘十三篇

技擊，話糙理不糙。如果真能認識、理解先賢明示，認真修練，能得到「引進落空，捨己從人」，你將成為太極高手，但難求，這是太極技擊的精華，希望大家探求。「道法自然」，說難似乎又不難，關要是有一個訓練方法。靜下來讀書，也許從書中能找到修練的方法。

四、太極拳技擊

筆者有幸見到過京城三位太極拳巨人，吳圖南、楊禹廷和汪永泉老前輩，聆聽過他們講太極拳的拳理拳法，從中悟出了一些淺顯的太極技擊道理，歸納出太極技擊有以下幾種打法。

(一)以心行意，用意不用力

技擊是練家多年修練的綜合功夫，是修練者從腳到手，從腳到頂的完整一氣、渾圓一體的功夫。體能狀態，放鬆周身從腳到手，鬆開九大關節且要做到節節貫串。神、意、氣十分平靜，安靜得以心行意，以意導體，以體導氣，以氣運身。

從理論上研究是「胸腹鬆淨氣騰然」「意氣須換得靈，能呼吸，然後能靈活。牽動往來，氣貼背，斂入脊骨，內固精神，外示安舒」。這是大學生的課程。

身上具備了「內固精神外示安逸」，已經做好了技擊的準備。技擊最忌三動，即動意、主動、妄動。如果有三動，我們前面說的都等於零，身上什麼都沒有了，只有散亂挨打。

對方進攻，你只管自己站好，安排好自己，不動絲毫，他的進攻就無效，遇空鬆之體，只有跌出，無勝路可尋。太極技擊是用意，不是用力，用力則敗。

(二)以靜制動，以虛待實，後發先制

以靜制動，不是隨便站在那裏等人來再伸手接應。筆者在《鬆功篇》中的「無極狀態」一節裏，將「淨」譽為太極拳的最高境界，心神意氣的「靜」也是相當高的境界。其實，修練太極拳的最高境界，就是將周身上下鬆空，肢體能達到淨，內外雙修的淨和靜。

以靜制動的「靜」，是指精神、心神意氣，是看不到摸不著但可以感覺到的氣質。這個「靜」，也指外形、周身肢體的淨，身上手腳鬆得很淨，手上乾淨。這要由練家根據自己多年修練的功夫，安排自己，自己去體會。靜與淨到哪個層次，說哪個層次的話。

如果筆者話解靜與淨的狀態，從內修體會，經絡活躍，血管暢順，脊椎有脹熱感，每個大關節虛靈，頂上有種虛靈的精神，使人有挺拔感，周身渾圓一體有騰虛之感。周身皮膚似一個向外充氣的球，或似撐開的傘。

靜下來之後，周圍形成半米至一米直徑的「場」，這個場，就是圈內練家常說的「太極圈」，功夫層次高，周身鬆柔透空者的場直徑還要大一些。它對將要進入這個「場」的人影響頗大。對方會感覺胸悶，頭不爽，腳下不穩，覺得面前有一道看不見的「透明隔板」，有阻力、邁步困難。如果想向「靜」進攻，還未發力，已被拿起，飄浮而被擊出去。

(三)以柔克剛,化中有打

「以柔克剛」一語,是武術的術語,廣為人知。然而在太極拳技擊運用中,只有較高層功夫的修練者能將之運用自如,一般層次的練家不好把握,也許有人不解其意。「以柔克剛」的技法,在太極拳的技擊運用中,是無形無象,不是躲閃。體能狀態與以靜制動相同,沒有空鬆的肢體,難以駕馭和運用以柔克剛。

如攻擊者向甲胸部撲來,甲的胸部空鬆,準確地說是全身透空反映在胸的局部運用。對方撲空了,一口氣丟下,正欲吸氣,由陽式變陰式後撤時,甲以意,即神、意、氣三合一趁勢而去他的後方,不費分毫之勁,彼自跌出。這是太極拳陰陽變化之理,並不神奇,可惜一般練家不知此理。

層次高一點的後撤半步再順勢發出,次之,接住對方

圖9 對方進攻急,半邊身子虛　圖10 拿得起,才可放出去

來勢，實實在在給對方當一根拐棍，於是兩人頂絞在一起。練家應從第一個戰例中，吸取自己需要的養分。

體能狀態達到全身透空者，能以鬆空化解來力，能運用用意不用力，以靜制動，以柔克剛。這種狀態的修練者已達到較高層次的鬆空功夫。以傳統的說法，他們已經達到「身上明白」的境界。所謂「身上明白」，不是心腦明白，更不是說理明白，而是太極鬆柔功夫在身上的反映。

關於「身上明白」，傳統稱謂為「身知」「體悟」。達到這個境界的拳家並不多見。他們經過多年的苦修、酷練，在太極陰陽變化中，認識再認識，理解再理解，實踐再實踐。經過長期而痛苦的修練，跨越陰陽、虛實、開合、輕靈、中正安舒、用意不用力、虛實變轉、八門五步十三勢、動之則分、靜之則合的不偏不倚、忽隱忽現的騰虛階段，將心神意念修練得安安靜靜，將周身肢體大小關節修練得空鬆虛淨。

身體練空了，手練空了，「關節要鬆，皮毛要攻，節節貫串，虛靈在中」，正是「身上明白」的狀態，與拳論中的「妙手空空」，《授秘歌》中的「無形無象，全體透空」等先賢的明示相合。

(四)以小打大，以弱勝強，引動四兩撥千斤

「以小打大，以弱勝強」是人類期盼的神功，特別是弱小的民族，或者是身弱力單的女子，同樣希望哪位大師能在她們身上注以神力使之能挺身自衛，這僅僅是一種善良、美好的期望。「以小打大，以弱勝強」，只是說得容易，實際操作有難度，但並不是不能做，還是以操作人的

功夫而定。

前面我們介紹的三種打法，操作人達到「無形無象，全體透空」「妙手空空」的層次，「以小打大，以弱勝強」是根本毋庸置疑的。

「四兩撥千斤」一語用於太極拳技擊和「以柔克剛」有同等意義的功效。但是，四兩是撥不動千斤的，前面加「牽動」二字。對方撲來為陽，牽動為陽，有悖太極拳陰陽變化之理，改為「引動」為佳。因為「牽」當拉動講，牽拉為主動有力，不符合拳理的「捨己從人」「彼不動己不動」。如果對方功高一籌，在你一牽一動之間，人家早已操勝券。「引」動為陰，以「捨己從人」引對方進來，使其落空，對方當然要失敗。

「撥」為「合」，《打手歌》中有「引進落空合即出」之句。我們的先賢在寫拳論時是在幾百年前，那時教學落後，通訊方式靠口頭傳播，印刷在民間幾乎為零，群眾文化落後。照顧到人們的說話習慣和傳播的方式，傳播的內容要短句，有轍有韻朗朗上口，「牽動四兩撥千斤」比「引進落空合即出」上口，好記好背傳播得快。經過幾百年的流傳，是最好的驗證。

「引動四兩撥千斤」解決了太極拳的重要戰術，為以小打大、以弱勝強提供了理論依據，開拓了戰略思想，拓展了戰術打法。

書中雖然歸納出太極拳技擊有四種打法，但並不是定論，在技擊中會有更多的打法，靠廣大練家總結傳播。其實從拳理講，太極本無法，動即是法。有的練家在講課時為了說得熱鬧、吸引聽眾的注意力，講解雲手是破打嘴巴

的，撤身捶是將攻方背起摔倒或將對方肩關節摘掉，提手上勢是以腕打對方下頜的，等等。

這麼講，僅僅是熱鬧而已，因為人是極為靈活的，一個人將一個人摔倒是件十分困難的事，誰也不會傻呆呆站著不動等別人將他背起摔倒。

五、太極技擊的幾種手

當今在各公園太極拳圈子裏技擊推手開展得很熱乎，技擊推手可鍛鍊身體，又有競爭性，能使人精神上得到滿足，心理十分愉悅。但是，這是健身娛樂，如向深層技藝追求，尚需循拳理拳法規範動作。從群眾性技擊活動中看到，拙力手、病手、招手有待規範和提高層次。

(一)拙力手

《打手要言》中說：「關節要鬆，皮毛要攻，節節貫串，虛靈在中。」拙力手者並未練習過太極拳，或初涉拳場將起步習練，一套拳甚至還練不下來，對太極理論知之甚少，初涉武術喜愛推手。不知關節要鬆，不明虛實，伸出雙手全用的是後天之本力。上肢腕、肘、肩關節僵硬，與人較技呼吸急促，腰胸僵板，下肢胯、膝、腳僵直。雖身強力大，往往站立不穩，常常被人借力使勁跌出，很難取勝。他們貪功好強癮大，見誰跟誰推，越推身上越僵，腰上越板。

初涉拳場，對太極拳及太極技擊有極大興趣的同好，在習練中如果虛心好學，再讀些相關書文，對太極拳的拳

理拳法有所頓悟，是可以練好太極功夫的。因為這些朋友心理乾淨，身上很少框框，思想沒有束縛，可以輕裝前進。

(二)病　手

初練拳的人身形手勢還不能完全去掉本力，周身還不夠協調，身上不明「上下相隨」「內外相合」，與人較技還不懂「用意不用力」，或掌握不準確。伸手架住對方的手，給人家當「拐棍」，出現「頂、偏、丟、抗」的毛病，雙方一動，身形出現「缺陷、凹凸、斷續」的弊端，疲於應付，周身力不從心。在這種不利形勢下，諸如雙重、雙浮、偏輕偏重、半重偏重、半浮偏輕、半沉偏沉、半浮偏浮等病不斷在身上手上出現。這些病手不去掉，很難達到太極高層次、高境界的彼岸。

患有各種病手的朋友，已涉足太極拳圈子有些時日，練得多理論研究少。想從實踐獲取真知，其他門類的學科也許可以，但太極拳不成。

因為拳理拳法沒有變通的餘地，陰陽學說規範極為嚴格，拳藝嚴謹。如果不是循規蹈矩，多練也無效，「差之毫釐，謬以千里」。

處於這個階段，去掉一切病手，循規蹈矩修練還是很有希望的。

(三)招　手

經過幾年修練，太極拳的技藝有所提高，在與人推手較技時，能按照所學的太極拳套路拆開各勢，應用於技擊實踐之中。對方正面進攻，他們可以運用「左重則左虛，

右重則右杳」將對方從左或右方空捽出去。對方單手進攻，以「雲手」破。單手正面攻來，上前「撲面掌」，手心對準對方臉的中央部位。對方從側面進攻，又以「撇身捶」擊之……總之，學了就用，以套路的招法攻防。

但是招數運用極佳的朋友仍然對陰陽運用不夠純熟，招勢動作過大，對付一般人還可以應用，遇到高手很難發揮，須進一步修練。做到「四梢空接手，一接點中走」，無形無象將對手擊出。潛心研究，進一步修練，太極功夫上身不會太遙遠。拳人以招手破招已具備太極初步功夫，要多訓練自己用意，不用力，對方攻來為陽，你以陰化解，比以招破之要快得多。

(四)強　手

在太極拳推手的人群中，一般講都有一兩位強手在此練拳圈子中「稱王」。他們不是老師，而在幾位拳人中，他們的功夫是最好的，追隨他們的拳人，都向他學習，被強手推捽得蹦來跳去，心悅誠服。

我們稱這些人為強手，毫無貶意，他們練過多年太極拳或別的拳，站樁、摔跤無所不練，手腳俐落，腰胯靈活，人高本力大，圈內人稱他們為「功力大」「份大」。總之，這些朋友有一定優勢：年齡優勢、功力優勢、招數優勢、本力大優勢以及多年推手的經驗。

他們與人較技推手常勝不敗，也給拳友們講拳，但因對太極拳體會不深，講不出高深的太極拳道理，有的甚至說：「與太極拳論反其道而行之。」他們的推手功夫，有本力有招法，缺少的是陰陽虛實，身上是力、勁、招法的

混合體；感覺不到也「聽」不出有鬆柔、虛實的太極功夫。

強手朋友們周圍有不少拳友，每日上班前下班後聚在一起「玩玩」，很少切磋技藝和探討拳理，只注重技擊實戰。較技中找樂趣，推手中得健康，攻防中找精神愉悅。

他們的功夫與高手拳家僅一步之遙，但不想再重新規範自己，就此找樂交幾位拳友，也就心安理得。

(五)高　手

高手朋友對太極修練從理論到實踐，盤架子推手都體現出鬆柔的太極功夫，拳藝水準極高。太極高手出手虛實清楚，一動無有不動，一靜無有不靜，腳下功夫極為扎實，他們與人接手，腳下變化使人不知不曉，身上手上無形無象。與對方接手，對方已失去重心被沾起，也就是被拿起，只等著被發放出去。

高手拳師把你放下，或發出去拉回來，哈哈一笑，甚為歡樂，這就是太極高手的風采。

我遇到幾位太極高手、大師，他們並不滿足自身的功夫，都認為學無止境、活到老學到老。一位對太極拳頗有研究的作家在《太極拳講義》的「跋」中寫道：「練太極拳，練的主要不是拳腳功夫，而是頭腦中、心靈中的功夫，如果說『以智勝力』，恐怕還是說得淺了，最高境界的太極拳，甚至不求發展頭腦中的『智』，而是修養一種淡泊平和的人生境界。」

六、關於太極勁

在太極拳圈子裏，談到大師的功夫，也常常提到某大師冷勁好，某大師斷勁讓人嚇一跳，某大師截勁漂亮，你勁沒出來，被大師截住，胸憋氣悶十分難受，云云。

(一)太極拳有勁論

真有太極勁嗎？怎麼練太極勁？

筆者不知道別的大師、教練、太極拳理論家如何回答這兩個問題，如果讓我解答，我會肯定地告訴問方，沒有太極勁！

沒有太極勁令人難以置信，因為蜚聲中外的太極拳大師都有有關於這方面頗具影響的著作，著作中關於勁法有滾、錯、折、磨、彈、冷、正、側、定、斷、刀、鋸、拍、撣、拽、擎、踏、重、離、披、閃、擔、搓、歉、黏、隨、拘、拿、板、軟、推、掩、撮、墜、續、掤、摟、擠、攤 39 種勁。

在先賢的古譜太極拳經典中，除《搊手十六目》的十六種勁之外，還有縱、橫、高、低。《六合勁》有擰裹、鑽翻、螺旋、崩砟、驚撣、抖搜。還有很多很多，勁法在太極拳經典古譜中多有收錄。

在太極拳經典著作和當代拳師的專著中，在眾多的傳抄文字中證實，確有太極勁記載。

(二)太極陰陽不言勁

筆者從學京城鬆柔藝術大師楊禹廷的八十三式太極拳，老拳師從來沒有指導過我們練勁，也從不說勁。沒有太極勁，那為什麼著書立說及傳播中證實有太極勁的存在呢？那僅僅是文字記載，是理論上的探討，是拳師在教學中的術語，如果刻意去練勁，是十分困難的。看周圍拳友有哪一位練出什麼勁，能夠與書上講的勁相吻合，能夠看得見，摸得著，學有法，用有章，使即靈，用有效？有人學人會人用人靈的勁法嗎？沒有，絕對沒有！

有人也許在頭腦中產生了問號，先賢在經典中言明有多種勁，當代大師著書立說有多少多少種勁，你為什麼說沒有勁？

太極拳不是中藥店，大堂有幾百個抽屜，外面標明記憶體什麼藥，由中醫大夫開具藥方，交藥店服務員，一味一味抓齊配全包好，抓藥的全過程結束。如果買一味藥，更為方便，過程不減，但一味藥只抓一次。如果我們拳師學一種勁就比較困難，學 10 種就不像抓藥那麼簡單。就算學練者悟性好，聰明，領會能力超出一般人，一種勁也要學練一年，39 種勁學練 39 年，從 20 歲到 59 歲學成畢業，39 種勁能不能實用另當別論。

習練勁是困難的，原因是在沒有太極勁的狀態下，學練太極勁當然困難，這麼說，勁是不是一種誤解和誤導？

從拳理拳法研究，太極拳沒有勁。太極拳的本質是什麼，在《太極拳論》中開篇講得十分清楚、明白，「太極者，無極而生，陰陽之母，動靜之機也。本是捨己從

人」。從《太極拳論》的精華理論中，找不到練勁的根據，而論打的《打手歌》中，也找不到勁的存在，只有「引進落空」之句。太極拳博大精深，從拳理拳法的修練過程中也找不到練太極勁的方法。

現在可以深層研討，先賢說到的勁，我們還不甚理解，單單就勁論勁未免顯淺。如果現代職業拳家提到勁，從教學視角望過去，是可以理解的。

練勁與拳理拳法背道而弛，也有悖太極陰陽學說。太極拳的拳理，源於《易》之變，老子的「空無之道」「道法自然」，也不允許強力去練勁法。

(三)太極勁的說法從何而來

沒有太極勁，「勁」說從何而來？

在破解「勁」秘之前，還要說說太極拳鬆柔功夫與勁的不同之處。

勁是力又不同於本力，是技巧之力，是太極拳技術之力，通稱勁。其實，勁也是力，與太極拳的陰陽、虛實、鬆柔、開合等拳藝相悖，與太極拳最高境界空無相悖。

太極拳家的最高境界應為拳論《授秘歌》中規範的體能，如「無形無象，全體透空」。所謂全體透空，為全身九大關節及各個部位、小關節都要鬆開，心神意念鬆，周身肢體鬆。按道家對鬆淨學說的要求，體能應為「中空道通」狀態。是「極柔軟」、極「輕靈」的狀態，也就是周身空鬆狀態。如果練勁，體能不可能有空鬆的狀態，周身的大小關節也不可能鬆開。

練勁和太極拳鬆柔是水火不相容的兩種不同的訓練方

法，從根本上講，基本理論也是互相對立的，從太極拳的拳理拳法講，太極功法中，沒有練勁的訓練方法和理法的篇章。

高明的太極拳大師周身鬆淨透空，在他手上身上什麼東西也摸不著，攻者發出什麼勁也攻不破大師空鬆之身體。其實，太極拳高境界階段，空鬆且完整一氣，周身渾圓一體，什麼勁也沒有。

那麼，太極大師的勁又是怎麼出來的呢？是學生進攻者體會出來的，在攻與防中進攻者體會出老師的各種勁的學生弟子，修練有一定年限，明拳理拳法，從道理上能講出幾種勁。其實，高明的拳師與對方較技，只是以無極狀態站好自己的位置，以空鬆的腳、騰虛的狀態、空鬆虛靈的雙手等著對方出手。弟子的鬆空功在老師之下，伸手勁出不來，譽老師截勁，有的體會為斷勁，什麼墜勁，腳下虛飄是拿勁，等等。

某師截勁好，某師斷勁好……傳得很快。其實，這位拳師空鬆著肢體，什麼勁也沒有，這是技擊藝術，是高品位的動態運行藝術。如果拳師真要發放出什麼勁什麼勁，他身上就什麼勁也沒有了，這就是太極拳其玄、其奧、其妙、其精深之處。

周身空鬆的拳師，應該是高層次功夫的修練者，他周身具備陰陽、虛實、開合、輕靈，諸如九大關節空鬆虛靈，且節節貫串，身上「全身透空」。具備前文描述的「以心行意，用意不用力」，「以靜制動，後發先制」，「以柔克剛，化中有打」，「以小打大，以弱勝強，引動四兩撥千斤」，自身無形無象。他是以陰待實，以靜制

動，以虛待攻，以空接彼。進攻方能夠體會老師身上的各種勁，也就是未發出勁的勁。

如果修練者拳師身上空鬆未達到全體透空的水準，想加些動作以顯示自身發勁之威力，進攻者就絕對體會不出清脆柔韌之勁。弟子不是循規蹈矩從盤拳中積累陰陽變化之功夫，而背師去練勁，結果關節練僵肌肉練死，心態僵緊，出手有力。正如老子講的活人死肉，「人之生也柔弱，其死也堅強」，練勁的結果將自己練成一根棍。練家不可不察，不可不詳辨。

七、技擊訓練

談到技擊訓練似乎無話可說。京城太極拳鬆柔藝術大師楊禹廷說得極為精妙，他說：「太極拳就是一陰一陽兩個動作，一通百通，太極功夫都在拳裏邊。」只要練太極拳，功夫都在拳裏，還需要懷疑嗎？

練家循規蹈矩練拳，便一通百通了。練家一定要修大道，走這條大道，小徑是沒有的。如果一定要學點技擊，那麼，只是半功半招，半法半勁，只是些小手法。以技擊十步說法，以試身手：

技擊十步

一步　逢來必合　身不動，手不動

對方攻來，不要以勢、以力、以勁、以神、以意等著迎戰對方。這樣必然從精神到周身，從意念呼吸到四肢手腳都僵緊。請自己安排好自己，心理安靜，盡自己功力，

腳下雙輕，肢體鬆鬆，手上儘量空空什麼也沒有，身不動手亦不動，以無極態勢等對方進攻。

對方的攻勢可能停下來。

二步　逢急空接　身不動，手動

對方急攻，不進不退，腳鬆，頂上虛靈，鬆腰空胸，伸出雙手，兩掌舒展不著力，儘量做到手上空接，起碼不主動接對方的進攻手而是等他的手攻來。

對方減緩速度，不敢貿然急進。

三步　逢硬遙接　身不動，手起停動

對方來橫的，鼓足渾身巨力，其勢洶洶，強硬撲來。還是老狀態，腳鬆貫串到頂，頂上虛靈有神，周身鬆空，手上空靈，鬆腰空胸，雙手起與肘平，先以氣勢壓住對方。在對方身後不遠處找一目標，意念、視線、手指的方向都指向這一目標，所謂三點一線制強敵。

對方的進攻將停止，碰到你手將向後跌出。

四步　逢猛化打　身不動，手不動

對方猛衝過來，身體仍然放鬆，安排好自己，心理安靜不要想著教訓別人，也別想打擊對方。只要自己鬆空自己，對方進攻即受阻。他打什麼部位，什麼部位鬆接，摸到手上也如此。在接觸部位化解對方來力，逢化必打。

對方進攻慢下來，接觸在哪裡哪裡反擊。

五步　逢丟必打　身不動，手動

與對方接手，自己在接手之前以陰勢狀態站好位置，雙方接手，對方攻勢落空，已經從腳到頂感覺不舒服了，對方的心神意念有動意——想跑。想跑是丟，要抓住戰機，對方跑我就打。怎麼打，直來橫打，亦可以向左右兩

肩上或左右兩腳後方下打。

攻不破便走，見丟便打，抓住戰機。

六步　逢凹填實　身不動，手動

兩人較技，自己站好，安排好自己，以逸待勞等對方來攻擊。對方進攻前你的身形已成為陰柔狀態，對方攻勢為陽，攻不破即退。敵退心先退，身形上成為凹形。逢凹便打，將對方凹進的部位填實，對方便會被動挨打。

敵入我鬆，見凹追著打，打他凹的部位。

七步　逢凸虛接　身動，手不動

對方主攻，突然攻擊。我仍靜心對陣，以空虛戰術從腳到頂虛靈，頂上充滿精神，腳下空鬆，手上空空。虛接就是不接來手，空得對方呼吸困難，前栽跌入意念設計的「坑中」。

對方攻來我空鬆，遇空即翻，似蹬空踩翻。

八步　逢斜正打　身動，手不動

對方斜向進攻，要調整自己的方向方位，堅持中正。使對方斜來之力落空，接觸部位的手不動，上步取勝。

調整方向方位，中正迎住對方，斜來正打。

九步　逢頂不丟　身不動，手不動

兩人較技膠合在一起，互相出勁便頂牛或撕皮擄肉。沒有陰陽、虛實、開合變化的藝術內涵，從外形看缺少大雅風範。對方出力，我方沾連黏隨不丟不頂，對方出力便會自找沒趣。

對方出力主動出擊，沾連黏隨是取勝良方。

十步　逢壓貼打　身動，手不動

對方來勢兇猛，快速推到身上，壓在臂上。站好位安

排好自己，虛鬆腰胯使自己先站中正，在接觸部位，搭開被制之接觸點，不丟不頂，鬆開接觸點，貼住對方變被動為主動，這便是貼打。

鬆開接觸部位，以貼打解除困境。

「技擊十步」介紹到此，暫告小結。「十步」只是在不同環境中，化解對方攻來之勢，使自己轉危為安，不取主動進攻之勢。

八、孫子與技擊

《孫子兵法》是古代一部光輝的軍事著作，被列為武經七書之首。

這部兵書的作者孫武，尊稱孫子，春秋齊國（今山東省一帶）人，和孔子同時代。他出身於兵家，他的祖父和父親都是齊國大夫。西元前五百多年，孫武從齊國到吳國（今江蘇省一帶），在吳國任將，這時，孫武的兵法十三篇已誕世。孫子結合吳國多平原與內河的特點，為吳王訓練軍隊，打敗了強大的楚國（今湖北和湖南北部）。

孫子兵法十三篇內容極其豐富，歷代帝王無不拜諳熟孫子兵法的武將為帥。從古至今，知識本無國界，一部中國古代兵書，早已傳遍全世界。我國的東鄰、一衣帶水的日本，從古代始便得到了《孫子兵法》，視這部兵書為「兵學聖典」「世界古代第一兵書」。日本軍界上層普遍學習，並熟讀它。

孫子在歐洲也有崇高地位。翻開近代史，法國皇帝拿破崙懷揣《孫子兵法》率領法蘭西軍隊向歐洲進攻，登上

大俄帝國的領土，並殺向莫斯科；德皇威廉二世在世界大戰中失敗，失敗後他有幸讀到《孫子兵法》，讀後感慨萬千，他說，「如果20年前能看到這部中國兵法，今天不會如此慘敗」。

《孫子兵法》問世已有兩千多年了。我們太極拳人也該讀一點《孫子兵法》。如果我們只是在拳場埋頭苦練，不去橫豎看一看中國的文明史，恐流汗再多也不會有什麼大的成就。我們的先賢陳鑫大師在《學拳須知》中，教導學子：「學太極拳先學讀書。書理明白，學拳自然容易。」他以一生習拳之體會，諄諄告誡後來者，我們習武之人並不是四肢發達、頭腦簡單者。習拳明理要先讀書方可得道。

古代並無「學者」一詞，從武文化寶庫中看到，學者拳家為我們留下了豐富而珍貴的文化遺產，僅以《中華武術文庫》古籍部出版的《太極拳譜》為例，全書十幾萬字，收入太極拳拳論、拳譜、拳歌、拳解、要解、說略、秘訣、八要、勢架、拳訣、要言、圖解、經訣、歌訣、約言、歌解、心解、十要、功法、明法、八字功、用解、武解、勁解、長拳解、顛倒解、太極解、三成解、武事解、正功解、浮沉解、四隅解、腰頂解、五氣解、根本解、分毫解、存亡論、刀訣、刀贊、行功訣、用功訣、虛實訣、亂環訣、陰陽訣、用功歌、授秘歌、無極歌、太極歌、剛柔歌、拳經譜、俚語、經論、權論、推原解、拳用說、纏絲精論、纏絲勁論、十六目、三十六病等等。從豐富的文化遺產中不難看出，太極拳博大精深說是有其根據的，如果古代先賢都是一介武夫，恐難以往下傳遞。先賢拳家給

我們留下大量的多彩而光輝燦爛的文化遺產。

太極拳呼喚學者。拳人以心意授受拳藝，舉手投足從之於理，太極先賢教旨：「打拳打個理」，凡事貴乎理明，拳術更為如此。武人亦應以文會友，不以腰壯臂粗論高低。

所謂「學者」，飽學之士也。每天練拳遠遠不能也難以駕馭博大精深之太極拳。「學太極拳先學讀書」，這一個「書」字並非指僅僅讀些拳經、拳論，如果太極拳練家連拳論也不讀，實在令人遺憾。

有一位小有名氣的練家撰文，他在文中寫道：「我就不相信用意不用力，你用意打我一次。」用意，不要用勁，是先賢李亦畬大師在說解中一句最為重要的拳理，已成為太極拳理論普遍真理之金句。「用意，不要用勁」，反映太極拳之特性，不明此理如何練太極拳？學拳先讀書，但僅讀拳書是不夠的，我們練拳人要廣學博識，博採眾長，涉獵百家，讀書要廣且雜。不妨讀些中醫藥學、解剖學、人體科學、經絡學、心理學、哲學、天文學、邏輯學、美學、文學以及老子、莊子、孔子、孟子、佛學、道學、《易經》和《孫子兵法》等古典文獻。

太極拳人應從《孫子兵法》開蒙，學習兵書，以充實自己的智慧，加深對太極拳的認識和理解。通讀之後，重點研讀兵法第六《虛實篇》，此篇與太極拳的陰陽、虛實極為吻合。

太極拳講究虛實，孫子用兵以虛實為本。他說：「夫兵形象水，水之形，避高而趨下，兵之形，避實而擊虛；水因地而制流，兵因敵而制勝。故兵無常勢，水無常形；

能因敵變化而取勝，謂之神。」太極技擊，打虛不打實，也就是打動不打靜。雙方技擊，對方在靜態中，腳下樁功牢固，身體軀幹四肢嚴陣以待，堅實得像一座「城堡」，貿然進攻，犯了攻實避虛之忌。

太極技擊在戰術運用上，應該按孫子兵法「避實而擊虛」的法理運動，採取「打虛不打實」的戰術。對敵人虛實不瞭解，貿然攻擊敵人堅實的「城堡」，十次會有十次失敗。如在雙人技擊中，對方雙手攻來，左手虛右手實。我左手接住他右實手，不丟不頂不動，而右實手打對方的左虛手，怎麼打怎麼有十分自由，這便是「打虛不打實」。

老子在空無之道的論述中也講到水：「天下莫柔弱於水，而攻堅強者莫之能勝，以其無以易之。」古代的思想家、哲學家，他們的思想相通相承，有著深厚的內在聯繫。這些著作文字雖然並不華麗，自然樸素，但道理深邃，給人以極大啟發。只有吮吸古代思想家的「乳汁」，才能補充自身的營養不良。

讀老子、孫子、孔子等古代思想家的經典，進一步認識和理解太極拳的拳理拳法，能使我們變得更聰穎，更睿智。武人修練，讀文人的課程有百益無一害，多讀書是一大樂趣。

附　孫子兵法第六《虛實篇》

凡先處戰地而待敵者佚，後處戰地而趨戰者勞。故善戰者，制人而不制於人。

能使敵人自至者，利之也；能使敵人不得至者，害之也。故敵佚能勞之，飽能饑之，安能動之。

出其所不趨，趨其所不意。行千里而不勞者，行於無人之地也。攻而必取者，攻其所不守也；守而必固者，守其所不攻也。

故善攻者，敵不知其所守；善守者，敵不知其所攻。

微乎微乎，至於無形，神乎神乎，至於無聲，故能為敵之司命。

進而不可禦者，衝其虛也；退而不可追者，速而不可及也。故我欲戰，敵雖高壘深溝，不得不與我戰者，攻其所必救也；我不欲戰，雖劃地而守之，敵不得與我戰者，乖其所之也。

故形人而我無形，則我專而敵分；我專為一，敵分為十，是以十攻其一也，則我眾而敵寡；能以眾擊寡者，則吾之所與戰者，約矣。吾所與戰之地不可知，不可知，則敵所備者多，敵所備者多，則吾所與戰者，寡矣。

故備前則後寡，備後則前寡，備左則右寡，備右則左寡，無所不備，則無所不寡，寡者備人者也，眾者使人備己者也。

故之戰之地，知戰之日，則可千里而會戰。不知戰地，不知戰日，則左不能救右，右不能救左，前不能救後，後不能救前，而況遠者數十里，近者數里乎？

以吾度之，越人之兵雖多，亦奚益於勝敗哉。

故曰：勝可為也。敵雖眾，可使無鬥。

故策之而知得失之計，作之而知動靜之理，形之而知死生之地，角之而知有餘不足之處。

故形兵之極，至於無形；無形，則深間不能窺，智者不能謀。

　　因形而錯勝於眾，眾不能知；人皆知我所以勝之形，而莫知吾所以制勝之形；故其戰勝不復，而應形於無窮。

　　夫兵形象水，水之形，避高而趨下；兵之形，避實而擊虛；水因地而制流，兵因敵而制勝。故兵無常勢，水無常形；能因敵變化而取勝者，謂之神。

　　故五行無常勝，四時無常位，日有短長，月有死生。

太極拳學博大精深，從古至今折磨、困惑著千百上萬的追求者。一代代拳人，糊塗明白，明白糊塗，似乎是一個怪圈。到咱們這一代拳人，比老祖宗聰明好多，多少弄明白了太極拳的一二三，進而又知道了四五六。

太極是個大，無限大，沒邊的大，太極拳練的就是大。但沒有小哪來的大，有大有小才是科學，我們要尋找小、研究小，這個小也就是太微拳學，發現和研究太微拳學離七八九也就不遠了。

一、什麼是太微拳學

當前，研究太極拳、習練太極拳的人比較多，國內國外，凡有人的地方就有人練太極拳，而研究太微拳學者人數不多。其實，有多少人習練太極拳就應該有多少人研究太微拳學，從人數看應成為正比。

研究太微拳學，說到底是太極點學，也就是常說的「點」，有成就的太極大師說，功夫到上乘，要走點。什麼點？「點」是什麼？

太極拳先賢對於太微拳學早有研究和提倡。清代太極拳大師陳鑫在《太極拳推原解》中云：「放之則彌六合，

卷之則退藏於密。其大無外，其小無內。中和之氣，隨意所之。意之所向，全神貫注。變化猶龍，人莫能測。運用在心，此是真訣。」這是從先賢拳理中所能讀到的有關太微拳學的經典。

「其大無外」好理解，我們習練太極拳多年，意在外，想多遠便是多遠；想無限大，便可以無限大。視線看多遠便是多遠。而「其小無內」則難以令人理解。「卷之則退藏於密」也屬其小無內，小到甚至都摸不著看不見，退藏於密也是收至無影，難以見形。這是我們要探討的太微拳學。也就是太微點。

二、關於「點」

筆者學練、研習太極拳三十多年來，親口對我說到太微拳者僅有兩位拳師。

第一位是京城太極拳鬆柔藝術大師楊禹廷老前輩。有一次在他家，我攬上他手腕，感覺手攬空了，食指根部像有一個小小的錐子尖紮住，我心裏有欲跌出的恐懼感。他舒展手，笑著對我說：「這是點。」

第二位是京城著名楊式太極拳家汪永泉大師。我年輕時學拳遍訪名師大家，與汪永泉大師交往多年。第一次拜訪永泉老時我告訴他，我跟楊禹廷老學拳，「來看望您是崇拜您」。後來跟幾位拳友到龍雲舊居聽汪老拳師說拳，再以後在貢院南口聆聽汪大師論道，他斷斷續續說過走「點」。他的制人拳訣：「接手四梢空，一接點中求。」他說到技擊，在揉手的發拿打化中，提到「實點」「滯

點」「聚點」「空點」「拿點」等點的運用。後來，關於點的學說寫進汪永泉授課的《楊式太極拳述真》一書中。書中介紹了「四段五點」。

五點部位名稱：頂點，位於咽喉下方。上死點，在頂點和靈活點之間。靈活點，相當於人的心口處。下死點，在靈活點和下垂點之間。下垂點，位於兩胯之間。向世人學子披露楊式太極拳技擊拳法之精華，為找不著感覺的拳人解惑實為善舉。

楊禹廷老拳師講的「點」與汪大師論的道有所不同，他說的「點」沒有固定位置，周身上下都是點，摸哪兒哪個部位便有點，陰陽相濟，遇陽而陰，逢陰陽顯，點點能化解來力，點點俱打。

點運用到如此自由純熟階段，單單說點已經不夠，需要昇華，而研究的課題，就是太微拳學。

三、在什麼狀態中有「點」

先輩太極拳大師為我們開闢了太極拳學的天地，這是先賢給我們留下的珍貴的文化遺產，需要我們認真地繼承和發展。

我們進行太極拳學的研究是很有意義的，如果太極拳人都注重太微拳學的研究，就會將太極拳的總體水準提高一步，上升到新的層次。因為太極拳人具有點的感覺後，他的功夫就不是一般水準，首先鬆柔功夫修練應超出一般，具體說，他要達到空鬆腰胯的層次。因為太微拳學拒絕本力，不喜拙力，拳人鬆開九大關節，周身鬆柔，身上

才有可能出現太微點。

四、科學的太微拳學

在太極拳經典中，有「一舉動，周身俱要輕靈」「由著熟而漸悟懂勁，由懂勁而階及神明」兩句。以此兩句拳論，試將太極拳分為四乘功夫，即「輕靈」為初乘，「著熟」為下乘，「懂勁」為中乘，「神明」為上乘功夫。從實踐透析，盤拳能到初乘也是不容易的。

初乘功夫的修練者身上，手腳肢體的本力退得比較乾淨，盤拳有輕靈感，外人看著協調，整體動態運行上下相隨。到下乘層次，盤拳熟練腳下步幅有準，方向方位準確，能做到立身中正，外人看了已經很舒服了。到中乘功夫，身上應該有「點」的感覺。

太極拳修練不是學校式，同年齡，同級別；也不是多少公斤級在多少公斤級內比賽；也不能算年頭，練幾年拳到幾乘功夫，熬到年限領一張上乘證書，根本不是那麼回事。

太極拳是藝術，跟學練其他門類的技藝相似，學練者文化修養不同差異很大，不同的文化層次，對太極拳學的理解不同，所達到的層次也不同。

談到太微拳學的修練，先要認識理解太微點的存在和運用。如果你和你的老師從來沒有聽說過，也沒有看到具有太微點功夫的人，又從何談修練呢？當你接觸太微拳學的理論後，先要去悟「其大無外」的「外」，再去悟「其小無內」的「小」，小到無內，小到退藏於「密」，小到

看不見。

　　太極拳講究先求開展，這很好理解，都能做得到，將拳架打大便是。儘管理解偏頗了些，但拳勢大就對了一半。可是，緊湊就不好理解，操作有難度，哪位拳師能說明白拳架小，小到什麼程度是為緊湊？緊湊並沒有標準，但這就是我們要研究的太微拳學的課題。

　　可以舉例說明緊湊，如兩人放對較技，雙方一接觸，一方腳下飄浮，被吸拿起來。在拿起來尚未發放出去的一瞬間，這便是太微拳學。

　　雙方接觸，一方便被拿起來，這是一項大學問，僅一個「拿」字不能概全，不去研究太微拳學，是說不清楚的。如果引申展開議論，其實在雙方未接觸之前，一方早已被拿住，他並不知道自己早已進入對方的太極功夫圈內，被對方收入「其小無內」的「內」中。

　　將科學的太微拳簡單地說成點，遠遠沒有能夠悟到先賢對太微拳學研究的成果。和「放之則彌六合，卷之則退藏於密，其小無內」的理論不相吻合。我們對太微拳學的認識和理解尚達不到先賢的層次。

五、太微拳學的運用

　　任何科學都是為人類服務的，太微拳學也不例外。研究太微拳學是研究微小運動在身體內部的變化和反映。身體中的細胞、腦細胞、血液中的紅白血球都是以小巧在人體中主宰著生命運動。太微拳學是太極拳的「細胞」，在拳中起著內部運化陰陽變動的作用。

我們認識和研究太微拳學的目的，就是要修練和運用它。為了將太微拳學說得清楚，講得明白，試以太微點解析在技擊中的運用，以說明「點」是看得見，摸得著，學有方法練有目標的。

(一)以小打大

雙方較技，另一方的雙手攥住另一方的一隻前臂，這是二打一，是集中優勢兵力以多勝少、以大打小的戰術，是優勢。另一方單臂受制，以一禦二，立身也不中正，是被動勢，是劣勢。

被動者想以本力、以技巧去掙脫受制的前臂是困難的。因為這裏含有太極拳技擊的中正學，或者叫掄中的學術和戰術。制人者立身中正，雙手鉗制住對方前臂，被鉗制方身側偏斜，處於不利狀態。

欲破解前臂受制，用力用招都有難度，而太極拳規範是用意不用力，此處用力是敗招，有悖於太極陰陽學說。用力用招不可，那麼，用何種招法解脫困境呢？這時就須求助於太微點之作用。

被對方雙手鉗制住的前臂，就其接觸部位，術語稱為接觸點。雙手不將手掌計算在內，十指鉗制前臂就是十個接觸點，如果算上指根接觸點更多。鬆開九個「點」留下一個「點」，順勢舒展走外弧形線，意念已經繞到對方的身後，此時，雙方態勢已經起了極大變化，劣勢者已經化解了九個接觸點，以一隻前臂打對方一個點，從劣勢轉為優勢，從被動變為了主動。

(二)以點打面

太微點的運用有令人興奮的奇妙之處。

凡太極拳修練者，為了得到性命雙修，都在努力進修，以期達到體悟太極拳之真諦。拳論早在幾百年前就告誡後人「斯技旁門甚多」，有正門就會有旁門，不走正門便會入旁門，是不以意志為轉移的。對太極拳有什麼認識和理解便會入什麼門，拉也拉不回來。少見太極拳修練者有走火入魔者，在神經病院找不到練太極拳的患者，這並不表明太極拳人都入了正門修大道。

社會上多見不練或不會練太極拳者，每天幾個人聚集在一起「推手」，似此運動健身無可厚非，動則身體受益，如果是修練太極功夫，這樣推來推去不會有大出息。跟太微拳學也根本不沾邊兒。

太微拳學胎生於對太極拳循規蹈矩的修練，從太極拳的陰陽相濟中修練，身上漸漸退掉本力，體悟到鬆柔功夫，才有可能在身上出現「點」。太極功夫修練到中上乘，人體結構起了質的變化，體能大大改變，身上有了鬆空之感，太極點自然會出現在身上。

從技擊講開去，太極技擊不是硬碰硬，也不是軟對軟，是運用太微拳學的陰陽變化，以微小對付強大來勢，仍然是以小打大、以點打面。

為了便於理解以點打面，試以錐子尖來形容。老輩婦女在層層布片粘合在一起的厚硬的鞋底上納線，也就是納鞋底。這種鞋底十分厚硬，聰明的大嫂大媽們先用錐子扎一個眼，然後引針穿線。錐尖雖細尖，但渾身的力量集中

到錐尖，硬厚的鞋底抵擋不住錐尖。這小小的錐子尖，正是以點打面取得勝利。

錐尖力大無窮，難以阻擋，我們由修練，身上手上產生了錐尖力或者周身四肢，摸到哪個部位，哪個部位便有一個錐尖，這時你根本無須再去用力，再去施以技巧，也無須再用招法與人較量。這便是太極技擊中「以靜制動，後發先制」點的神奇妙用。

在太極拳技擊中，有可能以點打面，只有以點打面可稱為太極技擊藝術，以點打面的本質也是以點打點。

六、如何修練太微點

(一)具備什麼條件可以習練太微點

有人問初學者能不能研究太微拳學，能不能習練太微點呢？

太極拳初學者肢體僵緊，周身上下不協調，對太極拳的拳理拳法還處於不理解或不甚理解的狀態，對一招一式的拳法仍然處於機械運動狀態，這時身上的本力、拙力不但不能退去，後天機械式的拙力還有所增添。

各個大小關節動則僵緊，周身不能放鬆，九大關節鬆不開，在這種僵滯的狀態下無法習練太微點，更難以研究太微拳學。

習練太微點，要將拳盤熟練，周身退去僵拙之力，這是習練太微點的起碼之條件。

(二)怎樣習練太微點

習練太微點，要選擇適合的拳架，筆者認為楊禹廷八十三式太極拳最適合。

楊禹廷太極八方線，是對太極拳教學的一項重大改革。動作與動作之間是弧形線。弧形線兩端一端為起始點，一端為終止點，第二動的起始點，是第一動的終止點，動與動之間的銜接絲絲入扣，一環套一環，像一隻玉鐲，光滑而沒有接痕，勢斷意不斷。

太極拳套路的方向方位以八方線定位，盤拳實手輕扶八方線，從起始至終點循環往返，有圓活趣味，這是楊禹廷八十三式太極拳之特點。

盤拳熟練後，因為意念在指梢，日久食指梢有了感覺，這種感覺就是筆者說的「點」。手上有了點的感覺後，盤拳從動的起始點，實手食指輕扶，循弧形線向終止點運行。這樣盤拳手動「點」走，「點」走手隨，感覺渾身舒展，輕鬆，不僵不滯，周身大小關節鬆弛、完整、協調、上下相隨、呼吸順暢。不知不覺中身體就起了前所未有的變化，體能也變得更為舒鬆。

七、太微點的形成和發展

筆者在本篇中斷斷續續講釋了太微拳學的形成和發展，當前需要太極拳人認識事實存在於我們身體中的太微點，以太極陰陽學說規範自己的動作，在研究太微拳學的過程中，開發太微點。

(一)太微點的形成

練太極拳方可開發和形成太微點。那麼，是不是所有習練太極拳的人身體中都能形成太微點呢？

不是這樣的。一般似太極操式的打拳，周身僵緊，體內不會形成太微點，也無從研究太微拳學。凡立志修練太極拳、自強不息、鍥而不捨者，多練、苦練也不成。關鍵要循規蹈矩，按太極拳拳理拳法規範的動作盤拳修練。認識和理解太極拳是鬆柔動態運行藝術，一舉動，周身輕靈，行功盤拳用意不用力，由著熟而漸悟懂勁，方有可能體驗開發出太微點。

拳論云「太極者，無極而生，陰陽之母，動靜之機也」「極柔軟」「輕靈」。沒有陰陽、柔軟、輕靈就不是太極拳；沒有柔軟、輕靈，也沒有太微點。太極拳人沒有修練好鬆柔功夫，很難開發太微點。

一套拳從起勢到收勢有其固有的套路路線，循環往返，在鬆、柔、圓、緩、勻的狀態之中輕慢地運行著。如果運行突然受到阻力或者有外力進行干擾，使正常的運行受到不正常的阻礙和破壞（較技，技擊），運行中的受阻肢體結構便會迅速「卷之退藏於密」，也就是受外力擠壓的局部迅速密集在一個小小的密集點中，瞬間膨脹突然爆發，將對方發打出去。

這個力量是十足的錐尖力，這種力與本力，以及什麼勁是沒有關係的。

這種爆發力是強大的，難以阻擋的。

(二)太微拳學的發展

在瞭解了太微點的形成和能量後，使我們明確認識到，對太微拳學的研究是太極拳人追求的目標。

身上有太微點的存在，周身極為輕靈圓活，血液循環順暢，對整體健康有益，在技擊運用中更是極為奇妙的。身體不受外力進攻的壓迫，奇妙的太微點是不會顯現的。

太極拳的太微點在技擊運用上前途廣闊，只要開發出來運用自如，是長於他人的秘密武器，也是常規武器，接手便是。遇知揚威，使對方躲也躲不開，化也化不掉，任何高手在小小的太微點前都將敗下陣去。

太微拳學前途寬廣，研究太微拳學是行於大道。有了太極拳學，便顯現出太微點學，其大無外，其小無內，你大我小，你小我大，你來我隱，你走我顯，陰陽變化其妙無窮。太微拳學是拳人必須研究的養生技擊之大工程。太微點是拳人克敵制勝的尖端武器，上好的利器焉有不用之理！

太極養生修練篇

《黃帝內經‧四季調神大論篇第二》曰：「從陰陽則生，逆之則死。」拳論：「太極者，無極而生，陰陽之母，動靜之機也。」太極養生是生象，極為引人關注，也引起各階層人士的興趣。

太極拳藝術，為高品位的陰陽變化動態運行藝術，盤拳似行雲流水。從表及裏，充分調動起來，舒理經絡，血道、氣道暢通、陰陽得到良好的平衡，臟腑各個系統循環運作正常，無淤阻，內固精神，外示安靜，上下相隨，內外雙修，給修練者帶來身心健康。

一、初識養生

「養生」是被億萬人關注的事關切身利益的大熱門、大焦點，是說不完道不盡的永恆話題。養生，不僅關係到每一個人的生存品質，也關係到國家的繁榮、民族的興旺。全民健身運動的意義重大，其關鍵也在於此。太極拳運動被越來越多的人所重視，太極拳養生已吸引了更多人的注意力。

「太極拳好」（1978 年題詞）是當代偉人鄧小平送給人類健康的厚重的精神禮物。而在 20 年後的天安門萬人太

極拳表演是具有重要社會意義的歷史意義的大事。這一紀念活動使我們看到太極拳運動以及太極拳養生更具迷人的魅力。

在探討太極養生之前，先要研究一個既深奧又淺顯的與人的生存品質密切相關的問題：人，為什麼生病？

二、人，爲什麼生病

「人，為什麼生病？」初聽此問，人們也許要笑出聲來，這麼淺的問題，連小學生都知道。人生病的原因很多，諸如外來的食品不衛生、病從口入、病菌、病毒的感染。高科技發展，伴之怪病叢生的不解之謎，麻木了，將是不去解之謎。大氣污染、噪音、氣候變暖，重金屬垃圾被雨水沖刷後再入農田，人吃了被污染的糧食而患病。因果，周而復始何日能結？

人類是極為愛惜寶貴的生命的。運動養生便是人們渴望得到的，自己是把握自己生命運動的主宰。人，為什麼生病，這個簡單而又複雜的難題，常常擺在每一個人的面前，令人不得不正視，但也沒法探究個明白。

在《黃帝內經》中，述說了人之有病，是以酒為樂，以妄為常……逆於生樂，起居無常，故而半百而衰也。當今社會遠離那個時代，而今高樓林立，鋼筋水泥殼、鋼鐵殼子包圍著我們。

現代人比祖先生活異彩紛呈，多彩多姿。搓麻、洋酒、桑拿、麗人伴以歌舞，生態環境惡化，從四面八方襲來，防不勝防，躲不勝躲。

人，為什麼生病，難道都歸結為外因嗎？內因也不可忽視。中醫藥學家孫繼光先生認為，人生病患，如魔如影相隨，是因為人迷戀幻體將其當真而不悟，犯了「五字」之戒，即貪、嗔、遲、慢、疑。

例如「貪」字，貪態種種，有貪吃、貪睡、貪玩、貪欲、貪財、貪利、貪名、貪涼、貪熱、貪鹹、貪酸、貪辣、貪苦、貪殺等。由於貪，過重地讓身體某一部位的器官、臟腑承受壓力，壓久則邪偏生害，有失我們體態及營衛氣血運行，生出病來。

至於講嗔（瞋），是個偈語，口邊嗔，是怪、怨、恨、怒，不滿動氣而出聲的意思。目字邊瞋，又有怒目動情至極難言之解；過分地睜大眼睛，形怒於色，動心動情，或者強壓怒火，臉上控制住了未暴露出來，但人的眼睛是心靈之窗，是掩蓋不住的。

按古今中醫論解人的眼目，也是一把解開臟腑病患來去的鑰匙。人之目肝之竅也，不當之瞋（嗔），不僅病傷了肝，也病傷了膽。有病不得遲慢診治，要善待最為寶貴的生命。

躲病不可取，對待疾病，要相信現代醫學，懷疑是沒有根據的，也勿疑神疑鬼，心無主見，如見鬼魅。疑醫疑藥，不打針不吃藥，更為荒唐。

內因對疾病有暗示發作和好轉的作用，性命雙修，靜心看待一切事物，靜以修身、心平氣和、笑口常開也能起到袪病、健身、強體、延壽的保健養生，以阻生病管道的作用。當然，求保健養生之妙法，太極拳運動是最好的選擇。

三、運動與養生

運動養生是人的本能，更是人的追求。運動項目很多，包羅萬象。跟拳家、運動家練的一般不同，專家練的是有板有眼，有書有文的項目，而常人練的人人如此。

伸懶腰是大眾練身提神的速食，其實人降生落地從幾個月便會此功，時時伸懶腰，是一種人人都練、常練不衰、到老不停的一個項目，而且人人練人人靈，伸伸懶腰伸筋拔骨順氣提神，疲勞一瞬即逝，立竿見影，時時伸懶腰，一輩子不練別的也未嘗不可。

隨便甩臂，搖頭搖尾，前仰後合，頭部左右轉動，蹬足轉腰等自由活動，也無章法，毋須請大師指點，也是一種鍛鍊。

此外，摩、跳、拍、打，淋個日浴、水浴、酒浴、酸浴以及歡樂開心找愉悅，也是一種養生。

自由練家並不知，隨便活動活動如何便獲得健康呢？其實這種隨便活動是以心情愉快，思想無負擔，不僅滯起始。動者在不知不覺中，動起於經絡，腳下三陰三陽經絡在外動中達到通暢作用。

頭部轉動轉腰拍打，有護心暢水養腎之功用，搖頭擺尾，前仰後合，能健身養容，養腎有利心肝。做深呼吸吹氣，可收化虛還神存精健腦之功。

自由、隨意運動是不是有如此之神，因人而宜有小異，不能達到完美健身，而動便受益，練可健身，生命在於科學性運動，則是一成不變之理。

若想全身心得到健康，還應該選擇一兩項體育活動為佳。在選擇運動項目之前，對自身健康狀況、家族病史、自身隱疾要有所瞭解，以選擇適合自己身體情況的運動為好。像散步、跑步、跳繩、健美操、體操、乒乓球、排球、籃球、足球、槌球、滑冰、滑輪、游泳、騎車、打拳等項運動，選其中之一進行鍛鍊，有時間有興趣可以深究其功，作進一步追求。

對於一切運動健身項目要持科學的態度，適度而動，可求不可強求。俗話說：「打死練武的。」死在拳台的人哪年都有。

20 世紀 50 年代軍運會，拳擊臺上打死拳擊手，我國拳擊運動停頓了 30 年後才恢復。世界著名的長跑家佛里克斯，著有《長跑大全》成為暢銷書，他戒菸、戒酒、減肥跑步，轟動世界，引來眾多男女參加長跑活動，可惜，他只看到跑步的有益一面，而忽略自身的健康狀況和內臟的隱疾。他在跑步中呼吸困難、噁心、胸憋悶疼痛，延誤尋醫求藥，死在長跑路上，甚為可惜。

四、強身必須運動

沒有一個成年人不想有一個強健的身體，壯健的體魄，寬厚的胸部，有力的大手，粗壯的大腿，剛勁的步伐，發達的大腦。但事與願違，主客觀不相符，有人虛弱多病，四肢無力，健康情況不佳。

我手中有幾個從《北京晚報》上摘錄的有關科技人員的體質材料，他們的健康令人擔憂。中科院對科研人員體

質情況調查，調查結果表明，北京地區科研單位成年人體質達到合格級以上者為 86%，但近六年間死亡 274 人，平均年齡 53.83 歲，離 1990 年北京市人均壽命 73 歲，相差近 20 歲。

中科院工會和體協提供的北京地區成年人最近一次體質測驗結果，北京地區職工體質優良率為 51%，與 2000 年的目標 60% 尚有差距，突出的問題是男女 16 個年齡段的肺活量全部下降，這反映人們鍛鍊不夠。

經常參加體育活動的職工不足 50%，從來不參加體育活動的人數占 35.32%。據對此調查的分析，工作壓力大、心理負擔重、環境污染、體育鍛鍊不夠等因素，仍是英年早逝的主要原因。

文化教育界人的體質也令人擔憂，著名作家劉紹棠 60 歲左右去世，著名的音樂家施光南英年早逝令人痛惜，還有癱瘓、半癱瘓者，其因是缺少鍛鍊，在身體健康的道路上，不該發生的事情發生了。

據載，深圳科學技術界人士因工作負擔重，精神壓力大，深圳成為精神病高發區。調查顯示，全市精神病患者高達 15.76%，360 萬人口中約有 5 萬餘人患有各種類型的精神疾病。香港則發生多起壯漢猝死的報導。

北京報載，老年癡呆症威脅北京老人。老年癡呆是英國人帕金森於 1817 年發現的中老年神經系統運動功能的慢性疾病，主要症狀為靜止性震顫及動作和思維遲緩、步腳拖拉，這種病被命名為帕金森綜合徵。此病威脅著老年人的健康，在北京已達到 6%，還有增長的趨勢。

患此病者原因很多，其中過去幾十年身體鍛鍊不夠，

使大腦深部名為基底結的一小團神經細胞受該病影響而退化，引起腦疾病是原因之一。這種病給本人及其家屬帶來無盡的麻煩和痛苦。看來運動保健、養生是當務之急。

在運動面前人人平等，不管你是哪一個階層的人士，都應該參與運動，像小孩子那樣，跑、蹦、跳、玩刀弄棍、前仰後合、轉動頭部、拍打全身、玩球、玩啞鈴等。運動像吃飯、睡覺、呼吸一樣重要，每天不可缺少。

有時看人物專訪文章，某位科學家拿幾個饅頭鑽進實驗室幾天不出來⋯⋯這種現象多了，各行各業的敬業者、各種工作崗位上的責任者，都是如此，其實質是破壞國家棟樑之才，戕害身體。

不禁要問，誰給了他們這個權利？

運動、鍛鍊身體太重要了，對一個民族太重要了，對一個國家太重要了。我們無權對生命不負責任，無權對一個民族的體質不負責任。早在 20 世紀 50 年代，偉人毛澤東就號召「增強人民體質」怎麼在 50 年後卻體質下降，越來越弱呢？

報載，英國遺傳學家亞當・艾斯沃克和愛丁堡大學遺傳學家彼得・凱得利兩位科學家，研究分析了人類遺傳進化史之後，將他們的研究成果公佈於眾，他們得出結論，人類靠自然選擇和適應生存的過程淘汰有害基因，人類才沒有滅亡。

當今，隨著現代生活的發展，醫療改進，人類的健康水準提高，自然選擇的壓力減輕，人類攜帶有害突變基因，也可以生存繁衍後代，有害基因可以積累，這就有可能使人類的體質日益虛弱，容易生病。

體質虛弱容易遭受疾病的侵襲，直接威脅著人類的生存品質，對一個民族一個國家潛在的危險是相當可怕的。可以說，參加體育鍛鍊、提高體質不是個人的私事，而是關係著全民族健康水準的提高，是國家興亡的大事。

我們必須將參加體育活動和提高全民族身體素質聯繫在一起，希望所有的人能取得共識，欲強身健體就儘快參加體育運動吧。

五、太極與養生

養生，是個大題目；太極與養生，更是個極難破解的天題。因為養生的含量深廣，從上到下天地大自然，一年四季春、夏、秋、冬，起居飲食，外形軀體四肢，天部的頭，內為六臟六腑。還有延年術、延壽術、壽命鐘、生物鐘、養氣、養神、腦養生、腦開發、睡眠養生、按摩、免疫養生等等。內容豐富而龐雜，從古代至今，要論述清楚，非幾十萬字厚重的一本書不行，這又不是本書之任務，在此僅就太極拳養生簡述而已。

所謂太極拳養生，是在太極拳修練過程中應注意的事項，達到健體、祛病、長壽之目的；經由習練太極拳，正確對待人生，提升人的文化品位和道德修養，儘量避免七情六慾之干擾，少病，不患病；心理健康、身體健康，每天精力充沛，行動敏捷，思維不亂，遇事不慌，有極強的應變能力，最終達到延年益壽，不給家庭、社會帶來麻煩。簡潔地說，多為社會做些有益的事，少生病。

當然，首先要參加一項適合自己的運動項目，筆者認

為最佳的選擇是習練太極拳。原因有二：

一是太極拳文化底蘊深厚，拳理源於《易》之變化、老子的「有生於無」之道以及《黃帝內經》的「恬淡虛無」之本源。太極拳為高品位的以陰陽為母、內外雙修、延年益壽為宗旨的拳術；

二是當代偉人毛澤東提倡增強人民體質打太極拳；敬愛的鄧小平同志題詞「太極拳好」。兩位偉人都是在偽科學混雜於科學之間，撥開迷障，為提高全民族體質，行健康於大道，指明了一條通途。

科學的太極拳鍛鍊具有健體強身、祛病延壽之功能毋庸置疑。常練常新，每練一次便有一些新的體會，在行雲流水的行功習練中，是審美的、文化的、藝術的體驗。在習練的愉悅中體驗生命，以把握自己的生命運動。

六、陰陽平衡

中醫師為病人開中草藥方時，以多味藥求藥性平衡。人的健康有賴體內陰陽平衡少生疾病，這是相同的蘊理。而人的生存常常受七情六慾支配，「七情」即喜、怒、憂、思、悲、恐、驚。

中醫家解為：喜傷肺。大喜狂笑致使氣機渙散，會引發疾病。古今中外，在不同場合，因發明獲獎、狀元及第、報喜祝賀到來而受獎者已癱倒在地氣絕的例子時有耳聞。喜極肺勞沒有不出危險的。

怒傷肝。怒則氣上，氣為百病之源，怒極肝勞。怒氣上吐血死於非命，怒傷肝波及雙眼，要息怒養目。

憂傷心。憂愁、憂慮、憂煩、憂悶、憂傷、憂鬱導致憂堵氣截四肢麻木不思飲食，時有出長氣之象。內心煩亂，什麼也不願幹，胸口截堵難忍。

思傷脾。思極脾勞。思之過度則氣結，臟腑衛營阻滯，氣血不暢，大大影響健康。

悲傷胃。悲極胃勞。悲者不思飲食，即使胃空鳴叫，也不進食，悲痛欲絕則氣血兩虧。

恐傷腎。腎為人生存的精神支柱，腎壯人健康，腎與肝膽、心臟關係密切。恐傷腎，膽肝俱傷，「心為肝之子，腎為肝之母」，養生益壽首愛腎。

驚傷膽。膽具有製造膽汁的功能，膽汁含有膽酸，對脂肪的消化是大幫手，要節驚保膽。

六慾，對於人類來講躲是難以躲開的，「六慾」即耳、鼻、口、眼、身、心。此六慾可以給人類帶來幸福和歡樂，更多的是給人們製造不幸。

中醫藥學家孫繼光先生認為，唐朝藥王孫思邈辨證分析，每一種傷極勞損，都引發或潛伏於人體 400 種以上的疾病，人被疾病困擾，可說是危機四伏。

各界人士如果有興趣涉獵百家，可去通覽《藥王全書》，對認識病源、病理，增強防病意識會有大益，對於把握生命運動養生、長壽也會受益匪淺。

習練太極拳修身養性是保健養生的最佳運動選擇。太極拳講究陰陽變化，動之則陰陽變轉，使精神世界，身體臟腑營衛順暢氣血，通經絡順氣道，平衡陰陽勝於通宣理肺之良藥。太極拳為高品位的鬆柔動態運行藝術，習練太極拳是以鬆、柔、圓、緩、勻進行肢體騰虛運動。

太極拳拳法由陰陽動作組成，如一個拳勢，以「單鞭」為例為兩個動作，由立掌變勾和左掌拉單鞭組成。掌變勾為陰，拉單鞭為陽，一陰一陽組織一個勢，一套拳若干勢均如此。楊禹廷八十三式太極拳有 326 個動作，即163 個陰動，163 個陽動。陰陽變化外動內養，內靜外動，動靜相兼，陰陽平衡，習練中求陰陽變化，陰陽變化中舒理臟腑，人體內外平衡，何病之有？

人體陰陽變化，內靜外養，內動外靜，實為保健養生、健體、強身、祛病、延壽之大道。

七、動靜相兼

太極拳之特性，行功盤拳動之則分，陰陽、鬆柔、動靜、虛實、開合，一動無有不動，一靜無有不靜。太極拳的動作沒有直來直去的，來去走弧線，以鬆柔為魂，陰陽為母，動靜相兼，內外雙修。

有人提出「百練不如一站」，言下之意，提倡站樁。站樁也是練功、養生的手段，但站樁沒有明師在側指導，易於出偏，也稱走火入魔，精神病院多見此類病患者。

其實古代佛、道兩家並沒有氣功，也沒有氣功的記載，只有坐禪、導引、吐納。據說，高僧、道長也不准初入佛門、道家者坐禪、練吐納術以免出現危險。記得 20 世紀 70 年代一位年輕練家到紫竹院吳圖南大師的拳場討教。吳老拳師見他小腹硬硬的像扣上一口鍋，直言不諱地問他：「你不想活啦？」

年輕練家坦誠說自己站樁所致。自古無氣功，有天、

地、人、合、音、律、風、星、野等九功,後來將「風」功說成氣功,近一二十年便約定俗成,「氣功」一詞遍及全國。一些不善醫理者,且文化基礎差,但有膽,敢矇騙渴求健康者,做起了「氣功課」「帶功報告」。近年來「氣功」造就出幾位大師來,居然有人頂禮膜拜相信那套鬼把戲。

太極拳的動靜相兼是科學的。動與靜在世界科學研究領域中也是一個十分重要的課題。

幾百年前從洋人那裏傳過來一個奇妙的係數為 0.618。古希臘哲學家兼美學家柏拉圖,從美學角度把 0.618：1 稱為美的比例、黃金比或黃金分割律。

據報載,現代醫學研究證明,醫學與 0.618 有緊密聯繫。0.618 黃金分割律在保健養生中起著重要的作用,在人體結構上,頭頂至命門,再到腳底之比,臀寬與軀幹長度之比,下肢長與全身長之比,均接近於 0.618。

動與靜是一個 0.618 的比例關係,四分動六分靜,才是最佳的養生之法。醫養生學家關注群眾的食補養生,吃飯六成飽者不會患胃病,且可長壽。以六分粗糧、四分細糧搭配食用,不易患高血壓、冠心病等都市病,這正是飲食中的 0.618。

太極拳從誕世至今,隨著人類文明史的發展其拳理拳法趨於完善;隨著人類進步和發展,太極拳陰陽變化、動靜相兼的機理不斷完美,在人類保健養生中體驗外動內養,內動外靜以改變人體結構有利於健康。

此文說的主要方面是養生,一切應以養生為關要。我們習練太極拳的目的是健體、養生,要在拳中體驗健體之

快樂，從拳中去體驗高品位的、文化的、藝術的審美。在動中體驗靜，靜中體驗動，「靜中觸動動猶靜」，動靜相兼。如在盤拳習練中，心要靜，佛家禪語指清靜到極點。能達到內心清靜，便做到能內安舒，外形中正。

拳論要求「先在心，後在身」，「心為主帥」，求「心靜」，「心不靜則意不專」，「內固精神，外示安舒」，精神提起來練拳一舉一動，起、落、進、退、屈、伸、俯、仰等動作自然輕靈。

練拳宜神領意隨，用意不用力，以心行意，以意導體，以體導氣，以氣運身，也就是氣遍周身不稍滯，達到行功練拳養生之目的。

不管你練的是養生拳還是功夫拳，均應中正安舒，用意不用力。開始習練，動作機械，身軀手腳全是力，心裏越想著不用力別使勁，身上越僵、手上更用力。如此談何動靜相兼？這是過程，練一段時間，明白拳理，循規蹈矩，手上身上的力慢慢退去，便能體會到內靜外動，外靜內養，促進人體結構悄悄在變化之中。日久一套拳練熟了，運用虛實變化，腳不踩地有輕靈離虛之感，手上空靈，便從拳中體驗到臟腑各部位的變化，從而在動靜中牢牢把握生命運動。

我常說太極拳不是醫院，太極拳保健指常練太極拳可以增強抵抗力，延緩疾病的到來。如果病患在身，要相信醫學，求醫問藥，打針輸液，讓上手術臺也得上。這才是積極保健的態度。

八、健腦益智

太極拳養生，說到底是心腦健康，臟腑通暢，陰陽平衡，動靜相兼養生。當代以習練太極拳強身、健腦、益智為時尚和追求的目的。世界未來學家預言，21世紀，是中國人的世紀。

全世界的醫學研究人員尋找過許多良方，經過無數次的失敗和反覆研究，最後得出結論：21世紀是中國太極拳世紀。於是掀起一股太極拳熱，世界各地的拳友到中國尋太極拳的根，學練中國正宗太極拳，也將老師請出去教授太極拳。凡有人群的地方，就有人練太極拳，而練太極拳，不需要翻譯，跟著老師學練，不管你是什麼語系的國家，練拳就可以明白練拳之法，太極拳沒有國界。

無論中國人還是外國人，凡練太極拳者皆為同道。由於民族不同，風俗習慣不一樣，語言、生活經歷有差別，文化背景不同，思維方式，價值觀念有差異，對太極拳的認識和理解相差甚遠，但練太極拳可以健體長壽，認識是一致的。

我認識一位德國人，他到中國各地看，他尋找的是鬆柔太極拳，他對太極拳特性的理解很準確。

為了防止老年人跌跤，美國白宮老年人會議號召老年人學練太極拳以防止跌跤。經過四五年的推廣卓有成效。美國航太機構將太極拳列為宇航員失重訓練的必修課程。

報載，在澳大利亞首都坎培拉的國家軍事學院，決定在未來軍官的訓練課程中引進中國太極拳。每天清晨6點

30分，數百名身穿作戰訓練服的年輕士兵整齊地打太極拳，場面十分壯觀。該軍事學院的院長稱，太極拳是思想者運動，練太極拳是為了幫助受軍訓的準軍官成為有適應能力的多面手。

傳說，某北歐國家，將每月的第二個星期日定為太極拳日，以作為全民健體強身運動日。

據一位太極拳教練介紹，一位西方國家的太極拳愛好者，為了糾正腳的方向方位，購得往返機票來到中國找這位教練，當問清楚腳的確切方向後，就匆匆返回國內。一衣帶水的日本，是開展太極拳運動十分普遍的國家，修練者已到癡迷的程度。偉人鄧小平題詞「太極拳好」，就是應日本太極拳愛好者的請求而寫的。

全世界人民喜愛太極拳，接受太極拳，習練太極拳，除了其美學價值、優美流暢的動作、那詩一般富有哲理的拳理及其保健養生的良好效果外，跟國人一樣，這樣洋人也將太極拳視為不死之藥，可見在洋人眼裏太極拳的養生價值。

當今人們生活在高科技、高資訊的時代，沒有健康的身體、強健的體魄和充滿活力的大腦，很難適應這個一切都快捷的時代。現在工作在尖端、前沿科學技術、文化教育、醫療衛生崗位上的人大多數處於亞健康狀態之中，在「白領」階層出現了腦疲勞，表現為頭昏腦脹，記憶減退，注意力分散，反應遲鈍，說話不是口出連珠，而是要停下來想一想，即使一瞬間的遲鈍也表明心智活動受抑。在人們普遍腦疲勞的現象發生後，在「白領」群中，凡積極參加體育鍛鍊的人並未出現身體狀況不佳，腦疲勞的現

象沒有反映出來。

　　而練太極拳者，他們的身上沒有以上的亞健康症狀，大腦並沒有疲勞反映，反而更為敏捷，頭腦更為清爽，對於科研、文化教育前沿的繁重工作越幹越表現得不俗。以此，我們可以得出一個令人興奮的結論：太極拳是有氧運動，盤拳在鬆、柔、圓、緩、勻的運行中，似行雲流水，周身各個器官、特別是大腦得到氧的充分供應，對健腦、益智有特別的效應。

　　前中國武術院院長徐才先生對太極拳健腦益智的功用有獨到見解。他認為，久練太極拳益智是一大功效。習練太極拳可以促進中樞神經系統及其主要部位大腦皮質的興奮，並使興奮與抑制更加集中，從而改善神經系統的均衡性。習練太極拳用意不用力，以意領先，首先需要開動腦筋，以聯想和再現的方法在頭腦中形成一套技術動作。這一連串的大腦思維活動本身就是一個接受和記憶的過程。太極拳鍛鍊能增加大腦神經內核糖核酸的含量，含量越多蛋白質合成越快，這也就意味著接受和記憶功能的增強。這種大腦思維的過程，也就是智力開發的過程。

　　我們今天的健腦、益智活動在公眾中提出的口號並不響亮，與發達國家還有差距。世界衛生組織發表聲明，提出「讓人人享有健康」的口號，美國國會通過公共法，提出下一個十年為「腦的十年」，日本則在健腦日程上宣佈「強腦科學計畫」，西方一些發達國家也在著手進行這一偉大的全民健腦工程。

　　在健腦、益智方面，日本著名的醫學博士春山茂雄做出有益的貢獻，他在腦健康的研究上很有作為，提出一個

響亮而令人震驚的口號，「腦內革命」。他提出重新認識、開發、利用大腦右腦，因為右腦儲存的資訊是左腦的十萬倍。他提到利導思維，所謂利導思維，就是開朗樂觀、豁達寬容、愉快、舒適、心情舒暢，笑看世界，身心放鬆，使大腦活躍興奮，從而保持身心健康。

如果人們能持樂觀的態度，每天歡樂愉悅，心情舒暢，進行利導思維，大腦能分泌出一種類似嗎啡的物質，稱為腦內嗎啡。人的養生長壽是多因素綜合的整體工程，而頭部的健康是養生的首要。

太極拳是最佳的保健、養生選擇，修練太極拳便能祛除心腦雜念，使身心鬆淨、舒展，獲得健體、強身、祛病、健腦、強腦、開發潛能的整體健康！

九、清靜養性

我們的先祖談養生，以養性為本，認為以道德養心，不生邪惡，守住真氣，神氣自然持滿。勸人立身中正，揚善抑惡，多行善舉，行善事積德，以解百病。

先祖勸誡後人行善養生延壽少生病患是有道理的。人行善事，心情平和，沒有貪欲，平淡人生，呼吸順暢而和緩，臟腑即得到修養營衛。人行不義，呼吸必然短促，心情緊張，坐臥不寧，定然傷內。這種勞損任何名醫金藥也難以醫治。古人明示：「人能寬泰自居，恬淡自守，則神形安靜百病不生。」

精神是以物質作保證，人的衣、食、住、行要注意冬暖夏涼，葷素、綠色食品的紅（紅豆、番茄）、黃（豆製

品）、綠（無農藥蔬菜）、黑（黑豆、黑米、黑木耳等）、白（糧）調劑搭配。黃豆及豆製品營養豐富，但是豆製品的負面影響也不能忽視。豆製品及海鮮食品含嘌呤過高，有患痛風之患。食含嘌呤 10mg 以下的瓜果、蔬菜為好（請查看有關資料）。

藥膳有禁忌，這是飲食常識，要學一點飲食科普知識，不要到一般飯館食藥膳，因為他們可能缺乏中草藥常識，應瞭解藥膳禁反之食，如豬肉反烏梅、黃連、百合等藥；羊肉反半夏、丹砂等藥；鯉魚反朱砂；蔥反常山、何首烏、蜂蜜等等。不是中醫藥專家開具的藥膳調方不可誤食。而食品間也有大反大忌，如豬肉反鯽魚、黃豆等；鱔魚反狗肉；龜肉忌莧菜、果、酒；羊肉忌醋等等。

奉勸濫吃補藥者，請您向周圍的朋友打聽飲食補的俗語：「藥補不如食補。」此意無須筆者贅言。關於食補常識在報刊中唾手可得。

附　唐·藥王孫思邈三養歌

孫眞人衛生歌

天地之間爲人貴，頭像天兮足像地。父母遺體宜寶之，
箕裘五福壽爲最。衛生切要知三戒，大怒大欲並大醉。
三者若還有一焉，須防損失眞元氣。欲求長生先戒性，
火不出兮神自定。木還去火不成灰，人能戒性還延命。
貪欲無窮慾卻精，用心不已失元神。勞形散盡中和氣，
更仗何能保此身。心若大費費則竭，形若大勞勞則怯。

神若大傷傷則虛，氣若大損損則絕。世人欲識衛生道，
喜樂有常嗔怒少。心誠意正思慮除，順理修身去煩惱。
春噓明目夏呵心，秋呬冬吹肺腎寧。四季長呼脾化食，
三焦嘻卻熱難停。發宜多梳氣宜煉，齒宜數叩津宜咽。
子欲不死條崑崙，雙手揩摩常在面。春月少酸宜食甘，
冬月宜苦不宜鹹。夏要增辛宜減苦，秋辛可省但教酸。
季月少鹹甘略戒，自然五臟保平安。春寒莫放棉衣薄，
夏月汗多宜換著。秋冬衣冷漸加添，莫待病生才服藥。
惟有夏月難調理，伏天在內忌涼水。瓜桃生冷宜少食，
免至秋來成瘧痢。心旺腎衰宜切記，君子之人能節制。
常令充實勿寬虛，日食須當去油膩。大飽傷神饑傷胃，
大渴傷血多傷氣。饑食渴飲莫太過，免致膨脝損心肺。
醉後強飲飽強食，未有此身不生疾。食後徐行百步多，
手搓臍腹食消磨。飲酒可以陶情性，大飲過多防有病。
肺爲華蓋倘受傷，咳嗽勞神能損命。慎勿將鹽去點茶，
分明引賊入腎家。下焦虛冷令人瘦，傷腎傷脾防病加。
坐臥防風來腦後，腦內入風人不壽。更兼醉飽臥風中，
風才著體成災咎。人無禮義反食之，天地神明終不喜。
養體須當節五辛，五辛不節反傷身。莫教引動虛陽發，
精竭榮枯病漸侵。不問在家並在外，若遇迅雷風雨大。
急須端肅畏天威，靜室收心宜謹戒。恩愛牽纏不自由，
利名縈絆幾時休。放寬些子自家福，免致終年早白頭。
頂天立地非容易，飽食暖衣寧不愧。身安壽永福如何，
胸次平夷積善多。惜命惜身兼惜氣，請君熟玩衛生歌。

孫眞人枕上記

侵晨一碗粥，夜飯莫教足。撞動景陽鐘，叩齒三十六。
大寒與大熱，且莫貪色欲，醉飽莫行房，五臟皆翻覆。
坐臥莫當風，頻於暖處浴。食飽行百步，常以手摩腹。
莫食無鱗魚，諸般禽獸肉。自死獸與禽，食之多命促。
土木爲形象，求之有恩福。惜命惜身人，六白光如玉。

孫眞人養生銘

怒甚偏傷氣，思多太損神。神疲心易役，氣弱病相侵。
勿被悲歡極，當令飲食均。亥寢鳴雲鼓，寅與漱玉津。
妖邪難犯己，精氣自全身。若要無諸病，常當節五辛。
安神宜悅樂，惜氣保和純。壽夭休論命，修行本在人。
若能遵此理，平地可朝眞。

第九篇　太極與性養生篇

太極與性養生是一個誘人的話題，不分文武，不論階層，不管文化修養，都願聆聽和探討這一敏感話題，但又不可能多著筆墨。

古代先賢有「食、色，性也」之教，將每天吃飯與性並列為同等重要之生命所需。《黃帝內經》將男女性生活畫一個框框，男為八八（64歲），女為七七（49歲）。

性養生是一個說不盡道不完的話題，因人而異，視感情而言。還要根據本人體質和環境、條件，沒有定法，只能在悟。躲不可取，逃不對，貪對己健康不利，如何得到持滿？

一、絕色不可取

在講性養生之前，先講一個故事。

有一位練武癡迷的練家，一天到晚除去工作，下班回到家便練功習武。夜間不睡覺，在堂屋打坐，天亮後又去上班了，每天什麼家務活也不幹。天長日久夫妻吵架，妻嘮嘮叨叨，吵得他心神散亂無法練功，家無寧日。局外人不好勸解，正當壯年，床上無功，房事斷絕，妻子當然要吵。丈夫一心追求武功，妻子成為一大障礙，女人成了他

功成、健康的剋星。

　　為了清心寡欲專心練功，他把工作換到郊區，住在單位，每月回家送一次工資。幾個月後，他的功夫大有長進，自己滿意換工作之決斷。愛人也不鬧哄了，勸他不要往回跑送工資，從郵局匯回來，要抓緊時間練。他備感舒服，覺得妻子終於理解他了。

　　沒過多久，有好事者勸他常回家去看看。初不以為然，後來琢磨出點意思來，突然回家幾次。從孩子口中得知，有個叔叔常來。他的腦頂「嗡」的一下大了一倍。再後來，工作沒勁頭幹，武也沒心思練，常往家跑，差點兒半身不遂。

　　從這個故事中不難看出，夫妻間的性生活是不可少的，是保持夫妻恩愛、家庭幸福美滿的最為重要的因素。儒家也提倡人間男女之婚嫁性愛，先賢認為「食、色，性也」「飲食男女，人之大欲焉」，這是常被當今性學家引用的名句。

　　人的生存不僅是為吃、喝、住、行、穿、睡，感情生活也是很豐富多彩的。人有七情六慾，它主宰著人的精、氣、神，再進一步闡述七情六慾是人的生命的支柱。故此，人離不開七情六慾，練功習武之人也不例外。正常的性生活，不但不會影響練功習武，可對習武者增長功夫有促進作用，有愛妻為伴，對提高技藝還會有幫助。人不可禁慾絕色，也不可縱慾，掌握適度對人的健康有益。練功習武之人，也是生活在人群之中，均不可遠離房事。

　　唐代藥王孫思邈在《備急千金要方》中說道：「男不可無女，女不可無男，無女則意動，意動則神勞，神勞則

損壽。」事實如此，大凡男女因某種觀念上的誤區，或因感情、事業上遇到不幸，女子守貞終身；男子除感情因素外，為了攻讀、研討某一尖端專案，或忙於事業，遠離房事鬧出病來，古往今來有之。

清代詩人袁枚所著《小倉山房文集》中介紹，當時的名醫徐靈為一位富商診病，此商十年不近妻女，忽氣喘頭汗，徹夜不能眠，痛苦之極。經徐靈診治，並不用藥，言此症為「陽亢也，服參過多之故」，命與婦人一交而癒。可見房中性愛是不可疏遠。

男女之間性愛，對雙方事業有益，體魄也會堅強，文者文采熠熠，武者功夫過人，商者財源滾滾。這是從古延續至今的不破之理，望欲求養生者借鑒。

故事中練武之人受封建房中術影響，受練功習武絕色之影響，「不絕色，不習武」「不休妻不談養生」，視妻為「自身壽命之最大威脅」。古代房中術蒙上一層絕色的封建色彩，加之幾十年來性教育被禁錮，產生很多奇想也是可以理解的。

二、性養生

講性養生之前，講第二個故事。

幾十年前有一位練武的年輕人，喜摔跤。幾年下來功夫不長進，身上僵緊，總是被師兄弟摔倒在腳下。他自己很懊惱，發憤苦練，婚期一推再推，不覺已年近30，被父母逼迫無奈只好完婚。婚期一過，他又返回武場。師兄弟跟他玩笑，說：「跟嫂子蜜月剛過，成嗎？別把你摔散了

架。」跟師兄弟過了幾跤，出乎意料的是，身上比婚前放鬆多了，他不但沒散架子，平時過跤常贏的師兄弟，今天反而躺在他的腳下。

性行為是人之本能，為人類生命之本源，是人類繁衍傳宗接代興旺人口之必然。隨著人類文明的進步和發展，人的性行為顯現為一種文化。從古至今一代代醫學家、養生學家、性學家對房中術、房事養生術極為關注並進行研究。合理的、有節制的性生活，對人類健康是有益的。

前面故事中，年輕跤手屬於性無知，胡裏糊塗得到性養生。當然，性養生不糊塗者從古至今有之。

古代有人提倡，養生之要，「在於近姥，不應遠色，更不應絕色」。這一派性養生者以「採陰補陽」達到養生之目的。他們並不鍾情於補陽藥物，像參、茸、蟲草、肉蓯蓉、胡桃、蛇床子、杜仲、淫羊藿、益智仁、破故紙、絲子、韭菜子、楮實、鹿銜草等，動物藥的蛇、蛤蚧、紫河車、虎骨等。古代性養生術，持「以人補人」之愚見。所謂「以人補人」是經常多與女人交合採女人陰精，視處女、姥女為活藥。

我們從古代性文化遺產中發現，從祖宗代代相傳而來的房事養生，無不帶有重男輕女，男尊女卑的封建迷信色彩。性養生的中心是「採陰補陽」術。主男子與多女子交合而受益，有的則「動則易女」，不是一天一易女，而是一夜多女，保持勃起勢頭，同時與數女交合，以取養生、長壽之道。傳說彭祖高壽八百，他有「以人療人，真得其真」之說。

還有一種毫無科學根據的封建愚見，認為男女之道，

男子「精液為寶」，善養生者要「固精」。房中養生術最為重要的床上技藝是交而不泄或數交不泄，夜禦十女而不泄，精氣保而不虛也，能百接而不施泄者長壽。要達到此高超技巧，有一套床上「固精」術。欲泄，閉口張目，閉氣緊握雙拳、吸腹，以指抑耳後下翳穴，長吐氣，琢磨齒，則精隨脊髓上而補腦。這是古人之見識，實際操作似乎不大可能。

男女交合處於極度興奮狀態，閉口、緊握雙拳、指按下翳穴等動作不可能也難以操作，純屬無稽之談，而精液上補腦，更無醫理根據。古代人缺少醫學科學知識，口傳秘授，將精液看得神秘和奧妙，所謂「十滴血液一滴精液」，視精為寶。

古代醫學不發達，沒有解剖學和化驗手段，看不到的東西憑想像和傳說居多。其實男子的精液為一般蛋白質，是生殖腺分泌出來含有精子的液體。

人體科普知識告訴我們：精液在全身營養成分中，只占微小的一部分，也稱後天水穀之精。這種物質隨身體各個器官的新陳代謝，每天產生，每天又從體內排出。這種新陳代謝是人體有生有滅的自然現象。俗稱「精滿自然流」。排精有三個管道，即房事排精，青壯年夢遺滑精，這是可見遺精，看不見的暗排精，精液先到膀胱裏，然後隨尿液排出體外，根本談不上「精液為寶」，也沒有那麼貴重。

縱觀古代性養生，從古至今貫穿著一種封建迷信、男尊女卑的性養生思想。像「夜禦十女」「採陰補陽」「精液為寶」等一系列對婦女不公平的性養生。男人可以妻妾

成群，而女子守貞的大男子主義，都是以犧牲婦女平等權利為基點，剝奪女性的性平等的權利，侮辱女性人格，將女人視為「活藥」去為男人的養生、長壽服務，連起碼的人道主義都沒有。

對於摧殘女性身心健康的性養生術，都是不可取的。我們要增強社會責任感，反對一切封建迷信的性養生。

三、性在運動中的作用

性在人類活動中，跟吃飯同樣重要。你只要是人，不管是哪一階層的人，在人群中生存，「七情六慾」都是一樣的。除非你置身「七情六慾」人群之外，否則難以生存。

性是一種權利，性是一種責任，性是一種義務，性是一種道德，性是一種文化，性是一種審美。不能遠離絕色，不能輕率亂來，也不能貪戀縱慾。

夫妻性生活和諧，是使家庭幸福美滿、身體健康少生疾病的重要因素。對不同職業、不同階層的各界人士，有極大的促進作用。

據我國一份長壽報報導，前蘇聯體操運動員披露，前蘇聯體操女運動員站在領獎臺上領取金質獎章時，她們的心理活動是很複雜的。她們的內心有為國家爭得榮譽的驕傲，有獲金牌光榮之感，但也有為此付出少女貞操之辱。

因為體操運動員為出運動成績，國家體育領導機關的有關官員，強制要求年滿十八周歲的運動員必須懷孕，而妊娠十週時墮胎。隊醫向她們解釋，說懷孕期間的婦女機

體中分泌出較多的雄激素，這一生理過程，有助於增強孕婦的體力和耐心。

她們必須把性生活同訓練一樣，規定為「必修」課。如果找不到同伴，運動員則被迫與教練同居。

前蘇聯在體操、游泳、花樣滑冰、藝術體操等運動員中的女運動員毫無例外地必須有一位性伴侶陪伴她們訓練和性生活。

一位體育醫生從理論上評論此活動，說道：「這樣做，不僅僅是破世界紀錄奪取金牌，而且要使女運動員有外在的情感表達。而女運動員應該富有激情，豐潤，更富有女性化。而性生活對腦垂體功能有刺激作用，對於女性的情感能產生正面影響。」

從以上介紹不難看出，這是體育運動中的醜聞，金光閃閃的金牌背後，又有多少女運動員的貞操被剝奪。雖然是醜聞，卻也說明禁慾主義的習武練功之人，是不會得到出色成績的。我們要以冷靜心態看待這則報導，與古代養生一說「陽得陰而化，陰得陽而通」是同一理念。

四、太極與性養生

從事練功習武之人要十分注意性養生，要慎重而認真地對待自家的性生活。性對練功習武者來說，可養生也能傷人，這跟「水能載舟，亦能覆舟」是同一的道理。

(一) 太極拳對性功能的影響

古典論述有七損八益之說，在《黃帝內經》中，古人

對人體生理學的研究，從人的發育成長，天時四季對人的影響，歸結為男女房中術的年齡為，男性年逾八八即 64 歲，普遍「則齒髮去……五臟皆衰，筋骨懈惰，天癸盡矣。故髮鬢白，身體重，行步不正，而無子耳」，故男子不過盡八八，女不過七七。女到 49 歲，「任脈虛，太沖脈衰少，天癸竭，地道不通，故形壞無子也」。

《黃帝內經》在上古天真論篇中有一段記載，以人類性生活的章節為開篇，可見古人對性養生是十分重視的。

黃帝問天師岐伯，曰：「余聞上古之人，春秋皆過百歲，而動作不衰；今時之人，年半百而動作皆衰者，時而異耶？人將失去耶？」

岐伯對曰：「上古之人，其知道者，法於陰陽，和於術數，食飲有節，起居有常，不妄作勞，故能形與神俱，而盡終其天年，度百歲乃去。今時之人不然也，以酒為漿，以妄為常，醉以入房，以欲竭其精，以耗散其真，不知持滿，不時禦神，務快其心，逆於生樂，起居無節，故半百而衰也。」

古人常以德高者托以說教，教導子孫後人生活要有規律，起居飲食要講究、注意衛生。對待房事要慎而又慎，性生活不得縱慾，否則「以耗散其真」。

選擇以太極拳鍛鍊身體，以求保健養生健康長壽。太極拳與其他運動項目不同，無剛烈、高難動作，以鬆、柔、圓、緩行功盤拳，上下相隨，內外雙修，修身也修心。久練太極拳心態平靜，遇事平和處理，舒理臟腑，經絡暢通，血管、氣道通行無阻，陰陽平衡，身心健康。有了健康的身體，還要修練性心理衛生及性養生。性養生不

單單是男人一方之事，忽略女性的性養生，這是不公平的，有失道德和禮義。

我們應該尊重女性人格，對性養生應有正確的認識，性生活是兩個人的精神生活，不應該將女性作為「以人養人」的「活藥」。以達到「採陰補陽」「一動易女」「精液為寶」，夜禦十女不泄等等不尊重女性的行為。男女雙方應盡夫妻之道，雙方有享受性快樂的權利，「陽得陰而化，陰得陽而通。一陰一陽，相須而行」。男女性養生從古至今有諸多優秀論文給予指導，古代性養生理論，以馬王堆出土竹簡《合陰陽》為最佳男女性養生的理論。

釋文：凡將合陰陽之方，握手，出腕陽，揗肘房，抵腋旁，上灶綱，抵領鄉，揗拯匡，覆周環，下缺盆，過醴津，陵勃海，上恒山，入玄門，禦交筋，上欲精神，乃能久視而與天地侔存。交筋者，玄門中交脈也，為得操揗之，使體皆樂癢，悅澤以好。雖欲勿為，作相呴相抱，以恣戲道。戲道：一曰氣上面熱，徐呴；二曰乳堅鼻汗，徐抱；三曰舌薄而滑，徐屯，四曰下液股濕，徐操；五曰嗌乾咽唾，徐撼，此謂五欲之徵。徵備乃上，上揕而勿內，以致其氣。氣至，深內而上撅之，以抒其熱，因復下反之，毋使其氣歇，而女乃大竭。……

房中術說易操作難，為了性和諧，家庭美滿，雙方對性愛、性養生要共同努力，使性愛得到完美的修練。

(二)人體藝術美

隨著人類文明的發展，現代文明衝破舊禮教和封建藩籬，西方社會比我們早了近百年。西歐很多城市都有男女

人體市雕，為城市文明和城市美增添了光彩。

隨著性文化的普及，夫妻和諧的性生活不再只為繁衍傳代，夫妻性生活有很豐美的內容。夫妻和睦，家庭幸福，精神愉快，是社會繁榮、進步、安全、穩定的重要因素。我們修練太極拳，修練性養生，是社會穩定而不可缺少的重要部分。

人類社會美好的東西很多，山川大河，藍色的大海，白色的浪花，樹木植被，異彩紛呈的花卉、魚、鳥、寵物等等。世界上雖然美的東西太多太多，但最美的還是人體美，人體藝術最美。

看到人體藝術之美，會使你的靈魂昇華，人變得更為高尚。夫妻在夜晚星星滿天、月色升空的時候，進入兩人的世界，將與情愛、性愛無關的一切拋出九霄雲外。情愛、性愛，這種「陽化陰通」的性養生是人間精神之一大享受。

五、性觀念

在習拳圈子裏常碰到拳友提出來的練拳人性生活的問題以及在性觀念上的幾種性心理反映和差異。

在習武人中，有人視性為影響練功功成之障礙而絕色持逃避的態度。有人受大男子主義支配，視「精液為寶」，取「以陰補陽」，將女人視為「活藥」為男人養生長壽服務，這是受古代養生術的影響，將封建迷信的糟粕撿回來，實不可取。

其實我們習武練拳之人，如注意讀書看報，一些認識

上的偏頗不難化解。近年來各類養生報刊比比皆是，關於性保健養生的文章俯首可得，有很多性醫學的說理，深入淺出，一目了然，可惜，武人不能拿出時間研習運動生理醫學，也是一件憾事。

習武人在夫妻性生活中，要解決對性認識上的觀念。

(一)負擔重

凡習武之人，多遠離情愛場，傳統的口訣是「拳不離手」，大多數的業餘時間都在武場。經常練拳習武，朋友也是武友，每天想的和做的當然是研習拳術，將交女朋友談戀愛視為影響練功，遂使正常的男女情愛耽誤下來。

拳人將習武和婚戀對立起來，前文舉的幾件實例是確有其人的，棄武廢功險些半身不遂。這些朋友平時早出晚歸，即使在節假日也從不在家睡早覺，早早起來奔拳場而去，將愛妻撇在一旁，在感情上、生活上從不過問。使妻子對習武有一種厭惡心理，甚至仇視丈夫的武朋拳友，從不允許這些人來到家裏來，幾十年不開禁令。

他們從不陪妻子兒女在節假日過一個幸福美滿的休息日，不管兒女的學業，不顧妻子的情感，在萬般無奈的情況下，勉強應付房事，性生活的品質極低，弄得雙方都沒有「性趣」。人活著不是光為了吃飯，感情生活占全部生活中很重要的地位，這種只求習武練拳全然不顧家庭生活的人是難以維繫一個和美家庭的，家庭是社會的一個細胞，嚴重的說，給家庭帶來不穩定，家庭不穩定，社會能安定嗎？

有些武友對家庭有些不負責任，只為了一味練功習

武，放棄了自身對社會的責任、對妻子兒女的義務，常此以往只能走向家庭解體，造成一家人的精神負擔，心靈的創傷短時間內難以癒合。

(二)觀念舊

20 世紀 90 年代末，中國擺脫了貧窮落後，已進入高科技資訊時代，然而某些舊有的觀念仍然束縛著一些人，一時擺脫不掉精神上的禁錮。在 21 世紀的今天，舊的觀念要留在過去的年代，以全新的觀念去迎接新的時代，那麼性觀念是不是也應該、必然要更新。所謂家庭新觀念，表現在夫妻間的性觀念。首先是男女平等，女性有享受性平等的權利。

練功習武者，首先是一個正常的人，正常人要過正常人的生活。不能將封建殘餘的男尊女卑、大男子主義帶入新世紀。

習武人也是人，不能對立地去看婚姻家庭生活。他們是正常人，是社會人，是家庭一位成員，是為人夫、為人父的健全的人。應該提倡習武人讀書，讀醫學、經絡學、性醫學、運動生理學等，武人要做一個有益社會的人，要善待妻子，從感情上關心她，從生活中照顧她，表現性心理的成熟。

太極拳修練是在陰陽變化鬆柔動態中運行，能極大地打通周身的血液循環，使生殖系統得到很好的調整，因而性亢進是必然的，甚至勝過人為補藥「三鞭酒」和「雄獅丸」。然而有些練武之人不是順其自然過正常的性生活，而是逃避。

這些武友朋友首先要明確習武是為什麼，為什麼去習武，從表及裏，做一個健康人，做一個好丈夫、好父親，負起社會責任。

(三)全新的性觀念

練功習武者要將自己融入社會生活中去，首先做一名對社會對家庭負責任的人。練功習武者是人，是正常的普通人，正常人離不開七情六慾。

習武者在選擇練拳的業餘愛好時，要以一個普通人進入武場，不能因習武而對家庭對社會不去盡自己應該盡的義務。凡男性一般都有一種職業和多種愛好，如果有了一種愛好，便去放棄一切而去執著的追求，放棄作丈夫的責任，不管不顧性生活和優嗣、優生，不尊重女性平等的性權利，那麼，練功習武又是為了什麼呢？

性是一種心理觀念，是一種道德觀念，性文化觀念，是戀愛觀念，是全新的家庭觀念，也是一種神聖的社會責任感。如果遠離世俗進入寺廟，讀經習武另當別論。

我們的先祖奉行孔孟之道，他們並不反對性慾，他們提倡「食色，性也」，視性生活與吃飯一樣重要。宋代的梁山好漢們並不都是禁慾主義者，後傳中絕大多數封妻蔭子有了家庭。走上練拳習武之道，也應重視家庭生活，以盡作為人夫人父之責任，盡丈夫、父親的權利和義務，練功習武為的是健體、強身、祛病、延壽，也要注意性保健和優生優育。

第十篇

太極「八方線」修練篇

　　京城太極拳大師楊禹廷的「八方線」，誕世於五十多年前，是太極拳方向方位教學的拳法。一個新的拳理拳法誕生，不是立即便被人認識，要經過認識再認識，又經過多年的實踐，反覆實踐，才能最終被人們接受。

　　經過五十多年的反覆實踐「八方線」理論方顯露其光芒。然而，這麼好的拳法卻一度被冷落，用楊老拳師的話說：「他們嫌麻煩。」其實，麻煩一時，享用一世；怕麻煩一時，盲練一世。

一、八　卦

　　太極拳講究「八門五步十三勢」。八門即北、東、西、南、東北、東南、西北、西南；五步為前進、後退、左顧、右盼、中定。十三勢是太極拳的方向方位，演繹出高深奧妙的太極拳。

　　太極拳不像八卦掌，初學要轉掌。太極拳講究內外雙修、用意不用力；行功走架按照陰陽學說規範動作，走弧形路線，要求將拳盤圓活；盤拳過程中十分注意方位方向，以八門五步十三勢訓練弟子。拳論《太極四隅解》曰：「四正即四方也，所謂掤、捋、擠、按也。初不知方

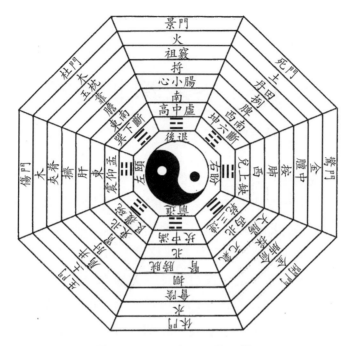

圖11　八門五步十三勢八卦圖

能使圓，方圓復始之理。」太極拳的四正四隅八門不是八卦掌之八個對等平面的八個方位，太極拳習練有它自身的認識，應按照太極拳之特性去理解太極拳的方向方位。盤架子時要嚴格遵循太極拳的弧形路線，立身中正安舒，將拳盤圓活。

打太極拳又稱為盤架子。

二、太極「八方線」

「八方線」三字乍聽起來有些耳生，什麼是「八方線」？其實「八方線」是楊禹廷大師在半個多世紀以前，

為了使學生將太極拳盤圓活，在實踐中的重大教學改革。在活解「八方線」之前，先要研討一個淺顯而又深刻的拳理問題，太極拳是什麼？若從簡潔意明而論，只有兩個字——圓環。

沒有人否認太極拳是圓環，這可以以清代前輩拳師的拳經《亂環訣》為證：

> 亂環術法最難通，上下隨合妙無窮。
> 陷敵深入亂環內，四兩千斤著法成。
> 手腳齊進橫豎找，掌中亂環落不空。
> 欲知環中法何在？發落點對即成功。

太極拳行拳不可橫抹、豎直，要走弧線，這是太極拳特性所決定的，是拳人的共識。太極拳家日復一日、年復一年地苦苦修練，就是為了將拳熟練到輕靈圓活。那麼，如何將太極拳盤得圓活，怎樣走弧線呢？這說起來容易，操作起來卻困難。傳統太極拳教學承襲先輩拳師多年不變的傳統教法，講究八門五步十三勢，八門為南（掤）、西（捋）、東（擠）、北（按）、西北（採）、東南（挒）、東北（肘）、西南（靠）；五步亦稱五行，即前進（火）、後退（水）、左顧（木）、右盼（金）、中定（土）。以身分步，五行在意，支撐四正四隅八面。

太極拳教學承襲前輩拳師「口傳心授」的教徒法。要看弟子的聰明才智，看他有沒有靈氣，悟性高不高，也就是機靈不機靈。機靈討師父喜歡，給多說幾招，不招老師喜歡的放在一邊讓師兄帶著，老師高興了給說上幾句。徒

弟的進度也不一致，俗話說「師父領進門，修行在個人」，只能靠自己苦練偷學，討老師高興多教點功夫。

那時交通閉塞，通訊落後；沒有印刷，有也印不起；老師教學落後，沒有教材，沒有教具，連起碼的黑板粉筆也沒有，只能靠口傳心授。另外有的老師年歲大了，記憶力差，對一個弟子一個說法，水準不等，說的功夫多少不同，加之弟子理解能力參差不齊，學習起來十分困難，也沒有統一的標準。

代代拳家以八門五步習練太極拳。怎樣將拳練到輕靈圓活，一個老師一個傳授，沒有統一的教學方法，更沒有標準。這種傳授，一個學生一個樣，五個徒弟五個法，再傳弟子又不同於前人。這種教學結果，令教者、學者難以掌握。楊禹廷青年時代涉足教拳場，在反覆實踐中認識到，傳統教學多以太極八卦圖演釋太極拳，這種拳法不能使學子準確掌握習拳方法。當時，作為青年拳師的楊禹廷，頗費了一番心思。受教育程度的限制，他要駕馭這一教學改革是有困難的。當時京城太極拳圈子裏雲聚了不少名家大師，改動稍有不妥定會招惹是非，長輩不接受這一新生事物，改革將成泡影。但是虛心好學的楊禹廷，憑著對太極拳的深層理解，以驚人的聰明才智，以樸素的幾何學「外接圓」原理，將八角八平面的八卦太極圖以圓線連接起來，使八角八平面的八卦太極圖畫成為一個360°圓形圖。

楊禹廷創出「八方線」，是太極拳教學的突破性改革，堪稱劃時代的偉大創舉。「八方線」被公認為佈局周密，照顧全面，合理利用空間最好的拳藝功法。拳人盤拳練功的位置便是「八方線」的中心位置。如同圓規的兩隻

腳，一隻腳不動作為軸心，另一隻腳圍繞軸心畫一圓環，軸收點便是站立的位置，四面八方形成一個 360°的圓。拳人在中心位置盤拳，以拳勢作為「材料」，一招一式，是以招勢的「材料」「搭建」一個架子，人在中間「盤架子」的過程，是上下左右循弧線行拳修練的過程，也是將拳走圓的過程。經過日復一日、年復一年的盤架子，太極功夫自然從身上反映出來，周身各大小關節出現螺旋勁，這是無形無象全身透空的上乘功夫。練太極拳是修大道，老子曰：「大道甚夷，而人好徑。」如果要問是否另有別途，也可以兩個人或多人研究，在拳勢輕、靈、圓、活上下工夫，將拳走圓。兩個人找勁很難有螺旋勁的太極功夫，如果能找到也是「小竅門」「小靈活」而已。京城有位有影響的拳師曾經說過：「兩個人找勁，什麼也找不著。越找離太極拳越遠，最後也不知道太極拳是什麼味。」

「八方線」是將拳盤圓的最佳拳法。只要牢牢把握「八方線」修練法，循八方線習練，定可得到高境界的太極功夫。在太極拳修練的道路上沒有捷徑，只有老老實實循規蹈矩地練拳，循拳理拳法陰陽學說之規，蹈八方線之矩，望拳人深思之。

三、輕扶「八方線」

太極「八方線」使太極功夫修練大大改觀。有了「八方線」，拳人一向認為博大精深難學難修的太極拳，習練有了方向。使深奧難懂的太極功夫成為看得見，摸得著，學有目標，修有方向，便於掌握的拳法。有了「八方

線」，無疑找到了通往太極之門的坦途。掌握了「八方線」，便可以將太極拳修練推上一層高境界的臺階，將拳盤得輕靈圓活。半個多世紀以來很多拳人實踐證明，掌握八方線是修練太極功夫的重要拳法。但是五十多年來，也有不少拳人在太極修練的道路上蹣跚而行，苦於拿不到太極功夫而中途折返，一世盲練。

凡事都有正反兩方面的結果。有了「八方線」這一最佳修練法門，為什麼還有一世無成者呢？在上世紀 70 年代末，我帶著這個問題，曾請教過楊禹廷老人家，他說：「凡未達到功成者，是他們嫌麻煩。」一語道破未成功者的癥結。他們有「八方線」這一法寶，但沒有循陰陽學說的根基去修太極拳「八方線」拳法。當我們重溫拳論《身形腰頂》「身形腰頂豈可無，缺一何必費功夫！捨此真理終何級？十年數載亦糊塗」的拳論時，不能不說這是百多年前代代先輩拳師的實踐拳法的總結。凡修練太極拳，定要循規蹈矩，捨此，可能一生空忙枉費工夫。

所謂循規蹈矩，是按照太極拳拳理修練太極拳。拳論云：「其根在腳……形於手指。」「一舉動，周身俱要輕靈。」「陰陽無偏稱妙手，妙手一著一太極。」太極修練，身形應該是一個太極體。拳論云：「天地為一大太極，人身為太極之體。」這是練拳的道理，在拳場，道理就是真理。練拳要遵道而修，修練太極，就要有一個太極身形，還要有一雙太極腳，兩隻太極手，否則難以功成。

(一)手鬆方可輕扶

修練太極拳不能跟生活中的身形手腳一樣。生活中的

身形手腳是有力的，而太極拳要求修練者處於無極狀態。所謂無極狀態，就是盡可能全身放鬆，各個大小關節鬆開且節節貫串，鬆肩，垂肘，舒鬆手腕，空鬆腰、胯，虛靈雙膝，絕對不要著力，鬆弛腳踝，雙腳平鬆落地不要踩力，手鬆而且要淨。一時難以鬆淨，練拳時手上不著力，久之手上自然鬆虛淨下來，最理想的手是「妙手空空」。身形手腳符合要求後，在練拳時心腦安靜，這叫「澄源清流」。練拳站在「八方線」中央，實腳為「八方線」中心點，行拳時手儘量不著力，以淨手食指輕輕扶著「八方線」行拳。請注意輕扶「八方線」行拳跟平時練拳相同，似行雲流水綿綿不斷，不同的是，實手、食指有一種感覺，也就是意念，這個意念成為一個「點」，行拳輕輕扶著意念點，循拳套路路線運行，勢斷而輕扶不斷。儘管套路虛實變化多端，但實手輕扶的意念點不變，變化的只有陰陽虛實，不變的是輕扶「八方線」。

輕扶的關鍵一要輕、二要扶，扶住不斷更不能丟。輕扶習慣了、熟了，自然意動神隨。行拳自然輕扶，身上各部位就會鬆下來，沒有僵滯不爽之處，有一種圓活趣味，這時離盤拳輕靈圓活也就不遠了。

(二)再論鬆腰、空手

關於太極拳的鬆功，前文鬆功篇中有詳盡的敘述，從腳往上，腳、踝、膝、胯、腰、肩、肘、腕、手周身上下九大關節，節節放鬆。拳論有「行氣如九曲珠」之明旨。腰是九顆珠子中間最大的一顆，起承上啟下的樞紐作用，必須空鬆。如果腰部僵緊，勢必截斷上下之通路。為了保

持全身鬆通，必須學會周身放鬆。首先放鬆腰部，腰緊全身僵，上下八個關節鬆，腰自然空鬆，九個關節，放鬆有關聯（請參考鬆功篇中關於鬆腰操作的細節）。如何操作習練有難度，請試練以坐姿站立，以站姿坐下，如此經常演練也許會摸到鬆腰的拳法。為了習練全身自然鬆柔，不妨以起床穿衣服繫鈕扣，吃飯拿筷子的手輕鬆自如來往於餐桌上，像女性織毛衣輕靈的手去找感覺，平時注意鬆柔周身大小關節以及隨意肌和不隨意肌的肌肉群。

拿起物品時，不要想著去拿東西，能不能找找用手輕輕扶東西的感覺？具體操作並不難，在家中方便的地方掛上一件衣服，經常扶推，或是扶推窗簾、掛著的毛巾等物。在室外扶推彈性好的樹枝，也是出功夫的好辦法。

(三)輕　扶

輕扶「八方線」，一要真扶，在看來似乎沒線的地方扶出「八方線」來，這要看你是否能堅持住。在盤拳時站在「八方線」中心點上，身前身後、上下左右四面八方，也確確實實有「八方線」。開始練功手上有拙力本力不要緊，日久拙力本力會退掉的。二要扶住，行功走架扶住不要斷，勢斷意不斷，經常想扶著，斷了很快再扶上。

盤拳輕靈圓活無二法門，只要認準了這種太極功法，不疑不動搖，久之自有不可言狀的興趣。「輕靈圓活」這句拳中術語，如果拆開講可破解一謎。在太極拳修練中唯有輕，手上方可退去本力，手才可以鬆淨；只有鬆才可以扶「八方線」。輕扶日久，手上自然知曉陰陽變化。重手、力手難以達到輕扶的效果，太極功夫無緣上身。唯有

靈，各個大小關節方可虛靈，氣血才暢通不僵不滯。有了輕和靈，方能將拳盤圓，只有將拳盤圓才可能得到太極功夫，周身上下從表及裏全部活了。所謂活，也就是開合，身上靈活，也可以說全身開啦。周身大小關節鬆開，隨意肌和不隨意肌群也統統放鬆，肌肉全鬆開。談到開，有心神意氣開，有肢體開，開也是陰陽變動行拳輕靈，胸中不滯周身不僵，一動周身輕靈，沒有走不開的地方。再深究一步，一動，周身大小關節都是圓環，也就是螺旋勁出現。如果較技揉手(推手)，輕輕扶上對方來手，對方發不出勁來，腳下發飄，丟掉重心，也就失去了進攻能力。

當初，楊老拳師改進教學，是為了使教與學更符合太極拳輕靈圓活的規律。因而「八方線」理論從此誕生了。一個新的理論問世，創造時並沒想其功效如何，但經過半個多世紀，兩代拳人的實踐證明，「八方線」是培養太極拳人才的最佳拳法。

四、手腳不離「八方線」

凡修練太極拳的人，無不渴望得到真諦，從而自由自在地遨遊在陰陽變化之中。有的拳友雖決心很大，卻苦於找不到通往太極拳高深功夫之門，而楊禹廷的「八方線」正是這方面的指路標。

今天向拳友們著重介紹運用「八方線」的法則。前文向讀者介紹了楊禹廷「八方線」，其關鍵功法是「輕扶『八方線』」，主旨是輕扶，一套拳從起勢至收勢，要輕扶不斷，手腳不離「八方線」。

(一)再釋輕扶

前文介紹了「輕扶八方線」，一要輕，輕扶，真去輕扶。太極拳與其他拳種不同，有它自己的特性。講究虛實、開合、鬆柔、用意不用力，這些功夫不要說練，單說認識、理解也是很難的，有的似乎摸不著看不見，這便是太極拳的特性。

還有一點，太極拳盤拳時前邊有人似無人，無人似有人。通俗解釋為盤拳練功時，原本是一個人靜靜的習練，側旁無人觀看無人干擾。修練要設計一個人在你前邊看，在阻擋你練拳，或動武向你襲來。這時你要「帶著敵情」與之搏鬥，將其來勢化解。相反，練拳時前面真有一個人看你練拳或阻擋你行拳，你要以意念視而不見，有人似無人，該怎麼練還怎麼練，不要受到干擾。從這一特性看，太極拳修練難度是很大的。

太極拳套路路線似一個立體的架子，你在什麼地方盤拳，你所站立的位置實腳便是「八方線」的中心點，你的周圍便有一個看不見、摸不著，但又確實存在的「八方線」立體的拳架子。盤拳時要以實手食指輕輕扶著架子盤拳，在看不見摸不著的空間，輕扶出一個上下左右前後都有的太極拳拳架子。注意一定要輕扶，拙力手重扶是沒有什麼拳架子的，這是太極拳的特性，太極拳的手應該是有太極陰陽特徵的空手，也就是太極手。任何帶力的手，都不是太極手，也摸不著太極拳之拳架子。

二要扶，輕和扶是一種技法的兩種操作程式。有輕才有扶，輕扶符合太極拳之拳理拳法。前文要求要真扶，扶

住，認認真真，方能扶住，行拳中斷了再去扶，日久成為習慣，就不會斷扶了。

輕扶，首要是輕，手上鬆柔輕靈才能談輕。輕不是要去扶「八方線」才提出來的。拳論明示「一舉動，周身俱要輕靈」，練太極拳周身都須輕靈，手上更應該輕靈，輕靈是太極拳拳法中首要之技法。拳論明示「形於手指」，形於手指不是力於手指，手指像樹上的葉片一絲力不著，你什麼時候摸它，用力便翻，只能去輕扶。太極拳博大精深，不是每天去打 300 次沙袋。不要用常人的想法、常人的眼光去看。精深到手上沒有一點力，像樹葉一樣在輕風中飄蕩。什麼時候，你練拳，別人看你的手似在空中飄蕩，不是在掄拳，你的陰陽變化功夫就已經相當可以了。

(二)手腳不離

所謂「手腳不離」，是指我們在練拳過程中手腳離不開陰陽變化、虛實變轉、動靜開合。具體講，腳下有實腳「八方線」，虛腳「八方線」；手上有實手「八方線」，虛手「八方線」。你的腳下和手上有了「八方線」，陰陽變化、虛實變轉、動靜開合就不再是抽象的看不見摸不著的玄奧之物，而是陰陽、虛實、開合在你的掌握之中，清楚明白地運用在手，變化在腳，周身全體動靜開合自如，再也不練糊塗拳。

太極拳人都會說「虛實」「開合」，怎麼虛，怎麼實，什麼是開，什麼又是合呢？一問搖頭，再問傻了。「虛實」「開合」說易真正懂了甚難，不好理解。筆者在北京東三環附近一個文化公園裏與眾多拳友研究拳技，

「八方線」拳法一說能明白，但搖頭不會用。地上用樹枝畫上一個「八方線」圖，一說也能明白，但不知怎麼個練法。不是不會練不能練，而是不習慣。楊禹廷老拳師說過「拳打千遍其理自現」，很多人都知道熟練能生巧，多練，多看，多琢磨沒有不成功的。

在行拳過程中，手腳不斷循四正四隅方位運行，離不開陰陽變化、虛實變轉，拳勢的種種動作要有正確的方位和起止點，沒有「八方線」很難把握準確。

就像公園隨處可見的練拳人，沒有陰陽，看不到虛實變轉，表面在練拳，胳臂動，手也動，但沒鬆開關節僵緊，像兩根肉棍子，站在那裏盲練瞎掄，這種練法哪裡有一點太極拳的韻味！他們不知道，練太極拳必須遵道而修，按照太極陰陽學說，循拳理拳法和太極拳鬆柔、陰陽變化的規律習練。有悖於陰陽之理者，難以功成。修練太極拳，動須有虛實、開合、陰陽變轉，否則怎可能將拳盤得輕靈圓活？拳練到輕靈圓活是拳家練功的目標，要達到此目標，「八方線」便是最好的「拐棍」。

所謂手腳不離「八方線」，拳家腳下寸步不離一個米字。四正四隅四條線八個方位，恰似一個米字。米字周邊畫上一個外接圓，正是一個「八方線」圖。

(三) 輕扶亦分陰陽

手腳有了「八方線」還不夠，為了把握太極拳陰陽學說，還要將每個式子分解成若干動作，分清每個動作的起止點。如楊禹廷八十三式太極拳，起勢四動，攬雀尾八動，單鞭二動，為了陰陽變轉，每勢均為雙數（陽）以便

接單數（陰）。如單鞭，右手掌變勾為單動（陰），左手拉單鞭為雙動（陽）。陰動接陽動，陽動為實，實中再實一次，而變成陰動；陰動變陽動時，再陰一次，便達到「變轉虛實」的要求。

　　按「八方線」盤架子，就要將以往與拳論「一舉動，周身俱要輕靈」相悖的習慣在盤拳中一一都克服掉。輕扶「八方線」，手就不能有力，輕輕扶著套路路線行拳，從習慣上手用力到不著力，別有一番奧妙，這種輕手就是練拳所需的太極手。腳呢，太極拳人當然要有一雙太極腳。按「八方線」修練，手輕扶，腳下有力不對，踩地不可，五趾抓地與拳理相悖。一舉動，周身都要輕靈，腳當然也要輕靈，腳是根，腳下輕靈，周身自然輕靈，這個道理十分淺顯。所謂太極腳，就是兩腳平鬆著地，五趾舒鬆，腳與大地融為一體。腳鬆著地，站立自然牢穩，也就是人們常說的樁功穩重。腳平鬆，膝自然虛靈，鬆胯空腰。說到空腰，腰是從腳到手九大關節中間承上啟下的主宰，不要以腰扭轉帶動軀幹四肢。鬆肩，垂肘，任何動作都要空肘，肘尖永遠向下，腕也要時時注意舒鬆。在練拳時，手不著力，虎口撐圓，掌要舒展開，不是強直伸開。還要注意一個細節，在輕扶「八方線」時，為了扶有感覺，實手的食指要輕輕扶著起止線的「意念點」，開始時這個點不明顯，熟了，伸手就有一個意念點，手扶點走，點走手扶，自自然然功夫就出來了。在重心轉移時，要漸變，不是突變。掌變拳小指先鬆攏，然後依次無名指、中指、食指、拇指鬆攏為空心拳；拳變掌，從拇指開始，依次為食指、中指、無名指、小指逐漸舒展；實勾和虛勾亦然。腳

下虛實變換也是漸變，實腳變虛腳，從實漸虛；虛腳變實腳，漸變實，不要以胯橫移。弓步變坐步，要嚴格按方位用功，如面南坐步，右虛腳對正南，腳趾上揚；坐步變弓步，右虛腳變實，腳尖仍下落向南，一弓一坐，腳趾一揚一落，恰恰畫了一個上下的圓，日久腳下便有了螺旋勁。

太極拳拳理只有一個標準，誰也不能違背。「八方線」符合拳理拳法，認識、理解「八方線」，學習、掌握「八方線」，手腳不離「八方線」，最能體現拳理。如果練拳多年苦於找不到太極之門，「八方線」是最佳的選擇，一年半載或兩三年你就將領悟到太極功夫的真諦。老子曰：「道法自然」「天道無親，常與善人。」只要抱定修練的決心，沒有不成功的。

「八方線」篇，暫寫到此。

在「鬆功篇」中，對於陰陽、虛實、動靜有講解。其實並不難理解，陰為意之隱，陽為意之顯，循陰陽變化規律，虛實動靜就不難理解了。虛為陰，為靜，為意之隱。怎麼隱，不是躲閃，不是身形上的隱，而是無形無象中意念的隱，神之隱，視線的隱。視線隱，能明白不難做到，將兩眼視線，從印堂穴向內視下至丹田即完成這一動作。虛、神隱的操作比較難，理解起來也困難。

前邊筆者已經強調過，太極陰陽功夫是周身上下從裏及表的綜合功夫，單獨去習練講解是困難的，也講不清楚。例如講腰部的空鬆，不說溜臀、裹襠、收腹、圓背，就難以說明白腰與上下關節之關係。

還是那句車軲轆話，太極拳功夫是周身綜合修練而功成的。

第十一篇

太極拳修練篇

怎樣練好太極拳，是天下所有太極拳人共同要解決的關要。過去千百年來，一代人中有幾位能練好拳呢，人數寥寥。除了封建糟粕陋習醜規外，學練的方法、個人的悟性也影響著太極功夫上身。凡未成功者，學練方法是主要因素。本篇將破譯學習方法，解練拳之秘。

一、要有百折不撓的毅力

圈內人稱練太極拳叫「打拳」，確切說叫「盤架子」。因為太極拳的特性要求走弧線，「盤」是圓形，與拳的弧線最為貼近，盤架子的叫法就顯得形象、貼切。經常盤架子可以出螺旋勁。練一套太極拳比較容易，如果悟性好，在明師指導下有幾個月就可以把套路學會，但要想得到太極功夫就不是幾個月的事情了。

《太極拳論》中說：「由著熟而漸悟懂勁，由懂勁而階及神明。然非用功之久，不能豁然貫通焉。」

從以上拳論不難悟出，學練太極拳不是一件容易的事。「太極十年不出門」「拳打千遍其理自現」，這裏所說的「十」和「千」都不是實際數字。這要看學練者學識素養如何，是不是有悟性，還要有一位明師指導，學練人

要執著追求，鍥而不捨，廢寢忘食，排除一切干擾自覺練拳。

首先，正如著名的太極拳大師吳圖南指出的，練拳要有百折不撓的毅力，要有脫胎換骨的精神。隨便翻開記述拳師苦練太極拳功夫的書，便會看到，當代太極拳名家學拳練拳的經歷，並不是輕鬆的。

江南有一位拳師說要向前輩拳人學習，他自幼習武到長大工作，每天堅持練拳兩三個小時，走七八趟拳，從不間斷，一氣下來，中間不休息，練得坐下不想站起來，站起來不想坐下，全身像上了刑具一樣難受。他要求學生花上一二十年功夫堅持練，一輩子不停地練。這種練法一般人很難做到。沒有百折不撓的吃苦精神，想攀登太極拳的藝術殿堂是困難的。

二、太極拳是藝術

其實，學習各種門類的藝術都是一樣的，不下苦工夫都得不到藝術的真諦。畫家學畫要到各地寫生，畫幾萬個人兒，才能畫好人物。太極拳人一生要練一萬兩萬遍拳和拳的單勢，且循規蹈矩，才能找到拳之精華和真諦，這叫功夫，是從吃苦耐勞中而得。

有人說，太極拳是立體的畫，是流動的詩，是無聲的音樂，是優美的舞蹈。行拳盤架如行雲流水，太極拳有太極拳的韻味。

太極拳是文化品位很高的拳術，你用力去練拳腳，就失去了它的文化內涵。太極拳習練者的心態應該在習拳實

踐中不斷調整，以適應自身對太極拳拳理的認識再認識。

太極拳不僅具有養生、保健、技擊功用，從事太極拳鍛鍊還能使人從中得到文化的藝術的審美的體驗。它開發大腦，增進智慧，使人體中的血液、經絡、氣道得到通暢。

三、要有追求，要有精神

在太極拳領域內，人要有追求，也要有一點精神。如果沒有追求，又缺乏奮發向上的精神，只停留在一般習練的狀態中，是不可能成功的，更成不了明師。

其次，練拳還要排除干擾，堅持不懈地苦練。得到太極功夫絕不是一朝一夕、短期內可以奏效的。要經過刻苦努力艱苦磨鍊，甘於寂寞，反覆進行單調乏味的操練，才有可能走上太極拳大道。

如果你選擇修練太極拳，弘揚太極文化，那麼，你就要有準備付出相當多的時間去努力，將全身心投入進去，要堅信自己一定能夠登上太極聖殿，一定能夠達到太極功夫的最高境界。

四、排除一切干擾

排除不甘寂寞的干擾。在學練太極拳的過程中，除了集體向拳師學拳外，絕大多數時間都是一個人苦練。當歡聲笑語之聲傳來時；人家漫步在樹蔭下、小河旁，沉浸在幸福的甜蜜中時，你卻在美好的時光裏或萬籟俱寂的夜

晚，獨自一人在一招一式演練太極拳，寂寞得連一點聲音都沒有。心躁不靜，練不下去了，忍受不了這種嚇人的孤獨，這樣你就前功盡棄了。

從前輩拳師那裏我們可以瞭解到一些練拳的資訊。要得到太極功夫，不是階梯式、步步高，下幾年工夫就能登上太極藝術的殿堂。而是在長期修練中，從理論到實踐弄懂了一種功法，感覺到身上有了某些變化。但是常常好景不長，明白了不多時日，興奮還未過去，就又落入迷霧之中，對所練的功法糊塗了，身上又不明白了，有經驗的拳師會告訴你，這叫「三明三昧」。就是說，太極功夫的增長不是直線上升，從不知到知，從知之甚少到知之豐富，最終若干年後全都懂了，畢業了，拿到一張全知的證書，今後你走出大門便成為全知拳師了。

其實根本不是那麼回事。在修練過程中，在糊塗、明白之間前進，經過多年修練後，你會感覺到太極拳是無邊科學，很多未知的東西在前邊等待我們去認識、去理解、去破譯、去獲得。

五、太極拳有多種練法

傳統太極拳有多種練法。太極修練不是只盤一套架子。像壽星太極拳藝術大師楊禹廷老人家，學拳、教拳八十餘年，到晚年仍然堅持練拳不輟。他每天練拳四五個小時，有正反兩遍拳，單手正反兩遍拳，無手正反兩遍拳。這樣練拳，太極功夫能不上身嗎？

如果不能踏踏實實地練拳，紮紮實實地練功，就像我

前面說的那樣，即使練 30 年也沒用。

(一)太極拳是科學

太極拳是科學，拳理深奧，拳法嚴謹，學練者必須循規蹈矩習練，方可登階入室進入太極門。只刻苦也不成，要讀書明理，否則，幾十年也練不好太極拳。有的拳師收了弟子，甚至都還不明白什麼是太極拳，主要原因是對拳理、拳法研究不夠。學練太極拳必須循序漸進，「認識—理解—明白—懂」，方可得道。拳論云：「由著熟而漸悟懂勁，由懂勁而階及神明」，這是學練太極拳的一條科學的規律，捨此無近路可尋。

在中國各地，不分南北東西都出現過神童，十二三歲便因成績優秀而被大學破格錄取，成為少年大學生。而學練太極拳卻沒有這樣的神童。有人吹噓 7 天學成什麼，20 天達到高手，是新天方夜譚。

圈內有一句名言：「太極十年不出門。」實踐證明，由於太極拳博大精深，十年雖然很長，但也不一定就能學成出門。出什麼門？家門、村門、縣門、市門、省門還是國門？這個十年不是三千多天的概念，是術語，是對習拳者的一種考驗，如果聽到「十年」就望而怯步，說明練拳者信心不強，毅力不堅，恐難學成。

(二)傳統太極拳的多種練法

初學太極拳，需要怎樣「入門」呢？又怎樣一步步由淺入深呢？依筆者之見，逐一簡述如下。

1. 定 式

初學太極拳要先學練定式。定式顧名思義,是在原地不動練拳式。這樣學練姿勢準確,功底紮實,樁功牢固。每個式子分解成若干小動作,一動一動的教,而每一動停留三口氣至六口氣,再練第二動。一年下來學習十幾、二十幾個式子,這樣練功功底紮實,從不返工。如果圖快,跟著老師劃道,一個月練一個套路,學得快忘得也快,根本談不上功夫,像煮夾生飯。基礎打不好,改拳之難難以想像,甚至一輩子也改不好一套拳。

2. 原地式

在定式的基礎上原地練習,一個式子可反覆原地練,因原地不動,老師便於糾正動作,收效甚佳。

原地可以練習一個拳式,也可以練兩個或多個拳式。現在工作繁忙生活節奏快,一天到晚沒有大塊時間、也沒有較大空間練拳,原地式就能解決這種困難。正所謂「拳打臥牛之地」,練拳不拘時間、地點隨時可練。如「攬雀尾」和「單鞭」,在原地練,東西南北四正方向,十幾分鐘可練 12 個攬雀尾,13 個單鞭,單鞭和攬雀尾是最吃工夫的拳式,這樣練功底也紮實。

3. 聯式(動式)

從字面上看,聯式就是將學到的拳式聯起來練,這就需要場地,第一段二十五式有 2 米寬 6 米長一塊長方形空地就足夠用了。二十五式練完 17 分鐘,如果每個式子做到位,一招一式還要增加幾分鐘。

練時要注意將拳式走圓。太極修練從理論到實踐,都是以練拳為主,沒有別的出路,是需要埋頭苦練的。每個

拳式都做到位，在虛實變轉的當口更須一絲不苟，每天至少打六趟拳，雙手正反，左單手正反，右單手正反，共盤六趟架子，大約四個多小時。

4.默 練

默練就是站在原地或坐在椅子上，不做動作，默想拳架。從腳到手從手到腳行拳，靜坐不動「以心行意，以意導體，以體導氣，以氣運身」，達到動靜相兼、身心雙修、健身養生的目的。默練時，在頭腦中要有拳的形象，像放電影，一次有一次收穫。

默練可解決因為工作忙抽不出大塊時間練拳的問題，在火車上、飛機上、短暫休息或工間操時間，均可默練。將拳默想一遍，手腳結合，上下相隨，從上到下默練拳後，渾身熱乎乎，也能達到動式拳的效果。

5.單手練

先輩拳師在長期修練中，為了得到太極功夫，創造了多種練法，以解寂寞、枯燥之苦，也為了提高和鞏固所學的拳藝，其中一法為單手練。

單手練也是很重要的方法，分左單手和右單手兩種。所謂單手練，就是在盤架子時，只由一隻手動作，另一隻手下垂不動，如右手作為實手，則左手下垂，跟平時盤拳一樣。下垂不動的左手不是完全不動，而是隨套路運行路線走意念，靜中求動，左單手右單手同。

6.無手練

無手練與有手盤拳一樣。按套路一招一式一絲不苟，只是左右手下垂沒有動作。在盤拳進行中所有動作運行線路與有手練的動勢一樣，無動作的左右手仍然要分清虛實

帶意念，視線、陰陽與有手聯式同。

7.鬆肩練

肩是氣之「氣門」。鬆肩，氣順向下，如含肩、聳肩將牽動氣，使氣向上沖，全身不易鬆柔。修練鬆肩是十分必要的，鬆肩練是功夫拳。

修練鬆肩有很多練法，但在盤拳中鬆肩最為重要，應引起拳人的關注。盤拳的每個動作，起始動作之前必須先鬆雙肩，每動先鬆肩，將一套拳練完，就完成了鬆肩練的功夫拳。

8.垂肘練

鬆肩垂肘是相輔相成的，只顧鬆肩不管垂肘，上肢仍然僵滯。推手、技擊因為肘鬆不下常受人制。鬆肘習慣上叫「垂肘」，上肢沒有動作肘自然下垂，上肢動作時肘亦應自然下垂，絕對不得掛力。盤拳、推手時拳人必須做到「鬆肩垂肘」。「垂」字顧名思義是自然下垂之意，肘上不能有意，更不能有力，就是用肘發人肘上也不允許著力，而是指梢上的功夫。盤拳時每個動作要垂肘，跟鬆肩練相似。不過肘的訓練只注意肘自然下垂，每個動作如此反覆，天長日久功夫自然上身。那裏你的肘很鬆沉，兩位年輕人也很難抬起你的一隻胳膊。

9.鬆腰練

腰在太極拳鍛鍊中占主宰地位，是十分重要的。先輩拳師在腰的訓練和運用上是十分出色的。可惜先輩們沒有給我們留下照片等可參考的影像，只留下不少關於腰的論述和拳經。然而由於幾代拳師學識修養不同，對拳論理解不同，各家各派傳下來的「腰理論」和用法就不大相同。

我承學楊禹廷大師的八十三式，在修練中體會到在腰的運用上以「腰隙」為妙。

訓練腰可以單練，也可以在盤拳中練。在盤拳過程中，拳理要求虛實變轉時，在式與式的銜接處鬆一次腰。在二十多年的實踐中我感覺這是上乘的練法。

具體做法是在盤拳過程中，每一個動作做完，就是動與動之間的陰陽變轉，欲做下一個動作時鬆一次腰，久而久之，養成了習慣，一個套路打下來呼吸極為順暢，身上備感舒服。如果不是這樣很可能截氣，要患病，而動作也做不好。在平時活動中亦應該在動作之前鬆腰，鬆腰在身上的變化，其妙無窮。

以上我們講了太極拳修練中的拳法，也講了傳統太極拳的多種練法，是不是這樣修練下去即可大功告成修成正果呢？我們講也是，也不是。如果只是一般健體、強身、祛病、延壽，每天按以上要求盤拳會收到相當不錯的效果。但是，要想得到太極功夫還遠遠不夠。要進一步修練太極功夫，還要在身形、手勢、頭部、腳下、心腦、眼睛等「四法四功」上下一番工夫。這在「鬆功篇」中已經講得比較詳盡。

六、眼神（視線）

太極拳有「手、眼、身、步」四法。前輩拳師將眼神列為四法之一去訓練，可見對眼的要求和訓練是很看重的。

運用眼神（視線）時，不可強視也不可斜視，更不可不視，也忌不分陰陽動作，始終注視一個方向，一種姿

勢。黑眼珠在眼眶中的位置應保持中正，不要左右轉動，也不要仰視或低視。眼神的變化也是隨著拳勢的動作而決定的，不能根據自己的習慣，當然更不可一邊練拳一邊東瞧西望、左顧右盼、心神不專注。心神不專注身便散亂，身散亂拳也練不好。俗話說：「眼是心靈之窗。」一個拳師的氣質如何，是否有威懾力，要看他的眼神是否有咄咄逼人的光芒。這種眼神不是一般人所具有的，而是太極拳修練功夫的積累在眼神中的反映。

記得上世紀 80 年代末，一次我在楊禹廷老人家中聽他說拳，距他一米外，我站在他老人家面前，我欲向前，他看著我，我無法向前邁步，這是眼神所起的作用。眼神在技擊中起著決定性的作用，你眼光內收從印堂收到下丹田，對方被你拿起來，眼神順對方遠視，對方被發放出去，這是眼神特有的威力。

眼神的活動與拳勢變動有著直接的關係，根據拳勢的要求，每個式分為若干動，按陰陽分為單動和雙動。單動、雙動為奇數和偶數，為方便習練，以一、二代替，一為陰，二為陽。凡一動，視線追手；二動手追視線。雖然說得很簡單，但如果運用不當，會影響全身的鬆柔和僵滯。初學者先不要管視線，自管將拳架盤熟練即可。

七、不要主動

練太極拳叫打太極拳，也稱為盤拳。初學太極拳的愛好者，由於對拳的特性學習認識不足，理解不夠，太注重「練」「打」「盤」。就是練拳多年和資深的太極拳師，

有些也沒有完全脫離練、打、盤。

　　將太極拳作為全民健身的群眾體育運動，怎樣練都沒有錯。但如果要修練太極拳功夫，練拳就不能有隨意性、主動性，一定要遵拳理拳法。「道法自然」，練拳刻意去練、去打、去盤，主動則僵，意大定滯，有悖道家「中空道通」之理。

（一）習拳明理

　　習拳須明理。首先，明拳理，明拳法。知道太極拳修練方法，以及太極陰陽變化之理。明白這些拳理拳法，不會再有動意在先。練太極拳有常說的三大忌，即不可有動意，不可主動，不可妄動，其中最忌主動。

　　行拳循套路路線，順其自然行功。因為拳之路線由不同的環組成拳架子，你站的位置，實腳便是拳架子的中心點。中心點的四面八方是一個圓形架子，看不見，卻摸得著。看高手拳師盤拳，便能看到拳師周圍的拳架子。盤拳行功過程中，由於用意不用力，空鬆雙手輕扶拳架子盤拳，手似在空中飄浮，循拳架弧形線行功，到極限處，手自然返回。明此理後，盤拳能體味到太極拳的「味道」，有一種圓活趣味，妙在其中，玄在其中，奧在其中。這便是太極拳別於其他拳種的特性。

（二）遵道而修

　　練太極拳一定要遵道而修，按照太極拳學的陰陽學說，循太極拳拳理拳法，一動一式，紮紮實實，循序漸進，不要貪功求快囫圇吞棗做夾生飯，費時盲練。

所謂遵道而修，是每個拳勢按陰陽變換一動一動練習，用意不用力，在反覆練拳訓練中，逐漸將拙力、本力退去；注意輕扶「八方線」，輕扶不斷，斷了接上，要不忘輕扶。重心變轉，先減後加，陰陽變化要漸變，不可突變，不要主動，不要妄動；動意大、動意在先都是練家之大忌，習練者不可不悟。腳平鬆落地，不可力踩。不要小看局部拳法，都是大道。

(三)安舒中正

前文已經敘述過「中正安舒」，因為這是一種功法的內外雙修，有再重複的必要。有人認為身體正直便是中正安舒，這僅僅從外表、從身形看到了身形的中正，而更為重要的修練是心神意氣的安舒，先安舒才有外形上的中正。準確地說，這個功法應稱為安舒中正，沒有心、神、意、氣的安舒，不可能有身形上的中正。

身形中正是拳架結構的中定，從中定演示出前進、後退、左顧、右盼。拳的結構是大工程，是拳法中的上乘功夫，是修養高深的拳家研究的課題。對於初學者，需要知道這一拳法，在頭腦中要有拳結構的概念，在練拳時注意身形的中正，不要練半個身子拳，不要練歪邪拳。如果你悟到安舒中正的奧妙，再到周圍看拳友練拳，那歪斜半個身子拳多有顯現，這證明你的拳藝水準大大提高了一步。

八、用心腦練太極拳

怎樣練好太極拳？首先要「練」。有人甚至當了拳師都

不提倡下工夫練拳，而是練習單操手的「太極功」或「站樁」。我不反對練習單操手和站樁，因為這是一項輔助練功活動。但是，太極拳的功夫是每天循規蹈矩認真練拳得到的。很多身懷絕技的人都是每天練拳不輟，從不間斷。

練太極拳，也稱打太極拳，確切地說叫「盤架子」。因為太極拳的套路自始至終走弧線。有人說，太極拳套路是由大小不同的環組成，故稱「亂環拳」，弧線是盤出來的。練拳開始，切記走弧線，忌直來直去走直線，否則得不到太極拳特有的圓活趣味和深層的功夫。

怎樣走弧線呢？傳統太極拳的拳理拳法規定，盤拳一定注意方位，所謂方位為南、北、東、西四正位和東北、東南、西北、西南四隅位。拳者面南而立，嚴格按四正四隅行拳，楊禹廷太極拳大師稱此為「八方線」。如正單鞭，左實手從正西起，運行至正南，終點正東，整走了一個弧線形。從起勢到收勢均如此。經常練拳走弧線，身子周圍形成一個圓形意念圈或一個球形，在與人試手時，對方很難攻破這個「球」。初學者和練拳多年的人都應該遵循太極拳這一特殊的訓練方法進行修練。

在盤架子之初先要排除雜念，做好預備勢，等心神慢慢安靜下來，手腳四肢空鬆，也就是說心安靜，手要淨，胸部虛靈，做到無思無意，無我無他，安舒中正身上不帶拙力（這叫「澄源清流」），方可往下盤架子。

盤拳時做到「一舉動，周身俱要輕靈，」不可有僵滯之處。伸手提足注意虛實，也就是陰陽。有人說，陰陽是拳母，鬆柔是拳魂，不知陰陽，沒有鬆柔，拳是練不好的。

陰陽就是虛實，陰為虛、為靜、為吸，視線收回；陽

是實、是動、是呼，視線外放，這是始終不變的拳理，有了功夫修練到高深境界也是如此。

盤拳時要求「輕靈」，從起勢到收勢始終貫串輕靈，不可有缺陷、凸凹、斷續處，「其根在腳」「由腳而腿而腰，總需完整一氣」。在行拳時，不管你練的是哪一派的太極拳，也不拘於有多少式，一定要將每式分出若干動。

我練楊禹廷八十三拳，老拳師將八十三式分成三段，每式分成若干動作（均為雙數），如起勢4動，攬雀尾8動……盤拳遇到單動（1、3、5、7），腳引手走，視線追手；雙動（2、4、6、8）手引腳走，手追視線。這樣盤拳，可以達到「拳論」的要求，「上下相隨」「內外相合」。在每個動作結束練下個動作時，腰要鬆一下，「命意源頭在腰隙」，這樣做可以達到「全身似鬆非鬆，將展未展，勁斷意不斷」。

在單動與雙動的「介面」處，「拳論」講是「變換虛實須留意」，單動為虛，虛變換實再虛一虛；雙動為陽，陽變虛則再實一次。長久修練，分清虛實，周身節節貫串，向太極功夫上乘最高境界發展也就不難了。

一般認為習武人四肢發達，頭腦簡單。其實，修練太極拳恰恰相反，太極拳練的不是拳腳功夫，而是頭腦和心靈的功夫。

初學者先不要注意呼吸、虛實、視線，首先要過「僵滯關」。初學拳的人，往往手腳上下不相配合，伸手提足四腳僵滯，甚至呼吸困難，胸口脹悶，這也是必然要經過的階段。這時千萬不要灰心喪氣，先要靜下心來，身心安靜了再盤拳，每個式子每個動作力爭準確，不可貪多求

快，要紮紮實實地做好做準備每個姿勢，輕鬆、自然地練拳，僵滯的四肢就會慢慢鬆柔下來。

太極拳是頭腦和心靈的拳術，最後只是頭腦的運動，意重則滯。再以後，主宰於神。神為主宰，就達到了前所未有的境界。

九、嚴謹細膩

鬆柔藝術大師楊禹廷八十三式太極拳，宗承吳式太極拳創業奠基人吳鑒泉大師之吳式小架。楊公禹廷在吳式太極拳守靜運化、緊湊舒展、鬆柔圓活、身靜體空的拳藝基礎上，匠心獨具，循規蹈矩，創造性地進行教學改革。以講義教學，改變千百年來師承口傳心（身）授的教學方法，在身心中正、方位方向上創造了「八方線」教學法。確定了太極拳中正安舒心靜體淨的手輕、腳下陰陽變化的教學法，是太極拳教學的創舉。

楊老拳師以一生的教學經驗確定了單腿立柱、從腳到頂的中軸線式的重心，變轉陰陽極為靈活。拳法拳藝極為嚴謹細膩，將拳勢的陰陽分成單動、雙動，陰為單動，陽為雙動。一個拳勢分為若干動，如單鞭 2 動，摟膝拗步 12 動，陰陽以 1、2、3、4……加以區分，1、3、5……為陰，2、4、6……為陽。1 為陰，為虛，為開，是視線追手；2 為陽，為實，為合，眼神視線在先，手順視線行功，也是手追視線。重心陰陽變化，先減後加。行功盤架，空手輕扶「八方線」，行動不快，不慢，不間，不斷，如行雲流水。

盤拳修練要循規蹈矩，按規矩練拳，一招一式，從腳到手，從手到腳，大小關節上下節節貫串，不可主動。嚴謹細膩，似鐘錶的錶芯一個齒輪緊扣一個齒輪，絲絲入扣。練拳不可瞞天過海，囫圇吞棗。應像書法藝術，從一筆一畫寫起。凡不練楷書的人，掄筆狂草，十個有十個失敗。練家要認識再認識，反覆認識，這是拳理，是拳法之理，是拳之真理，拳之真諦。

十、太極病

太極拳論對太極病有專題論述，這應引起拳人的注意，初學者尤其要注意，就是修練多年的拳家也要時時警惕身上出現「病」變。

身上之病，見拳論：「勿使有缺陷處，勿使有凸凹處，勿使有斷續處。」「每見數年純功，不能運化者，率皆自為人制，雙重之病未悟耳。」清代陳鑫大師《攜手三十六目》之 36 種不合太極拳拳理拳法之病手，清代楊式傳抄老譜《太極輕重浮沉解》，應引起我們的關注和學習。我們後來拳人從初練時就要警覺勿出病手。避免病手之關要，就是練拳時注意千萬不要用力。初練時手上力大無關緊要，隨著時間日久，功夫增長，手力要退掉。開始重力手，以後輕力手，漸無力成輕手，功夫高深時達到空手。千萬不要急躁，一切順其自然，功到自然成。

關於明白。修練太極拳到一定時候，對太極拳機理、陰陽學說，自然明白。這個明白不是口頭的、理性的，而是感性的、從長期修練中體味到的，也就是身上明白。也

有人稱為「體悟」「身知」。一個拳人明白不明白，不是理論上的明白，而是對太極拳的拳理拳法、陰陽變化，從身上反映出來。也就是「由著熟漸悟懂勁」的懂勁，「由懂勁而階及神明」的神明。這是太極拳的深層拳理，不可不知，不可不悟。

附　三十六病手

一、抽：是進不得勢，知己將敗，欲抽回身。

二、拔：是拔去，拔回逃走。

三、遮：是以手遮人。

四、架：是以胳膊架起人之手。

五、搕打：如以物搕物而打之。

六、猛撞：突然撞去，貿然而來，恃勇力向前硬撞；不出於自然，而欲貿然取勝。

七、躲閃：以身躲過人手，欲以閃賺跌人也。

八、侵凌：欲入人之界裏而凌壓之也。

九、斬：如以刀砍物。

一〇、摟：以手摟人之身。

一一、掴：將手掴下去。

一二、搓：如兩手相搓之搓，以手肘搓敵人也。

一三、欺壓：欺是哄人，壓是以我手強壓住人之手。

一四、掛：是以手掌掛人，或以彎足掛人。

一五、離：是去人之身，恐人擊我。

一六、閃賺：是誆愚人而打之。

一七、撥：是以我手硬撥人。

一八、推：是以手推過一旁。

一九、艱澀：是手不成熟。

二〇、生硬：仗氣打人，帶生以求勝。

二一、排：是排過一邊。

二二、擋：是不能引，以手硬擋。

二三、挺：硬也。

二四、霸：以力後霸也。如霸者以力服人。

二五、騰：如以右手接人，而復以左手架住人之手，騰開右手以擊敵人。

二六、拿：如背人之節以拿人。

二七、直：是太直率，無纏綿曲折之意。

二八、實：是質樸，太老實，則被人欺。

二九、勾：是以腳勾取。

三〇、挑：從下往上挑之。

三一、搠：是以硬氣架起人之手，非以中氣接人之手。

三二、抵：是以硬力氣抵抗人。

三三、滾：恐己被傷，滾過一旁；又如圓物滾走。

三四、根頭棍子：是我捺小頭，彼以大頭打我。

三五、偷打：不明以打人，於人不防處偷打之。

三六、心攤：藝不能打人，心如貪物探取，打人必定失敗。

第十二篇

太極拳架深研篇

練拳、打拳、盤拳叫法不同，同是修練太極拳，三種稱謂含三個層次。太極拳界有一句大家都說的話，太極拳「博大精深」，京城一位拳家說得輕鬆，他說：「太極拳就是兩個動作，一陰一陽一通百通。」練拳練個準確，打拳打個靈氣，盤拳盤個悟性，半個世紀的共識，傳統太極拳難出人才，什麼原因？方法不對，不按規矩練。

其實太極功夫在腳下，太極出不來功夫也在腳下，差之毫釐，謬以千里。

一、再認識太極拳

在談太極拳架的修練之前，我們要進一步認識太極拳。太極拳的根基，本源是「太極者，無極而生，陰陽之母，動靜之機也」。什麼是動靜之機？陰陽。動為顯，靜為隱，動則分陰陽，陰不離陽，陽不離陰，陰陽相濟。伸手直來直去只有陽，這是違規，只要你練太極拳，動前一瞬間要陰，太極拳術語叫開合，然後再走手，這才符合陰陽動靜之機。初學或學練一、二年還不能要求開合，但學練者必須知道，太極拳不光是外面看得見的舉臂提足，還有太極內涵豐富的太極內功。

(一)拳之特性

太極拳有拳的特性，什麼是太極拳之特性？對習練者的練拳要求，便是拳之特性，例如行功練拳，陰陽變轉，鬆柔輕靈、動靜開合、虛實隱顯，用意不要用勁；中正安舒、頂上虛靈、腳下變轉陰陽、手上空靈等等。練拳之前宜明拳理，知拳法，瞭解拳藝。如拳分單動、雙動；單動為陰，雙動為陽；單動腳引手，雙動手引腳。

(二)習拳先讀書

習練太極拳要求初學者先明拳理，清末陳鑫大師在「學拳須知」中要求：「學太極拳先學讀書。」書理明白，學拳自然容易。

在練拳之前要粗知太極拳是哪個種類中的拳術，太極拳在武術中的地位和價值，以及拳之特性、理論基礎等等。可以到公園看別人練拳，這是直觀認識；訪問拳家、練家，聽他們講述對太極拳的認識、理解、體會，這些對初學者都會有極大的幫助。

對太極拳的拳理拳法有了初步認識後，還要對拳之特性有所瞭解。在初學者的頭腦裏已經儲存了對太極拳從理論到立體的練拳形象的認識，即可著手準備習練啦。

(三)選擇拳式

要學練太極拳，選擇練什麼式的拳呢？就北京而論，公開對外接待傳授的有陳式、楊式、武式、吳式、孫式等，各家拳雖拳理同一，但各有特色，都有名家掌門。筆

者學練吳式太極拳，只能談一些習拳體會。

　　楊式拳繼承和發展了傳統太極拳，楊露禪大師對太極拳的貢獻，並不僅在於他的技擊藝術高超，擊敗各路英豪有「楊無敵」之美譽，他的重要貢獻是打破傳統學藝的封建主義框框，敢於改革創新，改變傳統練法，從村野山溝走向京城，並開設武館公開傳授太極拳武藝，從此太極拳改變了面貌，從封閉到公開，從保守到開放。楊露禪之後，有了吳式太極拳。太極拳從此紅火起來，從京城跨越長江，向全國推廣進而使太極拳走向世界。

　　吳式太極拳沒有高難動作，適合各年齡段的男女老少習練。經過幾十年的努力，由楊禹廷大師不斷改革和完善。吳式拳別於楊式拳的特點是步幅較小，架勢小巧，陰陽變化靈活，單腿立柱式身形，練拳和技擊運用十分自如。八門五步十三勢的方向方位，以「八方線」中心點向四面八方輻射，合理利用空間，習練楊禹廷八十三式太極拳是很好的選擇。

二、習練前的準備

　　習練太極拳之前做準備是必不可少的，像小學生入學前，要有書包、鉛筆、本子等學習用具。初學練太極拳時在物質上準備不多，有雙合適的鞋及寬鬆的服裝已經夠了，而重要的是思想準備。

(一)載　體

　　習練太極拳，要有一個練太極拳的軀體。拳論云：

「天地為一大太極，人身為一小太極。人身為太極之體。」「可言乾坤為一大天地、人為小天地也。」初涉拳場者要認清、擺對自己之位置，人是太極之體，則應以太極之體習練太極拳。

再進一步闡述，學練太極拳者，其軀體不能像平時上班勞作的身體、走路的雙腿、勞作和拿東西的雙手；習練者的軀幹、四肢、頭腦將是太極拳功法之載體。這是習練太極拳所必須要做的準備和先決之條件。

所謂「載體」，似空火車廂，空汽車、一張白紙、一隻空杯。火車廂可載人，亦可裝貨物。汽車同樣可坐人和裝東西。一張白紙可以寫字，寫字便是書法藝術；也可畫國畫，一張畫可以作為國禮贈送給國家元首，也可被各國美術館收藏，如果不塗抹上彩色，也僅僅是一張白紙而已。杯中可注入水、飲料和酒，裝上什麼顏色的液體，這只玻璃杯就變成什麼顏色，這便是載體效應。但是，如果載體裏有物件，有水，白紙上胡亂寫畫著什麼，還會有前邊說的效果嗎？杯中有水，什麼飲料、美酒也裝不進去，火車廂內有貨物，怎麼坐人？

道理一樣，你不是一個太極之體，頭腦滿是名利雜念，如何可以收進太極拳理？身上僵緊，太極拳的拳法，陰陽、虛實、鬆柔等等太極拳的東西就難以進入你的軀體中去，道理十分淺顯。

初涉拳場的或者練了二、三年拳的朋友，可到公園、體育場看一看，凡練太極拳不懂此理者，練拳十年八載不會有大進展，初練太極拳者要有「載體」意識，先靜體淨身再去練拳，這是築基功，不是多餘的、可有可無的。一

時靜體淨身有難度，不要急躁，慢慢會如願。但一定要有載體意識。

(二)自　然

老子說：「道法自然。」拳論曰：「返璞歸真」「自然輕靈。」先賢告訴我們後來者習練太極拳要自然用意，不要用勁。初學難以自然，越說自然越不自然，心裏想著不要用力，動手全是力。通俗地講，這也是太極拳的博大精深之處。老師要求一天打沙袋 200 拳，容易。老師要求出手空不用力，難，幾年力也去不掉。

太極拳就是返璞歸真，自然輕靈，回歸到先天自然。對初學者要反反覆覆講這個淺顯而難以做到的道理，做不到不強求，但要有自然輕靈、返璞歸真的意識。這樣想這樣做，你將獲得健康，功夫上身也快。

怎樣練拳可以達到自然不用力的要求呢？在拳勢運行中，不要想著用意不用力，越想不用力，心裏越拿著勁，出手僵緊一時難以鬆下來，也難以自然。

練拳時應像平時穿衣服繫衣扣，像吃飯時用筷子夾菜，像用勺喝湯，像持兩根竹針織毛衣等等動作，這些日常生活的動作都是用意不用力，做得很好，很鬆，很自然。看報的人也沒有一位跟報紙較勁的，都是輕鬆自然。

請到舞場看一看，清晨在公園的光滑場地上兩個人雙雙起舞，是那麼的輕鬆、自然、和諧。兩個人如此輕鬆自如，為什麼一個人練拳反而僵緊鬆不下來呢？

練拳以自然輕靈為好，如果用力，是練不好太極拳的。

三、練　拳

練前準備就緒，該進入實際操作階段。

(一)腳　型

拳論云「其根在腳」「由腳而腿而腰」，腳在拳中是根，是基礎，要注意腳的地位和重要作用。立身中正為立柱式身形，重心在一條腿上，從腳到頂，上下一條線，另一條腿為虛腿，虛腿要虛淨。

1.自然步
兩腳平行站立，腳尖平齊，兩腳內側相距一腳寬。（圖12）

2.平行步
兩腳平行站立，腳尖平齊，兩腳相距與肩同寬。（圖13）

3.坐　步
後腳承重，臀部尾閭「坐」在後腳跟，膝尖下垂線不得超過腳尖大趾的大敦穴，腳尖、膝尖、鼻尖三尖相對，

圖12　自然步

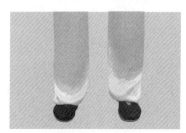

圖13　平行步

圖14 坐步

圖15 弓步

承重腳為實腳,應實足;前腳是虛腳,在後腳一側約30°,虛腳要虛淨,腳後跟虛著地,腳尖上揚。(圖14)

4. 弓　步

前腳承重,前腿屈膝,腳尖、膝尖、鼻尖三尖相對,成上下一條線,反映出自然太極拳立柱式身形之特性;後腿舒伸不繃力,後腳為虛,虛淨,腳底平著地。(圖15)

5. 馬　步

兩腳左右分開,腳尖平齊,兩腳內側相距約兩橫腳寬;兩腿屈膝,身體後坐,兩膝尖對正兩腳尖(又稱騎馬蹲襠式)。(圖16)

6. 隔　步

要求與弓、坐步同,虛腳在實腳側45°。從後承重腳計算,虛腳與實腳間相距約一腳

圖16 馬步

半。（圖17、圖18）

7. **倒八字形**

轉身式，虛步開腳，腳落平。虛實腳過渡雙重時的一瞬間，成「ﾉﾆ」字步。（圖19）

8. **側弓步**

左右腳分開相距約三橫腳寬，一腿屈膝承重，另一腿舒伸不繃力，虛腳虛淨，腳底平著地。（圖20）

9. **點　步**

重心腳不動，立柱式身形，虛腳向前向側出腳，大趾尖虛點地。（圖21）

10. **虛丁步**

實腳重心不變，虛腳虛淨，腳跟虛靠實腳內側，腳尖

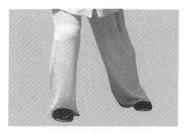

圖17　隅位弓步

圖18　隅位坐步

圖19　八字步

圖20　側弓步

圖 21　點步　　　　　　圖 22　虛丁步

虛著地。（圖 22）

11.一字步

兩腳一前一後，兩腳內側在一條線上，前後相距約一腳長，坐步式，實腿實足，虛腳虛淨，腳尖上揚，腳跟虛著地。

12.歇 步

右（左）腿屈膝半蹲，左（右）虛腿屈跪，前腳掌虛著地，身形中正。

(二)手　型

1.掌（立掌，平掌）

五指微分開，虎口自然張圓，舒展伸張不可強直，鬆柔自然。（圖 23）

2.拳

五指自然鬆攏。掌變拳，小指、無

圖 23

圖 24　　　　　　　　　　圖 25

名指、中指、食指、拇指逐一鬆攏，空心。拳變掌，拇指、食指、中指、無名指、小指逐漸鬆展。（圖 24）

　　3.勾（虛勾，實勾）

　　虛勾又稱提勾。掌變勾，小指、無名指、中指、食指、拇指逐一鬆攏，拇指指肚與食指、中指指肚虛合攏，勾尖下垂，空掌心。

　　實勾：五指逐一鬆攏，呈梅花瓣形，勾尖向上，空心。（圖 25）

四、重　心

　　在多種門派的太極拳中，楊禹廷八十三式太極拳別具特色，順其自然，沒有人為練習的痕跡，太極陰陽學說之特性，時時顯現。而重心的轉變，是太極拳拳術和技擊功法的築基功，學練者一定要打下牢固的基礎。

(一)身形與步幅

八十三式拳重心的主體是立柱式身形，即單腿重心。在整套拳八十三式 326 動中，主體重心為單腿重心，雙重僅是重心過渡。雙腳的步幅為 30°、45°、60°三種。30°相當於一肩寬，盤拳、推手習練、技擊都適用，步幅適中，陰陽變化靈活。隅步為 45°，馬步、側弓步 60°，相當於橫跨兩步或小一些。

有人練拳步幅大，超過兩個肩寬，個子小的習練者變式就比較困難，所以步幅以一肩寬為宜。步幅大在技擊中不一定是優勢。步幅太大就不靈活了。京城楊式拳汪永泉大師，技擊的步幅也是一肩寬，他說：「這樣靈活。」

(二)減加法

重心變轉減加法。即實腿變虛腿先減後加，實腿為 10，要漸變如 10、9、8、7、6、5、4、3、2、1。減到 5 為雙重，腳仍繼續減，手有變化，原來右實腿，左手實，雙腳減加到 5，僅僅是瞬間過渡，手漸變為右實手，這是交互神經的作用，順其自然。虛腿變實，從 0 漸變到 10。虛變實和實變虛都要掌握漸變、不要突變，減加要清楚。注意實變虛須跪減，虛變實跪加。開始時可能不習慣，習慣後輕鬆自如，功夫牢固，將來實戰技擊一想即是。

重心變轉是十分重要的拳法，是「母勢」，請初學者一定要重視，在母勢、築基功上苦練，下苦工夫，將來功成便知築基功之神奇。

(三)減加步

　　拳法要求兩腳鬆平落地，腳與大地融為一體，不斷以意念鬆腳，神經漸漸「滲」入地下，所謂「神經插地」，日久樁功十分牢固。

　　以弓步變坐步、坐步變弓步為例。坐步實腿變虛後，前實腿鬆腳到頂，虛腳自然提步上腳，這時腳不沾地，自然從虛腳內側空懸靠實腳內側後再出步。這種步法保持兩腳在地面上的穩定性，使肢體活動達到最大範圍的靈活性，向前弓步（沒有向前之意）、向後坐步（沒有向後坐之意）、側開隔步，運用自如，有利於身體屈伸變換，既保證了立身中正，又使人感到平穩安舒。

五、關於有力

　　太極拳的特性之一是用意不用力。

　　陳長興：無往非勁。

　　李亦畬：用意，不要用勁。

　　初始練拳很難去除本力，出手有力，動作機械，四四方方見棱見角，全無圓活可言。這時，教者、習練者都要靜下心來，不可急躁，免生逆反心理而厭練。

　　習者要儘量像穿衣繫扣那樣自然輕靈練拳；教者耐心輔導啟發習練者不要急躁，練熟了本力自然退去。習練者不要在練拳時總是想著不用力，越想越僵，越想心裏越努勁，時間長了就會變成毛病。鬆著練，不要總是去想，輕輕鬆鬆練拳就是了。

六、忌快貪多

學會四個勢,慢慢練,太極拳功夫都在拳裏邊,一陰一陽、一動一靜準確地習練,不要貪多求快,日久自然找到太極拳輕靈的感覺。也別想著找近路,練單操手,練點什麼功走捷徑,練拳的關要是「練」,苦練加酷練。我們的先賢拳師一門心思在拳上下工夫,一招一式循規蹈矩,遵太極拳學,循陰陽之道,在「八方線」圈裏找安舒中正,安靜心神、意氣,在手、眼、身、步上找開合。

太極拳常練常新,要慢中求熟,熟中求鬆,鬆中求退掉本力,練出輕靈,平衡陰陽氣血暢通,中空道通,為將來功成無形無象全身透空打下良好基礎。

七、打　拳

練拳有一定基礎後轉入打拳修練。這一階段沒有明確的線,不是練拳多少年後,到練拳的盡頭,升入打拳。不是。練拳、打拳本應是一回事,為了初學和習練多年的區分開來,在這之間畫一條線,只是為說理傳道有所不同而已。

(一)關於認識

鬆柔,是太極拳的拳魂。初入拳場的習練者粗知拳理,少知拳法,不明拳藝,拳套路不熟練,練拳動作機械,從裏到外僵緊,動則拙力,談何鬆柔?

初學太極拳者很難從習練不熟練的套路中體會出「輕靈」，只能在他們的理解和體會中去習練。因為打拳是在練拳多年、套路熟練後，方可認識到太極拳鬆柔、輕靈、陰陽、虛實、開合之特性，體驗輕柔、輕靈、陰陽、虛實、開合在拳中的作用。

對太極拳的諸多特性的認識和理解並不是一次完成的，太極拳常練常新，打一次拳有一次體驗；對太極拳的特性，要在打拳修練中加深認識和理解，在不斷深入認識、理解中體驗一舉動周身四肢要輕靈，在動與動之間的陰陽變化中去體驗開合。

(二)中正學

關於中正安舒和安舒中正的辯證關係，筆者在「鬆功篇」「練拳篇」中都有敘述，但在實際操作時，再說明操作之方法是很有必要的。

中正安舒是太極拳、技擊體用結合之「母勢」，是築基功，從初學太極拳時就要注意苦練苦修。練拳初始對套路生疏不熟，難以顧及，到打拳階段要特別注意中正安舒。中正為直觀的外形，自己可以檢驗，而安舒是精、氣、神，是內心的思維活動。

從人體功能系統闡述，「中正」由運動系統支配，從外形看得見，但仍是由看不到的骨、軟骨、關節、肌肉、韌帶、肌腱等組成，這些部位統統都應該鬆弛下來，這是太極拳特性對體能的要求。安舒的心、神、意、氣操作要比中正複雜得多。呼吸系統、循環系統、神經系統等各個系統協調配合，方可達到拳勢要求的中正安舒。

中正安舒在太極拳圈子裏修練多年的朋友中有一個共識：「安排好自己。」「安排好自己」話雖簡單，但內容十分豐富，包容無極狀態以及心、神、意氣，手、眼、身、步四法四功。其實太極拳家一世苦苦追求的就是中正安舒，可惜這一點並未引起許許多多的拳友、練家，甚至有些當代大家、大師的重視。中正安舒到高層功夫，便是「無形無象，全身透空」。真正能準確操作中正安舒，實際為先安舒後中正。

打拳中能做到安舒中正、呼吸順暢，循環系統、神經系統、氣道血道、經絡都可暢通無阻，可謂中空道通，功夫自然上層次，體質增強，這是毋庸置疑的。

那麼，怎樣練拳能準確操作中正安舒呢？練拳初始，老師不用強調運用「八方線」，也不教導學生認識和使用「八方線」，只令習練者注意方向和方位。到打拳階段要把握和運用、遵循「八方線」（詳見《「八方線」修練篇》）。

「八方線」將太極拳的八門五步十三勢更為科學地展現在習練者面前，八方線圖是立體的，從不同方向均可直觀的教學，便於掌握練拳的步幅尺度，前、後、左、右、屈、伸更有分寸。打拳人站在「八方線」中心點上，能照顧到四面八方，很好地利用空間，這種情況是打拳者中正安舒的最佳狀態。

練拳、打拳都應該在身形上注意中正安舒，這是太極拳學的規範，只有遵循，不可瞞天過海。初學者要從築基功開始注意修練中正安舒。如果留心觀察，社會上習練太極拳者，很少人中正安舒，甚至練拳多年的資深拳家也缺

少這一課。其原因為初練時老師未能顧及到，習練者貪多求快。一座大樓根基不牢要出麻煩，遇技擊高手，「英雄氣短」便顯現出來。

有人說站正直便是中正安舒，那麼，動勢時難道不該中正安舒嗎？奉勸練家注意中正學說的研究。

中正安舒是中正與安舒的辯證關係，沒有神、意、氣的安舒，絕對沒有外部身形的中正。所以說，站直並不一定是安舒。做到安舒中正，別人不敢輕意出手，即使出手碰到安舒中正者身上的某一部位，也會即刻跌出或站立不穩。如果站立中正者別人一碰便歪斜，那就不是真正的安舒中正。

太極拳功夫就是如此殘酷。不管你是什麼師什麼家，如果中正安舒功夫沒有打好基礎，就應該回過頭來甘當小學生，心和氣順從頭修練。這層窗紙一捅即破，太極拳博大精深僅僅一層窗紙而已。

(三)怎樣修練中正安舒

談到中正安舒，可以說修練，也可以說是指令性規定。有了「八方線」為依據，中正安舒就有了明確的準繩。初練，神、意、氣內功難以把握，單單習練中正為佳。

中正，指在無極椿功的基礎上保持身形的中正，即所謂從腳到頂的上下一條線，這種身形只限於楊禹廷八十三式太極拳的立柱式身形，別的門式諸如兩腳重心四比六，五比五雙重，若要做到中正較為困難。

「八方線」規範習練拳勢者的中正。如「太極起勢」

的 1 動左腳橫移，右腿承重，為右腳與頂的上下一條線，這是身形中正。2、3、4 動重心在兩腳之間與頂上下一條線，身形仍為中正。「攬雀尾」的 1 動「左抱七星」右腿承重，右腳尖、膝尖、鼻尖上下「三尖」相對，尾閭右移「坐」在右腳後腳跟上，是右腳至頂的上下一條線，身形中正。2 動「右掌打擠」，弓步左腿承重，左腳尖、膝尖、鼻尖上下三尖相對，尾閭「坐」於左腳後跟上，身形中正。8 動由 7 動過渡而來，這個動作重心轉換複雜多變，從面西變面西北，扣腳面向南，而後面南又變至面向西南隅位，從左腳承重變右腿承重弓步，身形仍然為「三尖相對」，但面向西南，左右肩在東南、西北線上，不變的是身形中正。

初學者對中正學一時難以把握，到打拳階段，練家就應該明白中正學的拳法和拳理了。身形的上下一條線貫徹拳套路始終，不得有偏斜，否則你練的是「半身不遂」拳，毫無增長功夫的可能。試想連拳之中正都沒有把握住，談何太極拳功夫？偉人毛澤東的草書令人叫絕，一個字儘管龍飛鳳舞，但中心不變。懷素大師的狂草令人歎為觀止，在眼花繚亂的狂草中，作為字魂的中心起著支柱傳神作用。太極拳的中正就如同字的中心一般十分重要，太極拳藝術沒有中正便失去靈魂，還能談特性和拳魂嗎？那樣只是病態的空拳架而已。

如何把握中正呢？實手是中正位置的表像，兩肩和實手呈三角形，便是太極拳的中正。拳勢在運行中，方向方位經常變化，但萬變不離其宗，雙肩與實手的三角等邊不能變，頭和實手的位置不變，這種態勢保證了練拳者保持

中正，這便是太極拳的中正學。

重心腳和頂上下一條線，任何式子都是循這種規範動作來保持身形的中正。打太打拳把握了中正安舒，日久便有了中定功夫。傳說楊露禪在技擊實踐中有「站住中定往外打」的說法。

太極拳練家不確定太極拳的中正學，難以在拳藝上有所突破，也無須再談論技擊。將拳走中正是起碼的基礎功夫。一座大樓平地起幾百米高，憑什麼不倒？因為有牢固的地基。根基十分牢固，從哪個角度看，都是中正。如果地基差之毫釐，上邊自然謬以千里，是豆腐渣工程，沒有不趴下的。練拳和建樓一個理，無二法門。

(四) 立柱式身形

楊禹廷八十三式太極拳重要的拳法是立柱式身形。立柱式身形是極為科學的。八十三式拳套路，326 動，163 陰動，163 陽動，具體到拳之重心說法，左右腿重心變換 326次，這中間雙重僅僅是瞬間過渡。重心變轉就是虛實變轉，虛要虛淨，實要實足，這是立柱式身形的一大特點。

拳法要求單腿重心從腳到頂上下一條線，要實足。如坐步、弓步的實腿靠一條腿支撐重量、保持重心，虛腿虛淨，虛腳虛鬆著地。坐步的虛腳腳跟虛著地不可掛力，虛腳為 0，這個坐步十分穩固，可做實驗。

甲坐步，按拳法要求坐好後，乙以腳尖頂在甲虛腳的腳心處，以腳後跟作為支柱，一人之力難以挑動甲之虛腳；如果甲為了加強坐勢之牢，虛腳不虛淨為 0，而添加一點點力，1/9、2/8、3/7 腳可以嗎，一碰即翻，絕對

「坐」不住，鬆功便是如此現實。

立柱式身形是楊禹廷八十三式太極拳所獨有的一種拳法，是繼承和發展傳統太極拳的典範。立柱式身形，立身中正，陰陽清楚，便於學子把握，虛實變換靈活，根基牢固，體用結合極為方便，特別在技擊運用時，腳下陰陽變化，不易被對方察覺。

(五)虛實變轉

重心變轉是太極拳陰陽變化之關要，拳論明示：變轉虛實須留意。」「勁起於腳跟，變換在腿。」

重心變換就是重心陰陽變換，虛實變轉。對於初學者和資深拳家都是很重要的課題。變轉虛實在技擊運用中是立於不敗的中定學，如何變換重心已在前面多篇中有所講解，但不夠詳盡。

在打拳修練、技擊實踐運用中，重心變換決定著身形中正和上下一條線的優勢地位。不注意腳下築基功夫的穩固，有悖於拳法的規範，難以進入高層次的修練。深一步闡述太極拳的動靜之機，不能離開腳下的陰陽變轉。「太極者，無極而生，陰陽之母」，離開陰陽，就沒有太極拳。如何變轉腳下虛實，在《太極腳篇》中有論述，現再一次論述，以加深練家認識。

虛實腿變轉以減加法進行陰陽變化。弓步變坐步、坐步變弓步、前進後退操作方法一樣，均為先減後加。實腿為 10，從 10 逐漸減為 0，不著力而虛淨；虛腿變實從 0 起，逐漸由 1 加到 10 為實。請記住虛實變轉為漸變，這是太極拳虛實變化的規律；左右腿倒換重心是突變，不可突

變。變轉腳的操作，實腳變虛腳，一定由大趾、二趾、中趾、四趾、小趾逐漸變化，再前腳掌、腳心、腳後跟而左後下，右腳為右後下。虛腳變實腳起始於腳後跟，從腳後跟再前腳掌、腳趾舒展。

這種腳法藝術，是所謂的「太極腳」，日久功夫增長，進入高層次，腳下陰陽變轉無須再去後、中、前掌逐一舒展，熟能生巧一想即逝。對方進攻，空接手，腳下為陰，以拳勢為 1 動，左腳左後下，右腳右後下，對方腳下有左旋或右旋之感，站立不穩。如對方攻來，接手為 1 動。續走 2 動，攻者即出，這是無數次實踐驗證過的。

請練家注意，在腳法修練中，不可用力踩地，小力踩亦不可；腳底以拳法規範，腳平鬆著地，與大地融為一體；腳下要輕，自然輕靈，腳似離開地面有「離虛」之感。功夫日趨長進，體能空鬆，手上空靈，進而腳下有「騰虛」之感。從此，日復一日，隨心所欲，運用自如。

(六) 再說無極狀態

無極狀態是拳法的要求，是太極拳學的規範，不是拳師教練的規定。筆者在「鬆功篇」中對內外雙修的體能身形有「九鬆十要」之要求，下面再簡要地強調。

身形的「九鬆」是從腳到手九大關節的必須要達到的體能標準。不達標難以將拳練好，到「打拳」階段更是如此。

筆者在第一篇裏，將習練太極拳分為兩個階段，第一階段為「外求學」，第二階段為「內求學」。如果將太極拳習練過程假定為小學、國中、高中、大學四個層次，則

外求學階段相當於小學、國中，而內求學階段相當於高中、大學。這種分層議技不是標準，是為了敘事方便，論述簡潔，以求用簡單的話語講明較為複雜的拳藝。

修練到「打拳」階段，已經進入「內求學」境界，再向外學練下去，一個人一種體驗，一個老師一個傳授，正理歪理混雜，撿適合本人的「拿來我用」，自己不能適應的不用。這時該「由著熟而漸悟懂勁」，誰也幫不了多大忙，只能自己去練，練中求悟，這個「悟」是科學的內求學。其實，深層次的太極功夫，多為悟道而成，拳的理論也是如此。很多拳論、拳經、拳訣都不是擺在桌上的現成飯，是先賢從苦練苦修中悟道而出，再流傳給我們後人。

老子傳道不傳藝，給後人留有極大的空間在實踐中去悟，他又告訴我們「道法自然」，別複雜，科學的東西其實是簡潔的。但任何事物都有它自身的規律，不能違背，從藝更是如此。太極拳拳法要求習練者的體能先處於「無極狀態」，不能達標，便是小學生，仍應從「起勢」始練，沒有捷徑和近路可尋。

太極拳的體能要求是「九鬆、十要」，周身放鬆，不達標則周身四肢僵緊。人體骨骼是周身放鬆的關要，是「高中生」所要達標的重要內容。

「九鬆」即腳、踝、膝、胯、腰、肩、肘、腕、手等九大關節要鬆開，先輩拳師講九鬆的體會時，說「關節間有氣泡」，有沒有「氣泡」不知道，解剖學中也無此項科研發現，但可以下述方法檢驗。

拳師蹲下，一位壯漢雙手按住其雙肩，如果輕鬆、不用力站起來，經檢驗，證明他的九大關節鬆開啦。全身的

骨骼大關節鬆開，小關節才有可能鬆開，這是鏈，一弛皆鬆，一緊皆僵。骨骼是人體支撐主體，是大廈的鋼筋，要將「鋼筋」鬆弛開，又不能讓「大廈」坍塌，難度之大可想而知。在太極拳圈子裏未能突破鬆柔關者多多，只能在「國中」蹲班留級。在太極拳技藝論中，年頭不能說明鬆功程度，也不能說明體能是否達標的層次，現實就是如此殘酷。只能靜下心來練中去悟、悟中去練，以「內求學」去解決。

「十要」即裏襠、溜臀、收腹、拔背（圓背）、空胸（一說含胸）、弛頸、收左右胸窩、收吸左右腹股溝。

「十要」和「九鬆」有內外之聯繫，不可也不可能單獨操作。如鬆腰必然牽動裏襠、溜臀、收腹、收吸左右腹股溝、背部的圓背、弛頸以及頂上虛靈。太極拳對體能要求是綜合周身鬆柔功夫，當周身鬆柔達到全身透空境界，某一部位有可能單獨操作。在體用結合運行中，收吸左右胸窩、收吸左右腹股溝，對周身鬆柔有著十分重要的價值。

上身的胸窩和下身的腹股溝一般不被練家注意，在必修課程中也未被列為教學和修練的課程。如果稍加注意，在武術期刊上大量的太極拳練家的拳照中看不到胸窩和腹股溝功夫的顯示，而更多的是大腿與小腹呈平下坡形，膝凸出腳尖外成為重心的支撐點，這樣日久雙膝容易發生病變。練家只顧含胸，雙肩前合，背後拔，前後阻塞氣道，僵而不暢，胸部內功的空鬆不易上身。在打拳行功中，收左右胸窩，胸部自然內含，不淤不阻，「胸腹鬆淨氣騰然」。

立柱式身形為習練者提供了弓步式、坐步式膝尖不過腳大趾，上下與鼻尖遙對「三尖相對」的拳法條件。而習

練胸部的虛靈，越含胸越僵，影響雙肩的放鬆。有圓胸之意，兩邊的胸窩自然內收。

在周身放鬆的習練運行過程中，上收左右胸窩，下收吸左右腹股溝是關要，影響著鬆肩、鬆胯。在周身放鬆的修練中，各個部位的放鬆習練似一座鐘的鐘芯，一動無有不動，齒輪動一環套一環，環環相扣。打拳到此狀態，在不覺中已進入盤拳的境界中去。

八、盤　拳

盤拳的稱謂最形象、最貼切。太極拳套路循「八方線」行功走弧形線，在大小不同、方向不同的環形圓的「拳架」中，輕輕扶著「八方線」，似一圈一圈地盤。

(一)體　能

經過練拳、打拳一段修練後，進入盤拳狀態的修練。雖然這三個階段沒有明確的劃分，但盤拳修練已進入到另一個層次。在打拳中的不斷磨練，使體能已具備了太極拳修練所需要的狀態。

所謂盤拳層次和狀態，其根在腳，勁起於腳。到盤拳的層次，腳下功夫十分紮實、穩固，腳平鬆落地與大地融為一體，腳下自然輕靈，即練家已具備一雙太極腳，腳下雙輕，有騰虛之感，腳下陰陽變化之功已成。

運動隊有體能訓練。傳媒報導，足球隊集訓從體能測試開始，「外援」隊員同樣。體能測試通不過，不能上場踢球。早在清代對太極拳練家就有體能要求，但沒有「體

能」一詞。在《四句要言》中，要求練太極拳者的身體狀態為「關節要鬆，皮毛要攻，節節貫串，虛靈在中」，這是見諸於文字的對太極拳練家的體能要求。其實，練拳前肢體準備的「無極狀態」就是對練家的體能規範，如果太極拳學對修練者沒有體能規範，太極拳就無從起始。

《楊禹廷太極拳系列秘要集錦》一書，對練拳者的體能要求是這樣規範的：「周身通體上上下下，前前後後、左左右右、裏裏外外、平平靜靜、舒舒展展、安安詳詳地垂直矗立於地面上。如勁鬆般的挺拔，又好像一個適量的充滿氣的氣球放在地上一樣。」總之，體能的要求是「身心的鬆淨和體態的舒展」。

對體能有了概念和認識，修練太極拳必須具有太極拳學要求的體能去打拳，接受和習慣太極拳的陰陽學說和必要的規範動作，否則難以達到預定的目標。

(二)人體結構

修練太極拳到盤拳階段，人體結構發生了較大的變異，身軀四肢從裏及表都有不少的變化。

循太極陰陽學說修練太極拳，按拳理拳法規範自己的動作，人體結構的變化是必然的結果。如果不是遵道而修，訓練心態和方法有悖太極拳的拳理拳法，你想著如何去改變身體結構也是不可能的。人體結構變化有什麼好處呢？

其一，對保健、養生、祛病、延壽極為有益。太極拳運行中，以鬆、柔、圓、緩、勻行功，似行雲流水，是極佳的有氧運動。常練太極拳，對人體的中樞神經系統、心血管系統、消化系統、呼吸系統、骨骼肌肉系統、益腦、

健腦、開發大腦潛能都有良好的作用，對人體經絡有極佳的通暢順通之效應。

其二，改變人體結構後，有了「身上明白」功夫，在技擊方面可達到出神入化、全身透空、立於不敗之境地。人體結構變化之後，不再以常人的思維去想太極拳，也不以常人之目光看太極拳，眼前盲障已經搬除，能看到「太極門內」常人難以看到、難以理解的東西。

二人較技，身上空無手上不著力，對方無論來勢兇猛還是試探來虛招，只是「一想」即解危難。僅僅是一想而已。人體結構發生變化之後坐在沙發裏，呈半躺半臥式，一方以雙臂將另一方壓按在沙發裏。以常人眼光看，按在沙發裏絕對起不來，但這種想法是絕對的，一個人 150 斤，加上往下壓按 150 斤，加起來 300 斤，沙發裏的人，要有 300 斤一倍以上之力，也就是 600 斤，才有可能站起來。你用常人眼光看太極拳、看太極功夫，便有了誤差。具有太極拳體能的練家，改變人體結構之後內心沒有重量的概念，也不具重量概算的習慣，有的只是空無。只見他向按壓者哈哈一笑，對方似按上彈簧，驚跳而起。

這便是改變人體結構後，具有太極拳規範體能後的妙、玄、奧、神的太極技擊功夫。

(三)身上明白

「身上明白」這句術語，是楊禹廷公在授業課中對弟子、學生常說的。

這種應敵的方法在太極拳門派中是共性。拳論云：「變化萬端，而理為一貫。」陳、楊、武、吳、孫五派太

極拳，都尊王宗岳的《太極拳論》以及諸多拳經、拳訣等太極拳理論。「身上明白」「身知」「體悟」，稱謂不同，意思一樣。是太極拳家功夫到高境界層次，遇外界突然襲擊，身體的某一局部受到外來壓力或受到刺激，在接觸部位（亦稱「接觸點」）能自然地順來勢將對方擊發出去。筆者在多篇文中曾提到「太極無手」「渾身皆手」之論點。在技擊動態中，周身所有部位接對方來力為「接觸點」，點點俱打。這個「點」，具有陰陽相濟的本能，遇外來壓力化中有打，幾乎沒有時間差，在極短的時間內完成。

「身上明白」功夫難求，不是一般追求者可以得到的。練家拿出再多時間練單操手，或是什麼功法，都無助太極功夫上身。到目前，筆者在練拳實踐中還沒有找到達到太極功夫最高境界的捷徑。筆者多次重複京城太極拳鬆柔藝術大師楊禹廷公的一句最富哲理的名言：「太極拳就是一陰一陽兩個動作，一通百通。」只有循規蹈矩，遵太極拳學苦修酷練付出艱辛，才有可能軀體結構起變化。

京城太極拳大師吳圖南先賢對我們後來學子明示，習練太極拳要有百折不撓的毅力、脫胎換骨之精神。如果太極功夫可以輕鬆取得，何必去「百折不撓」呢？何必去「脫胎換骨」呢？想不花氣力輕鬆得到是不可能的。

太極拳大道很寬闊，奔波前進者絡繹不絕，但不是每一位路行者都能達到大道的盡頭，進入「太極門」。有人大道不走取小路找捷路，更有人不聽先賢勸道，注意「斯技旁門甚多」，而誤入左道旁門。走小路入歧途者代代皆有、比比皆是，無需驚歎。

九、精研拳理拳法

怎樣練好太極拳，是多年來人們苦苦追求的目標，更是太極拳練家終其一生的追求。但是，不是每一位練家都能如願以償。

(一) 細解拳理

老子在《道德經》中寫道「道法自然」，又說「天道無親，常與善人」。我們要慢慢咀嚼、細細琢磨老子對世人的善言，及其話中的深刻含義。老子傳道不傳藝，他的學說和思想是顛撲不破的，再過幾千年甚或更多的時日，我們的後人仍然要去悉心研習老子學說。老子說的「善人」，在這裏不是指善惡之人的善人，而泛指誠心敬業者。俗話「業精於勤」，對業不「勤」者，他們對太極拳不練、不修、不鑽、不研，習拳似端著一杯「白開水」蕩來晃去，最終無所得。

楊禹廷公一生修練太極拳，真正達到「無形無象，全體透空」的境地，他原地不動不見有什麼動作，能將人拿起一米多高，放出幾米遠，親眼所見者大有人在。老拳師精研太極拳到爐火純青的空無境界。儘管技藝如此之高，但他每天仍盤拳不輟，直到96歲壽終。他給我們留下金玉良言：「不要到外邊瞎推，要好好練拳，太極拳就是一陰一陽，一通百通。」

太極拳是高品位的拳術，是藝術。太極拳拳理源於《易經》《道德經》，其中有孔子的學說，亦可以找到孫

武的思想。太極拳是中華民族珍貴的文化遺產，我們只有沐浴更衣，焚香叩首，誠心誠意去繼承祖先傳遞下來的民族的光輝燦爛的太極文化。民族的也是世界的，只有原原本本地繼承，然後才是發展。不認真習練，沒有繼承，甭談發展，那只是褻瀆。

打開太極拳理論寶庫，太極拳的拳論、拳經、拳譜、拳訣、拳歌等經典著作不計其數，這是我們太極拳修練者的福氣。太極拳理論有的文字並不是純說理，也講釋一些簡要拳法，但仍然是傳道不傳藝，我們後來學子要細心咀嚼、消化和體驗。

(二)怎樣練好太極拳

怎樣練好太極拳似乎是老話常談，但實際上如果修練者經常提出這麼一個淺顯而深刻的學術問題，練家在一起交流、切磋是很有意義的。

太極拳常練常新，這是中外太極拳愛好者的共同體驗，是太極拳藝術的魅力，也是太極拳的迷人之處。怎樣練好太極拳呢？說來十分簡單，十分容易，其實十分艱辛，難以破譯。修練太極拳要遵太極拳的拳理拳法，循規蹈矩，按太極陰陽學說規範動作。以安靜平和的心態，從心、神、意、氣和手、眼、身、步上下工夫。盤拳修練，不要想著練拳，那就什麼也沒有了。太極拳是藝術，是人體鬆柔動態運行藝術。一舉一動，一招一式，切忌三動：一有動意；二主動；三妄動，像手錶的錶芯，一環套一環，絲絲相扣，一動無有不動，中正安舒，上下一條線，手上虛靈空手轉，腳下陰陽有變，這樣盤拳，空手輕扶著

弧形線，手在立身中正的周圍飄舞，到此，太極拳的「韻味」便顯現出來，其妙無窮。

此書僅僅將練拳中不明之處、難解之式子，從修練實踐的角度給予解除不明和難解之點，以求解秘，搬除習練中的障礙。本書沒有教授拳架（以後有拳架專著），只介紹常用的四個式子。

(三) 深研四式

在研究太極拳的拳法、拳藝過程中，進一步深研太極起勢、攬雀尾、斜單鞭、收勢等四式，是很有興味的。在做四式之前做好無極勢，切記盤拳三原則：

1.兩腳平鬆落地，雙腳不踩力，腳下輕靈，有離虛之感。

2.奇數動為陰，偶數動為陽，腳下變轉重心，先減後加。

3.兩手空鬆輕靈不著力，輕扶拳套路弧形線。如一時扶不住，扶空氣行動，不可扶力。奇數動腳引手，偶數動手引腳。

以上三原則盤拳時貫徹始終，式中不再重複。

習練之前做好無極勢。

無極勢（原地靜立）

原地靜立是「潔源清流」。排除雜念，心腦安靜，周身上下肢體鬆淨，從腳到頂鬆開全身九大關節，即腳、踝、膝、胯、腰、肩、肘、腕、手。虛鬆軀體能看得見摸得著的十個部位，即溜臀、裹襠、收腹、吸收小腹左右兩邊的腹股溝、空胸，空胸是為了收吸胸兩側左右的胸窩

圖26　　　　　　　　　　圖27

（在兩肩內側）。胸部展開即是自然含胸，主動含胸意大僵緊難以放鬆，會影響胸窩的收吸，影響虛鬆身形。注意雙腳不要踩地，平鬆落地，與大地融為一體，意念使雙腳神經徐徐下滲（即神經插地）。練好無極勢是習練太極拳和太極技擊重要的築基功。

　　全身放鬆，兩腳相距半肩寬站好後，頭頂正直，不可強直，舌尖抵上腭。雙眼平遠視，兩臂自然下垂，指尖向下，掌心向內。重心在兩腳中間，意在兩掌食指梢。（圖26）

　　1.太極起勢（4動）

　　第1動　左腳橫移

　　面南而立，雙腳承重，兩腳相距一腳寬，視線由平遠視漸平內視（內視，從印堂穴內視丹田）。

　　鬆左腳，節節放鬆貫串到頂，鬆淨大趾虛點地；右腳逐漸變實，腳不踩力，平鬆著地，大趾、二趾、中趾、四趾、小趾逐一鬆向前腳掌、後腳掌右後下；全身九大關節

圖 28   圖 29

鬆，不可強提頂，應是虛靈神頂。

　　右腿重心，呈立柱式身形。

　　意在兩掌食指梢。（圖 27）

　　第 2 動　兩腳平立

　　鬆右腳，從腳踝往上膝、胯、腰、肩、肘、腕、手節節鬆；左腳大趾、二趾、中趾、四趾、小趾逐一落地，再鬆前腳掌、後腳掌平鬆落地，兩腳同時從後腳掌逐漸向前趾舒鬆。重心在兩腳中間。

　　視線平遠視。

　　意在兩掌食指梢。（圖 28）

　　第 3 動　兩腕前掤

　　鬆腳，節節貫串鬆到兩手手梢，鬆肩、垂肘，兩掌指梢循弧線前掤向前上弧舒伸，兩臂自然前起，邊起臂，兩腕邊內轉，至腕與肩同高同寬止，掌心向下，指尖鬆垂。

　　視線內視。意在兩腕。（圖 29）

第 4 動　兩掌下採

鬆腰，動分上鬆到手，下
鬆到腳，屈膝鬆蹲。鬆蹲是從
腳、踝、膝、腰鬆，不是身體
往下蹲。膝不得超過大趾趾甲
根部，頂上虛靈，沒有隨下蹲
之意，溜臀，重心在兩腳中
間。

圖 30

鬆肩，自然垂肘，兩掌指
尖前下舒展到 45°極度時，鬆
肩、垂肘，雙手指尖自然回
捋，食指似扶空氣。拇指貼近兩側大腿胯部位，掌心向
下，虎口向前。

視線平遠視，意在兩掌掌心。（圖 30）

2.攬雀尾（8 動）

第 1 動　左抱七星

面南。鬆左腳，右腳漸變承重，鬆腳，尾閭（尾巴
骨）「坐」在後腳跟上，成右坐步式。腳尖、膝尖、鼻尖
上下相對，吸收左右腹股溝。左腳虛淨向 30°線舒伸，腳
後跟虛落地，腳尖上揚。

左掌以食指梢引動向前上斜坡形舒展，掌心逐漸翻轉
朝內上，拇指遙對鼻尖；右掌以食指梢引領斜坡上，拇、
食指梢虛貼於左臂彎處，掌心斜向下。

注視左拇指梢。意在左掌掌心。（圖 31）

第 2 動　右掌打擠

鬆右實腳、鬆腰節節貫串到左實手；左腳虛落平，右

圖 31　　　　　　　　圖 32

腳漸鬆減，左腳由虛漸變實，成左弓步式，右腿鬆淨右腳舒伸平落地。

　　左手鬆，小指引動，微內收下鬆，與肘尖橫平為度，掌心向內，指尖向右。右掌向左脈門處打擠，掌心朝外，指尖朝上，食指尖遙對鼻尖。

　　視線從食指尖上遠視，意在右掌掌心。（圖 32）

　　第 3 動　右抱七星

　　面南轉向面西。

　　視線回收注視右掌食指梢。

　　左腳鬆，九大關節逐節放鬆貫串到右掌食指梢。右掌鬆向前上與眼平，重心在左前腳掌，然後右掌食指梢循外上弧輕扶右弦 90° 弧形線，運行至西南 45° 隅線；此動為陰、腳引手，以左腳後掌為軸向西轉 90°，左腿重心，成左坐步式，右腳虛，腳尖上揚。

　　右掌拇指遙對鼻尖，左掌虛，拇、食指虛貼右臂彎

圖 33　　　　　　　　圖 34

處，掌心向斜下。

意在右掌掌心。（圖 33、圖 34）

第 4 動　左掌打擠

漸鬆左實腿，右腳漸實平鬆落地成右弓步，右腳承重，左腿虛淨舒伸，左腳平落於地。

右臂虛，小指引動，掌心向裏，指尖向左。視線平遠視，左掌虛變實，掌心向外，追視線向左腕脈門打擠，左掌食指對鼻尖。

意在左掌掌心。（圖 35）

第 5 動　右掌回将

右實腳虛，節節貫串至右虛掌食指梢，右掌虛食指向西北側舒伸，掌心向下，食指梢與右腳小趾上下相對；視線回收追右掌食指梢；左掌掌心向上，中指虛扶右腕脈門。

右腿漸鬆淨，右虛腳腳尖上揚，腳跟虛著地；左腿實成左坐步；同時，鬆肩，垂右肘，右掌外弧回将，肩與肘

圖 35

圖 36

圖 37

圖 38

垂直，鬆左腳，右掌虛，食指引中指、無名指、小指、拇
指，漸成掌心向下，中正身形，右掌與左腳上下遙對，視
線注視右掌食指梢，左掌掌心向下隨之。

　　意在右掌掌心。（圖 36—圖 38）

圖 39

圖 40

第 6 動　右掌前掤

左腳漸鬆淨，實右腿成右弓步，隨即鬆右腿，漸成為虛，左腿漸加為實，成左坐步，右虛腳腳跟虛著地，腳尖上揚。

視線從右食指向西北、北側平遠視。右掌循西北、北上弧追視線，至極度，左虛掌隨。

圖 41

意念在右掌掌心。（圖 39—圖 41）

第 7 動　右掌前舒

面北轉至西南隅。

右腳虛，隨式變換向南，扣前腳掌，成八字步。

右實手掌心向上，掌指向北，漸漸變換為立掌，掌心向南；左虛手中指輕扶，右實手脈門。

圖42

圖43

意在右掌掌心。（圖42）

第8動　右掌右展

虛鬆左腿，右腳漸加實，腳尖、膝尖、鼻尖三尖相對，視線向西南隅平遠視，右實立掌追視線，左掌虛隨。

意在右掌掌心。（圖43）

3.斜單鞭（2動）

第1動　右掌變勾

面西南。

圖44

右腳實坐步，左虛腳虛靠右腳內側。

右掌小指引動逐指鬆攏變虛勾，拇指與食指、中指相合，五個指尖向下鬆垂，空掌心。腕提升至與眼平，視線注視腕之凸出部位。左掌指背貼右腕，掌心向內。

意在右腕。（圖44）

第2動 左掌弧捋

面向東南。

右腿坐步不動，鬆腰，左腳沿西南至東北隅線後伸，鬆右腳，收吸右腹股溝，落左腳，身形漸變東南隅位。左腳大趾、二趾、中趾、四趾、小趾逐一落地成馬步。左掌循外弧形線向左後隅位弧形捋動，漸漸變掌心向南，再變為掌心向東，掌心斜向下。右虛手虛勾不動。

意在左掌掌心。（圖45、圖46）

4.收太極勢（2動）

第1動 右勾變掌

鬆左右腳，節節上鬆貫串到手指梢。右勾變掌，掌心向下，視線追右掌，注視右食指梢，左掌掌心向下；鬆左腳，右腳漸實，成右弓步，右腳腳尖向內扣，腳尖向前。

意在右掌掌心。（圖47）

第2動 兩掌合下

鬆實腳，九大關節鬆，空掌，鬆肩，垂肘，兩掌以食

圖45　　　　　　　　圖46

指引動向裏合，視線隨右食指梢，兩掌合至胸前，身形中
正，頭正直，視線平遠視，左腳右收至右腳旁，與右腳相
距約一腳寬，漸變雙重，然後鬆雙腳立身，兩掌鬆垂於身
體左右兩側，掌心向內。

　　調息，靜心淨體。（圖48—圖50）

圖 47

圖 48

圖 49

圖 50

十、精妙八練

讀者已經注意到，本篇一再論述如何習練「太極起勢」「攬雀尾」「斜單鞭」「太極收勢」四個單式，道理極深。這四個單式，從初學到精研，不是只從動作上加以說明，而是從身法的手、眼、身、步，功法的心、神、意、氣去精研。

所謂「精研」，並不是到此為止達到上乘，因為這四個單式是「母式」，母式研究通了，一通百通，故而需精研。太極拳是極為規範、嚴謹、學無止境的科學。透析楊禹廷八十三式太極拳，八十三式拳被楊大師以陰陽分為 163 個陰動和 163 個陽動，共 326 動，在盤拳修練中，每動又分為幾個小動作。如果用乘法，盤一套八十三式有幾千個動作。習練者必須嚴格遵道而修，不得有悖離拳理拳法之不必要的動作，亦不可減少中間某一個環節。總之，須循規蹈矩，按規矩習練，不得有隨意性。

怎樣求索方可循規蹈矩不走彎路呢？精研習拳之道，每練習一個單式，在手、眼、身、步、心、神、意、氣的四法四功中討分寸。一個拳式有八種練法，通俗解釋為八種技藝。從起始習拳到上乘功法，一個拳式有八個層次的功夫，十分精妙。

(一)粗　練

所謂「粗練」，指初涉拳場，對太極拳的拳理拳法知之甚少，或粗知，淺知。老師此時無須深講開合、虛實、

陰陽、動靜……只教授動作，使學生先學會「劃道」。為了便於學生記牢每個動作的姿勢和起止點，不要畫葫蘆似瓢。要一招一式做準確，不要落入「學拳容易改拳難」之境地。如果有時間，可以先學練「定勢」，待定勢熟練後，再練「聯勢」。

(二)嚴　練

嚴練是嚴格要求，循規蹈矩，要教授「中正學」課程，也就是練拳注意中正安舒。即使不能達到心、神、意、氣的內靜，也一定要達到外形的中正。拳法中正關係到將來向高層面的修練，身形中正對於推手、技擊也是優勢。所以，在練拳起步之時，必須注意身形的中正。

(三)心　練

中正和安舒是相輔相成的辯證關係。心、神、意、氣不安舒，很難達到外形的中正，故內修安舒，外示身形中正。有位拳家說，「心意鬆，肢體鬆」，以達到「神舒體靜，刻刻在心」之境界。

(四)中正練

每個動作都應該注意重心。「攬雀尾」（8動）陰陽重心變換八次，始終保持單腿重心，即立柱式身形，在盤拳動態運行之中，重心腳始終與頂保持上下一條線。不可雙重，雙重為病，從「小學」開始，行功要避免雙重。拳論明示「每見數年純功不能運化者，率皆自為人制，雙重之病未悟耳」。初學不要「帶病」練功。

(五)被動練

吳式太極拳的重要特性是三不動：沒有動意、不主動、不妄動。盤拳不要主動，而是似手錶錶芯的齒輪，一個齒輪帶動另一個齒輪，絲絲相扣被動運轉。

在運行中體驗勢與勢，也就是陽動止、陰動起始的陰陽、虛實、動靜、開合的微妙變化，以體驗一個動勢的陽運行到終點，自然變轉的一剎那，怎樣變轉為陰式的起點，這是太極功夫的積累和修練。

(六)意 練

練太極拳「用意，不要用勁」。每個單式均「以心行意」，意動神隨，「以意導體」，順其自然，循套路動靜規律，沿弧形線運行，運行到每一動的止點，起點自然顯現。虛中虛，陰動變化，自腳下起，腳引手；陽動變轉，實中實，自手上始，手引腳。變換重心勿左右移胯，以鬆腳到頂變換，走一個「∧」字型，似拱門。

(七)鬆 練

為了使體能適應九大關節在行功時節節放鬆，在盤拳練功中根據個人修練進修程度，可選擇鬆腳練、虛提膝練、鬆胯練、鬆腰練，上肢鬆肩練、垂肘練、展指舒腕練。為了早日把握九大關節放鬆的技藝，可分為身體上部、身體下部兩部分進行訓練。

下肢：每動之前，鬆腳往上，踝、膝、胯節節鬆。幾乎在鬆腳的同時，鬆腳到頂。

上肢：鬆腰往上，肩、肘、手、腕節節鬆。

可以分上下訓練，但要注意上下的「完整一氣」。

(八)細　練

細練指修練者從理論上對太極拳的認識和理解，反映在盤拳實踐中的腳下雙輕而自然輕靈，腳下雙沉的自爾騰虛，手上空靈輕扶，鬆柔運行始終保持單腿重心，節節上鬆到頂，維護行功中的安舒中正。此階段，在盤拳過程中退去身上本力，身體鬆空，達到了關節要鬆、節節貫串、虛靈在中的體能。

八種精妙的修練體驗太極拳，不在乎練拳結果達到什麼師什麼家頭上的光環，而重要的是過程。在鬆柔動態運行中日復一日，年復一年，在陰陽變動中得到健康，在開合動靜中找到平衡，在虛實變化中精神愉悅，內外雙修，五臟六腑舒暢通空。太極拳鬆、柔、圓、輕的勻緩運行，可打通微循環系統，使修練者臉上的微細血管加速循環，減緩皮膚老化，對婦女練家有美容之奇妙效果。

十一、人體結構變化

關於練功持久人體結構發生變化，先賢早有說法。拳論老譜中有「以氣周流全身，意到氣至」「妙手空空」「無形無象」「上下相隨」「一舉動，周身俱要輕靈」等等論述，這是人體結構變化的表現。武術家身體結構不改變，是無法完成「二指彈」的。排球運動員亦然。一個扣球加大速度，幾十磅重，能接回去，普通人手指沒有結構

的變化，難以應付。雜技演員能敏捷地鑽筒、鑽圈，一般人只能望圈興歎。這一切都證明唯有身體產生了適應性的結構變化，方可做出常人難以想像的高難度動作。

習練太極拳，循規蹈矩按拳理拳法規範修練，日久，身體結構自然發生變化。養成一種舉動輕靈的習慣，經常在腳下起於陰陽變化，會有一雙太極腳，腳下有騰虛之感，外力按上便有上浮之意。遭遇外力，瞬間引外力解於腳下而轉危為安。太極拳人有「湧泉吻地」之說，久練太極拳，腳下陰陽變動，行動走路十分自然穩重，一般情況下老年人不會跌跤。

習練太極拳改變人體結構，是可能的，不是不可求的。人體結構改變對養生長壽有益，對增長功夫進行技擊的作用更是不言而喻的。

第十三篇

《太極拳論》淺析篇

在武術界，王宗岳和他的《太極拳論》受人矚目，影響極大。《太極拳論》成為武術理論的母論，從中派生出諸多拳訣，成為指導性拳論。全文如下：

「太極者，無極而生，陰陽之母，動靜之機也。動之則分，靜之則合。隨曲就伸，無過不及。人剛我柔謂之走，我順人背謂之黏。動急則急應，動緩則緩隨。雖變化萬端，而理為一貫。由著熟而漸悟懂勁，由懂勁而階及神明。然非用功之久，不能豁然貫通焉。虛領頂勁，氣沉丹田。不偏不倚，忽隱忽現。左重則左虛，右重則右杳。仰之則彌高，俯之則彌深；進之則愈長，退之則愈促。一羽不能加，蠅蟲不能落。人不知我，我獨知人。英雄所向無敵，蓋皆由此而及也。斯技旁門甚多，雖勢有區別，概不外壯欺弱，慢讓快耳。有力打無力，手慢讓手快，是皆先天自然之能，非關學力而有所為也。察四兩撥千斤之句，顯非力勝。觀耄耋能禦眾之形，快何能為？立如平準，活似車輪。偏沉則隨，雙重則滯。每見數年純功不能運化者，率皆自為人制，雙重之病未悟耳。欲避此病，須知陰陽。黏即是走，走即是黏。陰不離陽，陽不離陰，陰陽相濟，方為懂勁。懂勁後，愈練愈精，默識揣摩漸至從心所欲。本是捨己從人，多誤捨近求遠。所謂差之毫釐，謬以

千里，學者不可不詳辨焉（原注云：此係武當山張三豐祖師遺論，欲天下豪傑延年益壽，不徒作技藝之末也）。」

淺析王公的拳論，實為拋磚引玉，它是在習練中對太極拳在陰陽變化、鬆柔動態運行中的一些體驗。王宗岳的太極拳論短短四百多字，將太極拳的來龍去脈以及修練方法、目的，說得一清二楚，拳理深邃，拳法透徹，哲理服人。此論的影響在世界上引起極大的關注。德國亞琛有一位東方文化的癡迷者，為了尋找太極拳的發祥地，他來到中國杭州，使他興奮的是，他得到了一幅中國書法家寫的《太極拳論》書法，掛在他的東方文化工作室，可見他對東方的這位哲人的尊敬。

王宗岳是一位中國古典哲學家，有人考證他是清代人。太極拳師吳圖南在《國術概論》一書中考定王宗岳為明朝人，這一考證將其生平向前推了多年。從此可以推論，太極拳在明朝已經開展得具有相當規模，在民間早有「四兩撥千斤」的爭論和質疑。

王宗岳《太極拳論》的精華之處，是開首的「太極者，無極而生，陰陽之母，動靜之機也」。餘下的論述屬於拳法，拳法諸論也是上乘指導性的。

太極拳是絕學，絕學就需要後來學子以絕學的眼光去看太極拳，以絕學的思維去理解太極拳。若以常人的想法、常人的眼光去看太極拳很難看懂拳的奧妙，更難以理解它的博大精深。一般人認為武術以剛武為主，訓練時以打狗皮、戳木板、撞石條、擊沙袋是正常的。而太極拳師則訓練弟子「一舉動，周身俱要輕靈」「用意不用力」。還有的拳師在屋中懸掛一件衣服，令弟子每天去推，日久

衣服不動而自身被打回來，身上已經有了鬆柔的體能，這在常人眼裏是不可思議的。以常人的思考和認識去評論《太極拳論》是難以準確的。太極拳訣有「妙手空空」「妙手一著一太極」之論。這在常人是難以理解的。如果評論王公的「拳論」，還有「發力」的說法，這也是常人對拳論的不理解，不理解評論怎麼可能準確，等於小學生指指點點大學課本。

今天淺析《太極拳論》，是坐在巨人的肩頭看巨人，「博大精深」似乎退去，「返璞歸真」顯現出來，「道法自然」更為清晰了。

一、太極者，無極而生，陰陽之母，動靜之機也

對於太極拳愛好者來說，《太極拳論》是終生受用無窮的教科書。

初學太極拳，是《太極拳論》吸引著我進入拳場的。拳論是一篇不到五百字的短文，比白居易的《長恨歌》少了一半，深入淺出，通俗易懂，讀來觸動魂魄，大有「水清河靜，翻江播海」之勢，令人叫絕。有人說，《太極拳論》抽象難懂，奉勸大家坐下來粗讀、細讀、精讀，然後默然思考，會悟出許多道理來。

拳論開宗明義，有生於無。離開陰陽，就無法將太極拳演練下去，更甭談太極功夫。在自然界、生物界以及一切學科，都存在著陰陽，電也有陰電陽電。人的手心手背有陰陽之分，行走也是陰靜陽動。世界上萬物皆為陰陽並

存，陰陽相濟，這是大自然的規律，沒有陰陽便是死的世界。太極拳理源於老子的道，老子說：「萬物負陰而抱陽。」陰陽是矛盾的正反兩個方面，又是一個統一體。太極拳的動作以陰陽支配運行，陰隱陽顯，陰陽交替，從而內動外靜，內靜外動，動靜相兼，演繹出波瀾壯闊，其大無外，其小無內，在陰陽變化中的鬆柔動態運行藝術。

王宗岳老宗師對太極拳的認識極為精深，有獨具匠心之解。據傳，遠在《太極拳論》誕世之前的很多年就已經有了太極拳，那時或許不叫太極拳，而是為了防身和養生練的用意不用力的鬆柔之拳法，但拳之經論不多。《太極拳論》彌補了此缺憾。王宗岳憑著對太極拳的精深研習，以親身練拳之體驗，寫出此妙言絕論。

太極拳的理論源於《易經》，易學認為一陰一陽謂之道，這是宇宙之根本規律。自然界的地震是陰陽不平衡而造成的，人體陰陽不平衡也會造出病來。我們習練太極拳就能達到體內陰陽平衡，氣道、血道、經絡暢通，健體強身，免除災病。陰陽平衡是一種養生。

我學拳的初期，楊禹廷大師問我：「咱們的拳有多少式？」我順口回答：「八十三式。」老拳師舉手伸出兩個手指，然後語重情長地說，「就是兩個動作，一陰一陽，一通百通。」從此我牢記老拳師的諄諄教導，用心記下：太極拳就是「一陰一陽」。陰是什麼？陰是意之隱，是虛、是空、是開、是靜、是鬆柔、是虛靈、是捨己從人，是《四句要言》中的「關節要鬆，皮毛要攻，節節貫串，虛靈在中」。陽是什麼？陽是陰的對立面，是意之顯，是實、是有、是合、是動、是堅剛。

在太極拳的修練中要陰陽相濟，陰不離陽，陽不離陰。陰陽在拳架中體現得最為深刻，是實實在在的，不是抽象的空洞理論，拳人看得見摸得著，能體驗到陰陽的存在。

以楊禹廷八十三式太極拳為例，老拳師將每個式子分出單雙動，單動為陰，雙動為陽，八十三式326動，163個陰動，163年陽動，不多不少，陰陽平衡。如「白鶴亮翅」（4動）1、3動為陰動，2、4動為陽動。從單雙動可以明白「變轉虛實須留意」。太極拳的動作是在陰陽變化中運行的。拳法修練，技擊與盤拳不同，推手以陰柔捨己從人，陰虛鬆淨，審敵聽勁。

《太極拳論》的精華在開篇之句，「太極者，無極而生，陰陽之母，動靜之機也」。拳論是指導性的理論，是拳之母，拳之魂，偏離就沒有了太極拳。凡太極拳練習者、研習者，首先應「拳理不離口」，次之是「拳不離手」。因為理論指導實踐，只有加深對拳論的認識和理解，才能明白，最終是懂，也可以說是讀懂太極拳，悟懂太極拳。

太極拳是絕學，絕就絕在陰陽變化、用意不用力等等的特性上。

二、動之則分，靜之則合，隨曲就伸，無過不及

凡有幾年拳齡的人，都知道「動之則分，靜之則合」的說法。在學拳過程中常聽拳師講此話，也曾聽資深拳家

說過，但如何分，怎樣去合，能講透者寥寥。

太極拳講究身形手勢，筆者在《太極鬆功修練篇》中也詳細論述了對周身每個部位的要求。「動則分」的拳理極為科學，避免了雙重之病。《十三勢行功心解》云：「有上即有下，有前即有後，有左即有右。如意要向上，即寓下意。」盤拳有虛實手，虛實手是分著的。不能左右手同時化、拿、發、打，向左採對方，其意向右，否則雙重，大家可以演練。

拳人身上有三大病：缺陷、凹凸、斷續。手上有四大病：頂、偏、丟、抗。在推手當中要十分注意勿犯太極病。如果對方身上出現缺陷之病，一定要將對方填實，他凹，我伸，將他凹進的一塊填實，佔領他的「領地」，制敵於死地。發放、打擊對方時，手不可著力，輕輕扶著他，由腳下變動。俗稱太極無手，有手不是太極拳，就是這個理兒。

「動之則分」在每個拳勢中多有體現，以楊禹廷八十三式拳為例，起勢4動，攬雀尾8動，斜單鞭2動。單動為陰，雙動為陽，在上一章中已有解釋。此勢結束為陽，接下一動為陰，動與動之間是陽與陰或陰與陽之變轉。

拳論《十三勢歌訣》云「變轉虛實須留意」，提示我們在勢與勢接頭的當口（學術名稱為變轉，變是動，是變化），一定要分，動之則分。怎麼分，細說，指尖與指根分，指根與掌分，掌與肘分，肘與肩分，也含指與肩分，手與腳上下分，腳與膝分……總體上是腰為主宰，腰起到承上啟下之作用。動之則分，從腰分，腰是座標點，上鬆到手，下鬆到腳，全身都開了。動分腰不好求，要在練拳

中慢慢體會。

理論上要先認識到動則正體鬆腰；實踐時，每次練拳，一勢練完再練下一勢的接頭，先鬆一次腰，天長日久，定能找到動之則分的感覺。

「靜之則合」以拳論解釋合，就是「完整一氣」。盤拳陽變陰有一瞬間的「實中實」，所謂「實中實」是在陽動結束、陰動起始的瞬間變轉之前，再實一次，也就是陽動手引腳到終點，手再引腳，是手腳的意念舒展，手為1腳為2。這是周身瞬間的完整一氣，神、意、氣、軀幹肢體短暫的整體內外相合。

在技擊運用時，合為周身肢體的短暫的完整一氣，是高層次的渾圓一體。與對方的接觸部位，「沾連黏隨不丟頂」最忌主動、妄動，一絲一毫的主動、妄動也會破壞周身整體的完整一氣，所謂的「一羽不能加，蠅蟲不能落」，練家一定要注意這精妙之處。

體用結合，「過猶不及」，特別是每天盤拳，弓步時膝不可過大趾甲根，也不可不及，「三尖相對」為準確，不及受制，過亦被動，且傷膝。在技擊中最能顯現過猶不及之病，也就是周身手腳凹凸、缺陷之病。欲避此病，平時練拳修練加以注意，按規矩練拳，循規蹈矩，別無他法。

三、人剛我柔謂之走，我順人背謂之黏

「人剛我柔謂之走」，從字面上很好理解，善於研究拳理的人，都能說出個一二三。太極「由著熟漸悟懂

勁」，懂勁就是明白太極拳之道理，理論與身上的實踐結合，方可明白人剛我柔謂之走的深奧拳理。能講出深一層拳理的人就不多了。

「走」，怎樣走，哪裡走？躲閃、走動、逃走、避開……我們在公園裏常見二人推手一來一往，如果不是生推硬搡氣喘吁吁，甚是好看。攻方掤來、防方側身將攻方來手化出去，自己轉危為安。攻得清楚，走得明白，這也是走。但這是外形的走，有形有象的走，看得見摸得著的走。這種是本能的，是先天自然之能加上後天的著法。

拳論說的「走」，不是這般容易的走，是看不見摸不著的走。

拳論中的走是微觀拳藝，對方以剛攻來，防方以柔化解來勢。這一來一化，是在雙方接觸點上進行的較量，旁觀者很難看出。因為剛柔雙方沒有外形上的動作，而是在雙方接觸點上的微小變化。在觀摩太極高手推手較技時，只能微觀看技藝，不是宏觀看熱鬧。話說起來容易，真正做到在接觸點上「走」開，不經過刻苦修練，千萬遍盤架子，是做不到的。

「由著熟漸悟懂勁」，著熟僅僅完成功夫的一半，還有一半，也許是最重要的一半，「漸悟懂勁」，功夫在「悟」字上。真正提高太極拳技藝，不是練出來的，而是悟出來的。練是功夫的基礎，悟是功夫的大成，要經過磨練。如何艱苦磨練，吳圖南大師有一句名言：「要有百折不撓的毅力，脫胎換骨的精神。」拳師常講「三明三昧」，拳藝在糊塗明白，明白糊塗，明昧之間提高。如果沒有高深的太極功夫，就不能完成在接觸點上化解對方的

攻擊。所以說這裏的「走」不是有形有象的走，而是無形無象以柔化解攻來的剛，這是太極深層功夫的「走」。有一位拳師說得極對：「有形有象皆是假。」

那麼「我順人背謂之黏」，又怎麼理解呢？順、背有沒有互換？

這句也是說攻防雙方的辯證法，我順對方背，對方順則我背。攻防雙方在接手之前，跟下象棋一樣楚河為界，各自有各自的「領土」「領空」。雙方都想佔領對方的領土、領空，就是拳人說的「搶位」或「搶中」。怎麼個搶法，在說清楚這個問題之前，先講什麼是太極拳的打法。

太極拳是武術，武術有什麼打法，太極拳理應有什麼打法。但是太極拳還有它的特殊性，它的理論基礎源於《易經》，太極拳理注意並十分重視運用陰陽。

太極推手不是太極拳的打法，或者說不是太極拳唯一的打法，推手是太極拳教學的一種方法，以推手訓練拳人的掤、捋、擠、按、採、挒、肘、靠八法，以及訓練拳人手上觸覺神經的審敵聽勁能力、沾連黏隨的太極功夫。那麼，什麼是太極拳的打法？太極拳的打法是：

（一）以心行意，以意導體，以體導氣，以氣運身，用意不用拙力；

（二）以靜制動，無形無象，上下相隨，後發先制；

（三）以柔克剛，剛柔相濟，以點制面，化中有打；

（四）以小勝大，以弱制強，引動四兩撥千斤。

太極本無法，動就是法，太極打法也不止四種，僅僅歸納而已。我們明白了太極拳的打法，那麼，怎樣方可「我順人背呢」？

上邊我們已經探討過雙方接觸以「楚河為界」，雙方在接觸前誰也沒威脅誰，在雙方接手的一剎那間，功夫深的一方，周身鬆功較好，或早已在神、意、氣上「吃」住對方，使對方精神、呼吸、身體均感不適；或者通過接觸點侵入對方的「領土」「領空」。

武術有一句俚語「腳踏中門襠裏鑽」，這句話是有形有象的動勢。太極功夫高明之處，同樣是腳踏中門襠裏鑽，但是，這裏並沒有任何形或形象去「邁腿」「腳踏」的動作，而是以意念通過接觸點，「吃」進對方的來勢。也就是化解對方接手時的意或勁，自己的意滲入對方的腰，使對方不適，也就是「背」。這就是我們說的「搶位」搶對方的「中」，使對方失重，謂之「以小勝大，以弱制強，引動四兩撥千斤」。

「中」是什麼？中是中心，也是我們的重心。有經驗的拳師在雙方較技時，先打對方的中心，也就是搶中，破壞對方的中心，動搖對方下盤的重心，對方就垮了。同樣地，在打對方的中心之時，也是自身暴露中心之時。因此在打對方中心的時候，要隱藏自己的中心，即拳家常說的「藏中」。棋經有一句名言：「己病不除不可強攻。」這是經典之句，拳人要牢記。

「動急則急應，動緩則緩隨」，在處理上，凡懂勁的拳人都明白，太極拳很少主動進攻，雙方接手，先是審敵聽勁，不管對方攻來是急是緩，以陰柔吃掉攻方的力和勁，採取後發制人之戰術，提前到達攻擊目標。

這種應變能力只有在實踐中去體驗，在雙人訓練中使之得到嫻熟運用。

四、由著熟而漸悟懂勁，由懂勁而階及神明

太極拳理源於《易經》《道德經》，所以它的文化底蘊深厚，內涵豐富。

「拳打千遍，其理自現」「太極十年不出門」，這是前輩拳師練拳的總結。《太極拳論》字數不多，拳理樸素，激發學子學拳要有恒心。拳要多練，達到著熟，熟能生巧，漸悟懂勁。同時告訴我們，太極功夫一要練，二要悟。怎麼練，怎麼悟呢？楊禹廷老拳師諄諄告誡弟子，練拳有四多：多練、多看、多問、多琢磨。

(一)多 練

練拳為了健身，以拳代操，每天只打一遍，無可非議，練則有益，動則健康，全民健身，每天堅持難能可貴。如果通過盤拳修練，就要再下苦工夫，上面說的「千遍」和「十年」，僅是形容，真打「千遍拳」練「十年功」，不是按拳理拳法循規蹈矩，即使二十年、萬遍拳也拿不到太極真功夫。

上海一位拳師提倡每天盤七、八遍拳，北京一位拳師每天練拳僅上午就七小時，這是多麼大的工夫。下這麼大的工夫不是為了湊時，練遍數，而是一招一式按拳理拳法盤拳。盤拳要極為精確、到位，一勢也不能馬虎，該運行到多少度則按要求到達多少度。如，「雲手」從左 90° 始，向右 90° 終，不能打到 45°。四正位、四隅位，到位準

確，也不得偷工減料，瞞天過海。

(二)多　看

看，是觀摩學習。觀摩學習在我國各行各業廣為流行，甚至不吝差旅費，組團到異地學習，以改進工作。學拳也如此。我們拳人將這種學習稱之為「流學」，流動學習也。休息日到各個公園練拳場，看各家拳師是怎樣練拳的，觀摩同輩拳人是如何練拳的，觀摩有益於自身修練。看到不足之處，以警示自己，此處注意，不要重蹈錯著。

看，看前輩拳師身形、手勢，陰陽虛實，最為重要的，是看他們的神意，以及那看不見摸不著，但能感覺到的氣感。看拳人練拳是立體的，每招每式可直接感受，拳人是帶著內功行功走架的。

每招是否到位，是否是用意盤架子，還有用力，這一切的一切，使旁觀者清清楚楚，看個明白，像一面鏡子照見自己，找到不足，提高拳藝。

看，看前輩拳師的拳照。有很多著名的太極拳大師早已仙逝，我們晚生後輩雖然不能直接觀摩他的拳藝風采，但看他們的拳照，也是極好的學習。看拳師照片，勢與勢、陰陽是怎樣變化的，看拳師的手腳是怎樣結合的，看身體的中正安舒，看他們的神意……看照片的時間長了，能將死片「看活」，將照片看成動勢，從而受益匪淺。

看書。坐下來讀名家的拳譜、拳論、拳訣、俚語、要言等等，提高理論水準，以拳理指導練拳實踐。前輩拳師留下的太極拳理論著作，經過幾代拳人的積累、口傳、筆錄，成為今天我們看到的印成書的理論。

篇篇理論是前輩拳師的切身體驗和修練的經驗總結。有的一語雙關，有的極為深奧，不去用心體會，從盤拳中琢磨，是難以理解的。

　　如拳論中提到：「多誤捨近求遠。」從字面看，多數拳人捨近而求遠，遠到何方？「謬以千里」。這個問題，先要有一位明師指導，學子要循規蹈矩，兩者密不可分。如果老師糊塗，學子也難以明白。當今糊塗老師不是沒有，太極拳師不明陰陽者大有人在。

　　當代拳師的訪談文章不可不讀，看他們是怎樣修練的，對太極拳功夫是怎樣認識、怎樣理解的。讀後往往使人茅塞頓開，眼前一片光亮，對學拳極有輔助、指導作用。

(三)多　問

　　為了準確掌握太極功夫，還要多問，邊學邊問，不厭其煩地問。問明師，問師兄弟，問高水準的理論家，以便改進套路姿勢，提高對太極拳拳理的認識，以求解惑。

　　「聽勁」，太極拳別於武術其他拳種。拳師講腰，為了使學生能更快掌握技藝，讓弟子摸他的腰，這叫聽勁。這是太極拳訓練學生的一種特殊性手段，其他拳種是沒有的。聽勁也稱問勁，以弄清楚對方勁的來路去向。聽勁是一種很精明的「問」，實踐的問，會少走很多彎路。解決許多太極拳難以用筆墨、用語言說清楚的技藝難度大的問題，一聽一問即可迎刃而解。

(四)多琢磨

　　多琢磨，也稱之為「默識揣摩」。何謂多琢磨，琢磨

就是「悟」，嚴格地說，太極拳練到一定程度，功夫是悟出來的。大家所熟悉的拳論中的「漸悟懂勁」，可以說一語中的。修練太極功夫，首先要練、苦練、下工夫練，然後是悟，看他人練拳，在紮實的拳理拳法的基礎上，去琢磨，去揣摩，去悟。

悟什麼？悟陰陽。拳論云：「每日細玩太極圖，日久自能聞真香。」什麼是真香？真香是太極功夫。所謂細玩太極圖，「玩」是練拳注意陰陽，「細」是悟，悟一招一勢的虛實。虛實即陰陽。虛實宜分清楚，一處有一處虛實，處處總此一虛實。虛中有實，實中有虛，即陰不離陽，陽不離陰，這不僅僅是理論，練拳推手均如此。拳人每天練拳修練陰陽，「學者悟透其中意，一身妙法豁然能」，功夫不負練功人，總有一天「悟透其中意」，太極妙法上身，修練大成，達到最高境界。但是，太極功夫「學無止境」，這句話是太極拳人的共同的心聲。

「四多」是身心雙修。從「四多」中求懂勁，從「四多」中修階及神明，從「四多」中求心、神、意、氣的安靜，肢體軀幹的虛淨，獲得太極拳之真諦。

在太極功夫修練中，「四多」對習練者來講，是不可缺少的最為重要的拳法。

五、虛領頂勁，氣沉丹田，不偏不倚，
　　忽隱忽現

「虛領頂勁」，跟「尾閭中正神貫頂」聯繫在一起研究。「虛領頂勁」也叫「提頂」，頭頂百會輕虛地往上領

起，似頭頂著一個分量不大的物件，跟臀部的尾骨成垂直，這是身法中正的首要條件。

看了不少理論文章，多從字面去解釋。如果從太極修練的深層研究，顯得深度不夠，或者說前輩拳師受歷史局限說得不夠詳盡，影響初學者準確掌握頂的技藝。拳論關於頂的提法，共有「虛領頂勁」「神貫頂」「提頂」「頂頭懸」四種。四種頂的技藝，領、貫、提、懸，都屬陰陽之陽，意大容易出勁。

懸為陰，如果上邊有一根繩提吊著還是陽。《現代漢語辭典》解，虛，空也；領，有十種解，動詞，帶領；提，提拿；懸，掛也。從太極拳角度理解，領為陽，虛為陰，虛與領是一對不可協調的矛盾、不易統一的矛盾。從動作解，頭頂被領出勁和意都大，不利修練。頭上頂一個分量輕的物件，哪怕一張紙，意也嫌大。筆者認為，從身形解，按拳理要求，頂應稱之為「虛靈神頂」，就是將神意虛靈頂上。

太極拳對身法要求有四句要言，「關節要鬆、皮毛要攻、節節貫串、虛靈在中」。拳人的周身虛靈無處不在，頂也要虛靈。不可提、領、貫，只有一個狀態，是虛靈神頂。這個「神」視拳人修練時間、功夫高低、理解能力而論。這個神可以是自己的精神，也可解為頭頂上有太極陰陽圖，還可以解釋自己的精神顯現在頭頂上，主管陰陽。總之，從練拳第一天起始，頭頂永遠保持虛靈。

武禹襄在《十三勢行功心解》中有一句拳之真諦，他寫道：「一舉動，周身俱要輕靈。」以此我們可以推論，練拳、推手、技擊一舉動輕靈，符合太極拳拳理拳法規範

的用意不用力，不輕靈有悖太極拳規律。

在太極拳圈內有自封的大師、太極拳家，他們根本不懂太極拳，也不研究拳理拳法，身上僵緊，舉動無輕靈可言，自我感覺良好。身上僵緊的朋友坐在椅子上，按住他，他就是起不來，輕靈能站不起來嗎？輕靈也是虛靈，叫法不同，內涵一樣，周身輕靈，從腳到頂都要虛靈，頂上虛靈便是，為什麼還要去領頂、貫頂、提頂？不同層次的功夫修養，有不同的理解。頂上虛靈這一功法不能改變，否則難出功夫。

關於「氣沉丹田」，我向各家各派一些修養高的拳師討教過，也向從嵩山少林寺下來的「德」字輩大師討教過。他們從練拳實踐中，認為「氣沉丹田」是不全面的，氣不應停留在丹田，而是經過丹田沉在腳下，從「湧泉」入地，用氣時，再接地氣從「湧泉」上至丹田。少林寺德字輩大師認為：「練勁丹田不存勁，練意丹田不存意，練氣丹田不存氣。」丹田絕對不可存氣。氣是活動的。「氣遍周身不稍滯」，以氣運身，不偏不倚，保持身形的「中正安舒」。「忽隱忽現」就是陰陽，陰為隱陽為顯，是看不見的，但能感覺到。

在學習拳論的過程中，不能單從字面上理解，要從實踐中從自己身上體驗，符合的朝著正確的拳理拳法修練，不符合，要走出來，琢磨、思考、請教明師、和拳友商榷。不要鑽進死胡同出不來，變成拳呆子。

對待前人留下的經典，一定要繼承、消化、發展。前人的大環境與當代相去甚遠，歷史背景不同，文化素養不同。通訊手段靠口頭傳播，有可能以訛傳訛，或中間加入

傳播人的體會，甚至予以篡改。我們在繼承、消化、發展中，要有一點辯證唯物主義觀點。

六、左重則左虛，右重則右杳

左重則左虛，右重則右杳。仰之則彌高，俯之則彌深。進之則愈長，退之則愈促。一羽不能加，蠅蟲不能落。人不知我，我獨知人。

以上諸論說的是太極技擊功。雙方交手，切記不可犯手上雙重和腳下雙重之病。對方按上左手，左手不給對方當拐棍。攻方來手為陽，防方接手為陰，及時變虛，對方左按空或採、挒空。右手變實手，攻擊對方，防方右杳，胳膊仍在但變虛，對方什麼也摸不著。這是從字面上理解左虛，右杳，虛和杳都是陰、化、拿。

在技擊技術方面，太極拳技擊跟兄弟拳種的虛一樣，陰中有陽，虛中有實，化中含打。左虛右杳，以陰虛對待攻方的陽攻，但是以陰化解，對攻方沒有威脅，應化中含打，不可手軟。

「仰之則彌高，俯之則彌深。進之則愈長，退之則愈促」，此四句是前輩拳人從實踐中體會的高深功夫，寫出來點撥後人，在修練過程中要修大道、不可近視，只看到眼前尺把遠的距離。

修大道就要意念在先，仰、俯、進、退，只有退不可太遠，只是意退形不退。以自己的陰吃掉對方的意、勁，使對方不敢貿然進攻。而仰、俯、進是陽，以意念引導，仰無限高，俯無限深，進無限遠，視線所及，意有多遠，

視線有多遠。這也是太極拳的穿透力功夫。這種功夫只有在平時盤架子日積月累，一分一秒的積累，不是兩三年唾手可得的，要靜心修練。

這裏還要著重和拳友商榷，關於仰、俯、進可以仰之無限高，俯之無限深，進之無限遠，要以自身功力而定，如果你的仰、俯、進只有三米的功力，不可仰、俯、進四米，那就丟了，這要在雙人訓練中自己去控制。還要請拳友們注意，神、意不可在一個點上。當你發放對方時，神看三米，意放三米，十次大概有十次失敗，這是高層次功夫，不是幾句話可以解釋明白的，不到懂勁的高深層次，很難用筆墨說清楚。太極拳手與人較技，雙方接手，高手功夫高在於他周身鬆柔、透空，接手聽不到他的來向和勁路，他早已將對方身上勁的來路去向聽得一清二楚，對方一動將受制於高手。

「一羽不能加，蠅蟲不能落」，指太極高手們周身鬆淨透空，各個關節鬆開，渾身汗毛立起（皮毛要攻），輕輕加羽毛、蠅蟲般的力也進不去。個人練拳時，舉動輕靈，亦是一羽不能加；雙人訓練推手，技擊進攻方也須輕靈，身上、臂上、手上也應一羽不能加，加羽毛之力，將破壞自身的平衡和穩定，練家不可不察，不可不悟。

高手鬆淨後，你在高手面前站立感到不穩，甭談發力，就是想進手，也只能等待挨打，絕無還手之力。

這是人不知我、我獨知人的功夫，在修練中自然而得，一心想得到，而難以得到，這就是絕學。

七、察四兩撥千斤之句，顯非力勝

從字面解，這句話已經很清楚，告訴你太極拳不能以力取勝。有一位大學老師業餘習武，認為「沒有萬斤之力不能撥千斤」，這種說法也是對太極功法知之尚淺。正確的說法是「牽動四兩撥千斤」（《打手歌》），「牽動」一詞極妙地說明了太極功夫的深奧。

「四兩撥千斤，顯非力勝」。這說得極對，行功較技，用意不用力，用力永遠不明何為「牽動四兩撥千斤」。拳論說得極為明白，「斯技旁門甚多，雖勢有區別，概不外壯欺弱，慢讓快耳，有力打無力，手慢讓手快，是皆先天自然之能」，這幾句告訴習練者，不管你什麼拳，也不管你用功多少年，你的本力不扔掉，你的功夫仍然沒有離開「先天自然之能」，身上手上沒有功夫，最好的功夫也就是本力加招法，離功法相差甚遠。

那麼，怎麼去「牽動四兩撥千斤」呢？前文已講過，最妙的招法是「搶位」，搶佔對方上下空間使之失重。攻防雙方面對面站立，互相接手，在接手的一瞬間，微妙的變化就開始了，接手雙方審敵聽勁當中進行搶位。搶什麼位？雙方對面相站，雙方的位置在一平米之內，每人半平米，雙方接觸的瞬間，高手的勁通過接觸點滲進對方的骨裏，甚至更遠。

搶佔對方地盤，逼使對方失重。在對方失重的情況下，達到「牽動」的目的。對方在失重的狀態下，進攻的速度停不下來而撲空，防方撥動他，使他聽你的話，得到

的結果是「任他巨力來打你，牽動四兩撥千斤」。

這裏還有一個技藝問題，當對方失重時，你與對方的接觸點要脫離，拳家碰到這種膠合狀態，常喊一聲「撒手」，對方自然躍出，如果仍膠合在一起，等於給對方當拐棍或用身體支撐對方失重的軀體，仍不能達到「撥千斤」的目的。

拳論有「察四兩撥千斤之句」後面又有「本是捨己從人，多誤捨近求遠」，兩句立論不同。「四兩撥千斤」為陰陽之陽理，「捨己從人」為拳之陰理，捨己從人為上乘太極功夫，「撥」就易於出力。

《打手歌》中有「牽動四兩撥千斤」之句。根據王宗岳宗師《太極拳論》，可以推論，遇對方來力，應以「捨己從人」「引進落空」為上乘拳法，使對手撲空失重。這是「從心所欲」的「人不知我，我獨知人」。

在技擊中，「牽動」和「撥」並不是上乘之法。「捨己從人」「引進落空」極符合拳理拳法。王公說到「察四兩撥千斤」是有條件的，如果沒有條件，真要去以萬斤撥千斤了。條件如下，「顯非力勝」，也就是不允許用力，不用力怎麼去「撥」？要「立如平準，活似車輪。黏即是走，走即是黏。陰不離陽，陽不離陰，陰陽相濟，本是捨己從人」。掌握了以上條件可謂上乘功夫，沒有以上許多上乘功夫，四兩是無法撥動千斤的。

王宗岳是極為嚴謹的哲學家，他在撰寫拳論時，輕易不會有漏洞，將「四兩撥千斤」寫進拳論之前，這句膾炙人口的句子也許已在社會上廣為流傳，並可能引起了爭論，因為一般功夫的練家難以體驗深層次功夫的四兩撥千

斤。故王宗岳在拳論中明示「察四兩撥千斤，顯非力勝」。

「四兩撥千斤」已爭論了幾百年，今後是否還要爭論下去？爭論是好事，真理越辯越明。

八、每見數年純功不能運化者，率皆自爲人制，雙重之病未悟耳

凡技藝，包括拳藝在內，絕不是耗時間，鐵杵磨成針、功到了自然成？不一定。因為藝不是物質，有了鐵杵就可以磨成針，恰恰相反，有了時間藝不成者大有人在。以京劇為例，一個世紀，幾代人的汗水，才澆灌出梅、尚、程、荀四大名旦。

太極拳界更為艱難，楊露禪、楊澄甫之後，多少年來，大師級拳人屈指可數。不得明師真傳難成正果，但有了真傳未能悟到，到時也是一場空。有的學生自己悟性差，沒從老師手裏拿到真傳，說老師保守。為什麼對師兄弟不保守？一龍生九種，九種不相同。有人學練太極拳多年，不能與人交手，交手就輸，其綜合原因很多。不懂勁、易輸手，欲去此病，在根基上找原因。

武禹襄在《十三勢行功心解》中，就如何去身上之病時指出：「有不得機得勢處，身便散亂，其病必於腰腿求之。」從腳、腿、腰找毛病，要做到腳平鬆著地，腿鬆、腰隙，而主要的是「須知陰陽，陰不離陽，陽不離陰，陰陽相濟，方為懂勁」，因為不懂勁，不知對方勁的來路去向，勁真的到自己身上，又難以化解，結果落得不能運

化，受制於人。

　　拳論的這句話是指技擊的，如果只求養生，從拳中得到樂趣是很有興味的。如果練拳追求技擊術，沒有別的途徑，只有靜下心來，按拳理拳法刻苦修練，用心去悟。否則太極功夫不會上身，這是自然樸素的拳理。

　　我們前文已經說過，太極拳屬於武術，武術有什麼打法，太極拳亦應有什麼打法，但是太極拳有它的特性。太極技擊別於兄弟拳種，不是先發制人剛猛激烈向對手進攻，而是以靜制動，後發先制，以小勝大，以柔克剛，牽動四兩撥千斤。

　　當然，這些打法在雙重狀態下是無法取勝的。太極拳講究陰陽、虛實、動靜、開合、鬆柔，沒有這些特性也就沒有太極拳技擊。跟對方較技，雙腿實實地站在那裏，雙手平均用力，這是上下雙重，一碰即翻。

　　太極技擊，應該將太極拳之特性運用在戰術中，與對方交手時，應該運用以靜制動的戰術，在較技中運用陰陽、虛實，對方剛來，你要柔化，對方實來，你要虛接，如此交手，不能制勝，也不會一敗塗地。

九、本是捨己從人，多誤捨近求遠。所謂差之毫釐，謬以千里，學者不可不詳辨焉

　　有人說「請神容易送神難」，不敢貿然「捨己」。20世紀京城三位著名的太極拳大師——吳圖南、楊禹廷、汪永泉，我有幸認識他們，受到他們的點撥、授業、傳藝、

解惑的恩澤。在大師面前伸手就感覺空，人一失重，六神無主，只有本能地去拉抓，拉抓不到任何救身之物，只好空跌出去。上前伸手，對方捨己空了你，失重跌出，這是技擊最近的路，所謂「出手見輸贏」，就是這個理兒。

但「捨己從人」說起來容易，做到很難。是修練多年的周身全體內外雙修的手、眼、身、步、心、神、意、氣的綜合功夫，用《授秘歌》的拳訣形容，是「無形無象，全體透空」的鬆柔功夫。欲修練如此功夫，有以下幾難。

1. 周身鬆柔難

周身放鬆，從腳到頂，關節要鬆，皮毛要攻，節節貫串，虛靈在中，尾閭中正，神在頭頂。過了這道難關，身上不怕力，方可「捨己從人」。

2. 審敵聽勁難

雙方接手審敵聽勁，一般功夫還不具備聽勁能力，不明對方勁路的由來和走向，還達不到「捨己從人」的功夫，不敢貿然引進。引進落空是較全面的太極功夫，只能引進，無法使對方落空，最終仍是輸手。

3. 敢於捨己難

有的拳人已練拳多年有一定基礎。當對方來手時，其實，輕輕一扶對方請他「進來」，即可化險為夷。知陰陽有益於捨己從人，但有人不走此路，捨本求末，捨近求遠。去進攻，往對方身上用力，最後，互抱角力，與捨己從人背道而馳，永遠也不知捨己從人是怎麼回事。

最後錄一段《打手要言》：「靜是合，合中寓開。動則俱動，動是開，開中寓合，觸之則旋轉自如。無不得力，才能引進落空，四兩撥千斤。平日走架，是知己功

夫，一動勢，先問自己周身合上數項合否？稍有不合，即速改換，所以走架要慢不要快，打手是知人功夫，動靜固是知人，仍是問己。自己安排得好，人一挨我，我不動彼絲毫，趁勢而入，接定彼勁，彼自跌出。」

所謂「差之毫釐，謬以千里。學者不可不詳辨焉」，這句話倒是要多費筆墨，但也不一定說得清楚。太極拳技藝是學而時習之，苦練而得，也是悟而知之，歸根到底是在學而習知的基礎上悟道得之。凡習練者在修練多年之後，如果基礎不紮實，身上的毛病會時不時顯現出來。

關於太極拳之病，前輩宗師早有明示，身上有缺陷、凹凸、斷續三大病，手上有頂、偏、丟、抗四頑疾。清代除鑫大師有《三十六病目》之語，將《三十六病目》的例子舉到我們面前。還有雙浮、偏輕偏重、半浮半沉、半浮偏沉等諸病，困擾著眾多練家順利功成正果。

其實，從初入拳場習拳，在明師指導下，遵拳理拳法，按太極陰陽學說的教旨，循規蹈矩練拳，絕對不會派生出身上手上的毛病。凡練家有病身者，動則出病手，就是基礎功不牢而致。

按規矩練拳是練家必須遵從的守則。拳病和人體患病一樣，「冰凍三尺非一日之寒」，因為平時練拳不注意規矩，日積月累病入膏肓。拳場諺語「學拳容易改拳難」，確實如此，其結果是「謬以千里」。

那麼，怎樣去糾正謬誤呢？在根基上找原因。太極拳論中多篇都談到，「其根在腳」，請在腳下找原因。腳下差之毫釐，結果是謬以千里。

請注意腳下，太極拳功夫在腳下。

十、欲天下豪傑延年益壽，不徒作技藝之末也

在《太極拳論》最後結束語中，武當山張三豐祖師遺論：「欲天下豪傑延年益壽，不徒作技藝之末也。」

此遺論是太極拳論的結束，也是拳論之精華。《十三勢歌訣》云：「益壽延年不老春。」企盼習武之人追求養生、延年、益壽之道，不徒追求打人之學，那是技藝之末。但是恰恰相反，凡研習太極拳養生長壽者，門庭冷落，可以羅雀，而只要能打，用力用招不管怎麼個打法，頭上冠以「太極拳」，便門徒眾多。拳人中盛傳「楊無敵」，少有人傳頌一代宗師張三豐。為何？三豐宗師打人的故事寥寥。

唐朝藥聖孫思邈，是唐代武林高手，但他心懷懸壺之志，在民間行醫為民治病，九十歲開始寫《千金方》，活到百又四十餘歲飄然仙逝，他身後留下眾多為民濟貧治病的故事。當代太極拳鬆空藝術大師楊禹廷是 20 世紀太極拳技藝達到巔峰的神明高手，打人的故事很少。他在拳界一生謙虛、口碑極佳，沒有門戶之見，與各派拳家友好相處，武德極為高尚，一生與醫藥無緣，96 歲無疾而終，是三豐宗師「捨己從人」的追隨者，為太極拳界的壽星，令人敬慕。

練拳習武不可本末倒置，修練太極拳，應該遵循三豐宗師指引的道路，目不歪視走到底！可惜，目不歪視走到底的練家少而又少，令人不安。

本來太極拳習練之大道很寬，但太極之門在道的盡頭，遙遙難以窺見。路上人多，但並不擁擠，道路上無障礙，無紅燈，無攔路打劫者，只管向前走。老子說話了，他說：「大道甚夷，有人好徑。」王宗岳公跟在老子其後也發話了，他說：「斯技旁門甚多。」太極大道上，左道有門，右道也有門。你會看到，走在大道上的人走著走著不正經走了，東張西望，走入小徑去找捷徑之路，還有人往前看不到太極門，左側有門，右邊門也很多，一腳踏進去，入了左道旁門十年八載退不出來，弄得半途而廢，一世盲練。

　　君不見很多練家追求技擊，他們又不明打人受傷之醫理，而過早地離開人世，練太極拳易，修太極拳道難，這是練拳場上一大憾事。

　　循規蹈矩，按規矩練拳是很艱難的。老子說：「道法自然。」太極拳大師，不是用力，而多以意行功，而健康長壽；凡用力硬功者，結果極有可能是搖頭晃腦吃飯都困難。

　　三豐祖師之遺訓是我們太極拳習練者不應忘記的座右銘。

外一篇 太極渾元入道篇

編者：《太極渾元入道篇》是祝大彤先生的師兄孫繼光先生精心之作。他以七言八句七首練功詩言，奉獻給讀者，畫龍點睛地為《太極解秘十三篇》增光添色。

孫繼光先生係藥王孫思邈三十六代傳人，中醫中藥大師、武術家、作家。孫繼光先生著作頗豐，有詩歌、小說、文學劇本、文集、藥醫養生專著等千萬字面世。前年又完成「藥王孫思邈家學記實」宏篇文稿（280萬字）。他的「太極渾元入道篇」為我們太極拳愛好者提供了修練內功的門徑，在當今傳統文化深奧、神秘難於理解的文風勁吹之時，他以通俗樸實、幽默的語言，深入淺出地道出了武學深層的哲理，其中又以中醫藥學、養生學指點太極修為者的迷津。所以，我們將此篇編排在本書之後列為外一篇，以飧讀者。

為了便於研究「太極渾元入道篇」，又請祝大彤先生破解此篇的七首詩言，與讀者共勉之。

「太極渾元入道篇」為七言八句詩，詩在太極拳理論上稱訣，故稱七訣，其一初入道，其二雙彷徨，其三識渾元，其四歸醫道，其五苦相爭，其六要當王，其七歸自然。

其一　初入境

少小不諧世間法，老大方知天地情。
人有天傷和地殘，尋醫問藥在理中。
忽知人寰連環絡，乾坤雲手可延命。
男兒膝下有黃金，豈肯屈膝且試行。

少年習武，老師教孩子學，這一時期對人世間的喜事、煩事都不知，是最好的練功習武的時光。

人類從降生開始，父母給孩子們遺傳下來諸多病患，這是「天傷」，現在稱基因，無法選擇，只有順其自然。有人一生都在治病，有人不知有病，一旦發現病患，已經到晚期……經濟飛速發展，人民生活水平不斷提高。以北京為例，私家轎車 100 多萬輛，尾氣污染，蔬菜農藥超標，注水肉、死畜肉，假食品，假藥……不勝枚舉，總之幹什麼都不放心。德媒體報導「中國有毒食品」幾及道德底線，很多人處於亞健康狀態。這些現象，訣中稱為「地殘」，有人口袋裡富餘了，於是吃、喝、賭、毒、黃等不良生活給健康帶來煩惱。

北京市預防控制中心公布最新調查結果，拉響了生活方式病警報，說北京 6 歲以上人群中有各種生活方式病的市民比例達到 31.8%，文章說：

發現 6 歲以上人群中患生活方式病的人按患病水平排序分別為血脂異常 15.1%，高血壓 11.7%，肥胖症 10.7%，糖尿病 4.4%，冠心病 3.8%，腦中風 0.8%，腫瘤 0.7%，慢阻肺 0.4%。綜合起來看，患上述 8 種與生活方式密切相關疾

病的人群總患病水平爲 31.8%，比 2000 年抽樣調查時的 27.3% 的慢性病患病水平又增加了 4.5 個百分點。其中男性患病高於女性，城區高於近郊區和遠郊縣。但農村人口生活方式病的增長速度非常快。

在調查中還發現，與上面 8 種生活方式疾病密切相關的生活方式和行爲因素包括：有高血壓或糖尿病或腫瘤家族史、少活動或不參加鍛鍊，存在心理壓力困擾、鹹食攝入、高脂飲食習慣、體重超重、吸菸。如果排除了家庭史這一不可干預的因素，具有其他 6 項危險因素的 6 歲以上人群按一人擁有一項的方法統計的話，那麼，我市生活方式疾病的高危人群覆蓋面將達到 95.5%，所以，慢性病防治一定要從干預生活方式中的危險因素入手。

得病了自然要尋醫問藥，面對如此嚴峻的生活方式病，怎麼辦？「乾坤雲手」不分男女提挈天地，「雲手」爲運動的總稱，練功習武，在運動中找回自己的健康，當然還是太極拳好！

其二　雙彷徨

本來筋骨硬且僵，還有妻兒累在房。
世上功名何處去，晨練費神要思量。
何況交友亦難事，意過丹田怎視光。
大師僅吃炸醬麵，不如轉而做文章。

此訣提示青壯年練功習武時要處理好一切干擾。現代社會競爭激烈、人心浮躁，功名場上是是非非。俗話說活

得很累，事業、住房、汽車、妻子、孩子。找個知心朋友都很困難。

練武也不是件易事，武者都說自己功夫好，胡吹海吹，幾天能練出什麼功來；要麼七嘴八舌，難以阻擋各種功法的誘惑，學練太極拳不問不知道，一問祖傳門派太多，不知如何選練。

太極拳以「陰陽」為宗，王宗岳在《太極拳論》中開宗明義：「太極者，無極而生，陰陽之母，動靜之機也。」京城武術太極拳家王培生大師說：「太極就是陰陽，陰陽就是太極。」「太極拳應周身放鬆。」有人說，太極的鬆是「滅頂之災」，又有人說「練緊不練鬆」，太極拳不能離宗，沒有陰陽就不是太極拳。說太極練緊的人不是淺薄，就是對傳統太極文化的無知！

練功人要排除干擾循規蹈矩，按規矩練，日久功成，進入高境界，過丹田，心知肚明，身心透明則辨真偽。練功六不存，地、水、火、風、意、力。力在丹田不可久存，否則存出病患來，弄不好丟了性命。如此不再是「生命在於運動」，出了偏運動會招致喪命。

在江南我的忘年交朋友太極拳練得拔了萃，五十出頭走上西方正路；無獨有偶，京城一位小有名氣的習練太極拳者剛到六十退休之年，先是頭痛，後行動困難，再後來去找列寧了。什麼都放不下，干擾太大，功夫就別練了，不如去做文章，不圓滿可以編圓滿。

晨練為易陽回春，腸鳴九轉，用力練，力在臟腑搗亂，阻塞心、神、意、氣通暢，練歸練，但白練。所以，太極拳提倡舉動輕靈，陰陽變轉，用意不用力。奉勸拳

友，太陽不出山不要過早外出鍛鍊，否則不潔之氣會影響健康。

吃炸醬麵是提倡儉樸生活。黃醬是大豆製成的，大豆解百毒。但是豆類食物中植酸（嘌呤）含量高，不可多食，日本豆類小食品有防酸劑，很高明。

其三　識渾元

太極渾元是生像，五行仿生八卦掌。
拳家均是十三手，雲合承轉勾陰陽。
左行有順雲鶴翔，七星一線在何方。
天地中間夾著我，九功三轉無人講。

太極渾元是「無極而生，陰陽之母」，太極圖騰的陰陽魚是陰不離陽，陽不離陰，陰陽相濟，太極圖是太極拳的宗，是根本。我們的先輩早年練太極拳以八卦定位，東、西、南、北、東北、西北、東南、西南，八門也；金、木、水、火、土，五行也，太極練家歸為八門五步十三勢。近代東西南北中，五行稱為前進、後退、左顧、右盼、中定，使後學者不糊塗。宗八門五步十三勢，太極為十三手，千變萬化陰陽開合十三手，運動的根是十三勢。

心、神、意氣運行左行右順，練家將左行右順這門陰陽變化悟道而應用，亦可走遍天下樂哈哈。天、地、人三才，人為中，練太極拳七星一線算找到了方向方位。太極拳修練有成到一定境界找到自身毛病，不是太道也是正果中道。修大道不是自己說的，是從心、神、意、氣表現出來的。每天呼喊修大道，永遠不是大道，光說自己如何如何大

道，張口自己好，出手動作大，絕不是什麼大道，充其量往小道走去。拳訣云：「大動不如小動，小動不如不動。」

九功三轉，九功為天、地、人、時、音、律、風、星、野，太極本無象，動為象，無象生象。三轉從無形到有形，到心形，象和著法在心裡，功夫無程式。有老師講技擊如何如何，按程序打，十個有十個失敗。要開悟，不悟難知，講也無用。

悟道不單是心裡明白，而關要是身上明白。鬆柔、鬆空、鬆虛、鬆無是太極拳的根本。三豐祖師上武當山，棄剛猛，創鬆空太極拳，視擊打為「技藝之末」。邁出這一步相當的不容易，要改變一世的行為習慣。

其四　歸醫道

醫易混淆莫一是，山青水草豈連拳？
世間楞有三十六，三教化一說亂禪。
多少練聚腹如鼓，化丹關闕中焦玄。
誰知性烈急如火，卻幻睡夢即成仙。

自古醫家門派林立，古代中醫約分為三十六派，三十六為天罡吉數，植物藥、動物藥、吃石、煉丹。找草藥上山、入水，沒有功夫行嗎？不管練什麼功，習什麼武，最終要歸在醫道上，此道為生象，為活路。有人練了幾天拳腳自以為了不起，如是醫家，知你有隱疾，出手要害處，不死也加重內傷。但醫武大家武德高尚，願挨幾下打，也不去傷人。

功法高尚不過佛祖，道高尚不過老子，學問再好也

不過孔子。其三教被唐明皇合一，三教合一碑在少林寺。習武求養生是大道，要靜心修練，相安勿躁，不要急於求成。過去迷信帶功報告，坐樁站樁凝血聚氣，腹大如鼓，造出病來。京城太極拳大師吳圖南、楊禹廷反對丹田凝氣意守。氣是流動的，聚氣當然不科學且傷身體。武功是慢活，性烈急如火，不練死也出內傷。功夫是可求但不可強求的東西，帶著功利心去練，很難成功。

其五　苦相爭

絕學當然是金錢，旋轉身形誰爲先。
男子傲骨今仍在，疑神心貪放狂言。
菲薄衣鉢誰傳藝，邪惑利誘怕人煩。
舌頭辨味寸關尺，內功意導不顯山。

在市場經濟大潮中，有一技之長，可以鶴立雞群，如有絕學即高知識在身，身價倍增，可以說高知識也是錢。君子求財取之有道，不可將功利放在首位。可以有傲骨，但要謙虛靜養，不可驕狂，若開口我修大道，看人家為小道，則練功成為說功。

修練太極拳，不要浮躁虛誇妄言。有人將功法怎麼玄怎麼說，說得玄玄玄，絕絕絕，平民越看不懂。修道要求內心世界和諧暢通才能健康長壽，勿亂敲亂鳴聚氣腹鼓，這樣容易出問題。身子有恙，宜冷靜下來尋醫問藥求康復。

其六　要當王

炎黃乃祖是上皇，當王自尊不爲狂。

紛爭只因意不暢，腿腳分極又何妨。

古來太極本無式，隨心所欲爲帥將。

不是修人是練己，常錯弓腰或舒張。

　　練功勞筋骨，勿傷精神。精神振奮認爲自己是王，是最好的，練功時不仰頭、不比人家矮，要居高臨下與天公比高低，當然在社會上要謙虛，要有武德。一位中年練家，將一位在單位教拳者逼到牆角、無路可退，大大丟了面子，無法再留下教拳。當眾羞人，奪人家飯碗，缺乏社會道德，一時痛快，最終自己心靈受傷。正如前輩說的，萬事不修德，功法修不好。

　　求拳人體質不同，文化背景不同，高矮胖瘦不一樣。不可求同，步幅大小，只要學練人感覺舒服爲好。單腿雙腿也無妨，太極拳要求單腿重心立柱式身形，短暫的雙重未嘗不可。太極本無法，動則是法，不出招法，無形無象，出招即有象。雙人推手也不去主動進攻他人，以靜制動，後發先制，周身放鬆規置好自己，心、神、意氣隨心所欲，則精神先勝。

　　關要是修練自己，增強體質，提高道德修養，不是去練別人。

其七　歸自然

提挈模實忌四存，意力氣重自道傷。

可恨人間不隨念，怨惱常留且奮揚。

練功修德是仙根，心氣平和見道場。

安貧樂富憑他去，會笑才是功夫長。

詩題歸自然是對七首詩之總結，也是修練太極拳的終極目的。練拳不是主動鍛鍊，而是循太極拳的運動規律和運行軌跡被動地練。在盤拳過程中將太極拳的陰陽變動、舉動輕靈、用意不用力、虛實漸變等特性，溶入到每個動作中。

詩中奉勸練功同道，對生活對功法宜心平氣和，不要期望值過高，且安貧樂富，勿怨棄煩惱。好天氣、好心情、好時光，陽光明媚去練功。練功丹田四不存，即練勁不存勁，練氣不存氣，練意不存意，還有一存十分重要，生活中也不存氣。人們日常生活，工作中和同事、朋友時有矛盾發生，工作中的不同看法大量存在，家庭生活也常磕磕碰碰，此時有氣要向下意導，不可存氣。

七首詩訣中，多處提到練功修德勿自傷，諸如腹如鼓、意不暢、硬且僵、累在房等地殘諸象，均難於自然。

醫武一家，醫是武的根，如果習武人明醫理，識藥性，就不會因練致偏。我的老師孫繼乾老人是中醫藥大家，又是武林高手；我的師兄孫繼光諳熟人體十四條經脈和周身 365 個常用穴位，跟他較技很難得到便宜。

練功習武不管是哪家哪派，以養生為宗是上乘之功。我在吳圖南、楊禹廷、汪永泉三位大師指導下推手（揉手），當被大師發放時，蹦跳出去三四米，甚至達七八米之遠。這種蹦跳是被動的在思想無意識的情況下的神經活動，自然放鬆經絡，動、靜脈諸大小血管及微循環毛細血管通暢，氣道順通，周身上下內外很舒服。如果此時患有輕微感冒，被老師發放幾次小疾小恙不復存在。可以說被

老師發打是動中的養生。

二人較技微笑就是放鬆，含笑是心意鬆的表象。陳鑫修入大道，他說：「外面之形，秀若處女，不可帶張狂氣；一片幽閒之神，盡是大雅風規。」

暢談七首詩的境界，是一種精神享受。當然，筆者在詩解中會有遺漏或不詳之處，留下空間請讀者同道去悟，悟道更有興味。

詩言志，有練功煉丹之悟，其實把功夫掰開了揉碎了說，練功的絕頂境界，不過是「樸實」「自然」而已。我們在人世間受七情六慾牽制，又受兒女情長左右，早弄得人迷失了自己。練了半天，又是易學，又是醫學，又是各種拳法練藝，鬧了一場，不過是找回黃帝內經上的那幾句話罷了：「提挈天地，把握陰陽」，「恬淡虛無，真氣從之，精神內守，病安從來，是以志閒而少慾，心安而不懼，形勞而不倦，氣從以順，皆得所願。」只有這般修為，才能做到「故美其食，任其服，樂其俗，高下不相慕，其民故曰樸」。

看來，真正的功法、拳藝，不僅僅在動作上，而在修心修德上。武的最高境界歸到文上，九流歸一，這是真髓啊。

一個人，若能做到樸實、自然、無華，即使不練功，也等於修練到了絕世神功。此無形樸實之練，又不知高我輩所謂練家子幾重境界呢。

參考書目

1.老子・道德經・西安：三秦出版社，1995・

2.孫思邈・藥王全書・北京：華夏出版社・

3.尚志鈞，翟雙慶，等，整理・中醫八大經典全注・北京：華夏出版社

4.郭化若・孫子兵法・北京：中華書局，1962・

5.楊禹廷太極拳系列秘要集錦・北京：奧林匹克出版社，1990・

6.周一謀・中國古代房事養生學・北京：中外文化出版公司，1989・

大展好書　好書大展
品嘗好書　冠群可期

大展好書　好書大展

品嘗好書　冠群可期